전쟁의 프레임들

삶의 평등한 애도가능성을 향하여

Frames of War
When Is Life Grievable?
by Judith Butler

전쟁의 프레임들

삶의 평등한 애도가능성을 향하여

주디스 버틀러 지음
한정라 옮김

한울
아카데미

차례

옮긴이의 글

이 책의 저자인 주디스 버틀러는 2023년 10월 하마스의 폭력적인 군사 행동에 대한 이스라엘의 무차별적 폭격으로 시작된 이스라엘-하마스 전쟁 이후 두 편의 기고문, "애도의 나침반The Compass of Mourning"과 "비판이 있을 수 없다면There Can Be No Critique"을 통해 이 전쟁에 대한 도덕적 반응들을 고찰하며 폭력의 종식을 호소하였다. 버틀러는 이들의 폭력에 대한 도덕적 규탄들이 지배적인 프레임을 벗어나지 못하고 있으며, 이 지역의 주민들에게 어떤 세상이 어떻게 가능할지를 묻는 질문으로 나아가지 못한다고 비판한다. 버틀러에 의하면, 실제로 가자지구의 미래는 정착민-식민 통치를 종식시킬 수 있는 방법을 모색하는 데 달려 있다. 하지만 미국이나 이스라엘의 지배적인 언론 프레임은 가자지구를 이스라엘이 '점령'한 '창살 없는 감옥'이라고 명명하는 것을 금기시하고 있어 이스라엘의 군사 통치가 인종 분리주의인지 식민주의인지에 대한 논쟁조차 할 수 없게 만든다. 당연히 팔레스타인인들의 폭력은 수십 년 동안 이스라엘이 자행해 온 폭력과 구별해서 설명되고 이해되어야 한다. 그러나 하마스의 폭력이 이스라엘 탓이라며 폭력의 정당성을 호소하는 것은 팔레스타인인들의 행동의 자율성을 인정하는 방법이 아니며 비폭력적 공존의 조건을 마련하지도 못한다. 버틀러는 그 기고문에서도 『전쟁의 프레임들』에서 논했던 차별적 프레임에 주목한다. 미국의 언론이 팔레스타인인들이 당해오고, 당하는 폭력과 죽음에 대한 분노와 애도보다 하마스의 공격으로 인한 이스라엘인들의 죽음에 분노와 애도를 더 호출한다는 것이다. 버틀러는 자신과 우리에게, 과연 이스라엘에서 잃은 생명과 가자지구에서 잃은 생명을 조건 없이 애도할 수 있는지를 묻는다. 우리가 모든 삶의 평등한 애도가능성을 깨닫고 폭력과 전쟁에 대한 차별적인 프레임을 부수고 나와 비폭력적인 공존의 방법을 찾고 실천할 수 있을까?

『전쟁의 프레임들』에서는 이런 버틀러의 주장을 더욱 구체적으로 확인할 수 있다. 2009년에 출판된 이 책은 미국이 참전했던 이라크 전쟁과 아프가니스탄 전쟁에 대응하여 쓴 다섯 편의 글로 구성되어 있다. 버틀러는 이 전쟁 중에 일어난 고문, 국가의 폭력, 무슬림의 자살폭탄 테러 등 폭력의 다양한 경우들을 분석하면서, 폭력에 대한 선택적이고 차별적인 프레이밍이 어떻게 이루어지는지, 그 프레임들이 우리의 정동과 윤리적 성향을 어떻게 규제하는지를 논한다. 예를 들어, 미국이나 이스라엘과 같은 국가들은 전쟁을 자국의 생존과 국민을 보호하기 위한 정당한 전쟁으로 여기며 상대편 사람들에 대한 무차별한 살상, 고문, 국경의 봉쇄 등으로 그들 삶의 상실과 죽음이 노출되는 것을 제한한다. 그들은 인간 이하이고, 짐승이며, 야만인이기에 애도가 가능한 인간도 되지 못한다. 어떤 삶이 보존할 가치가 있는 삶이고 어떤 삶이 애도할 가치가 있는 삶인지를 미리 설정한 프레임은 암묵적으로 전쟁을 정당화해 왔다. 버틀러는 이를 감옥에서 나와 유포된 아부 그라이브의 고문 사진들과 관타나모의 시들을 통해 논증하며, 보이는 것을 담고 전달하고 결정하는 프레임, 그 프레임의 재현가능성,

경계 설정, 프레임의 유통, 맥락의 파괴와 반전과 전복을 설명한다.

아부 그라이브의 고문 사진들에서 수감자들은 출현의 조건이 조작된 프레임에 갇혀 있다. 그러나 감옥을 떠난 새로운 맥락에서 그 프레임의 재현이 불가능해지면서 프레임이 파괴되었고, 분노와 전쟁에 대한 본능적인 반감을 일으키면서 정치와 군사권력이 우려한 대로 전쟁 반대의 여론이 확산되었다. 버틀러의 설명은 사진은 서사와 달리 해석도 없고 감동이 순간적이라 힘이 없다는 수전 손택의 사진론에 대한 비판적 고찰과 병행한다. 그러나 버틀러는 사진들이 고문에 대한 증거가 되었고 무엇보다 그들의 위태로운 삶을 증거하는 흔적으로 남았다고 주장한다. 사진의 프레임이 파괴되면서 비로소 '인정되지' 않았던 누군가에 대해 이해가 가능하게 되었고 위태로움 속에 있는 삶을 이해하는 것이 가능해졌으며, 그 삶들이 이제야 애도가능한 삶이 되었다는 것이다. 이런 의미에서 사진은 앞선 미래와의 관계를 통해 애도가능성을 확립했다고 주장한다. 나아가 버틀러는 관타나모의 시들을 분석하면서 그들이 연결이 가능하다고 생각할 만한 구체적 근거가 없는 때일지라도 알지 못하는 타자를 향해 말을 건넨다는 사실에 주목한다. 이 시들이 상호 연결된 삶들에 대한 또 다른 연대감을 전달하고, 미국이 옹호하는 전 지구적 주권의 형태에 선동적인 위협이 되는 네트워크를 형성하고 있다는 것이다. 버틀러는 몸의 존재론을 논의하면서 불안정성을 모든 인간이 지닌 존재론적 공유 조건으로 설명한다. 우리의 몸은 물질적 욕구, 접촉, 언어를 통해 타인과 결속되어 있다. 몸이 타인과 결속되어 있다는 사실은 정복과 착취의 가능성도 설정하지만, 관타나모의 시인들이 보여주었듯이 몸의 취약성, 위태로움, 분노와 슬픔을 나누며 전이적인 정동의 네크워트를 엮을 수 있는 기반이 된다.

이러한 인정과 애도의 차별적 프레임은 전쟁의 상황에서만 특별한 게 아니다. 생식의 자유와 안락사 논의에서도 동물과 인간의 생명을 프레임하는 방식에도 차별이 있으며 과학적 실천도 이에 영향을 받는다. 그런데 국가나 사회가 지향하는 규범적 이상에 차별적 프레임이 작동하면 불안정성의 조건을 평등주의적인 방식으로 최소화하려는 정치의 과제를 버리는 것과 마찬가지이다. 전쟁은 노골적으로 어떤 사람들에게는 불안정성을 최소화하고 다른 사람들에게는 극대화하기 위한 노력이다. 버틀러는 소위 자유주의 국가라고 자처하는 미국과 유럽의 지배적인 국가에 그들 중심의 인간관, 단선적인 시대관과 역사관, 우세한 문화라는 무지와 오만으로 주조된 프레임이 만연해 있으며 이것이 전쟁을 정당화해 온 차별적 프레임이라고 말한다. 자신들은 근대화를 이루었고 문명을 이루었고 문화가 있으며 세속성을 받아들이는 더 개방적인 종교도 있고 심지어 성 정체성을 선택할 자유도 있는 진보한 나라의 국민이다. 자신들이 명명한 시대, 이 시대에 아직 이슬람은 도착하지 못했고 이슬람의 문명과 문화는 아직 어른이 되지 못한 자들이 만든 것으로 비하된다. 이들에게 민주주의를 심어 주고 세속주의와 종교가 공존할 수 있게 만드는 문명화 사명이 전쟁의 프레임으로 작동했다. 버틀러가 전쟁만큼 차별적인 프레임이 강하게 작동하고 있다고 보는 곳은 이민 정치의 현장이다. 그래서 네덜란드와 프랑스의 이민정치를 구체적으로 살피며, 이성애적 규범을 인종차별적인 문화 개념에 묶어 두려는 이민정치가 성소수자들과 무슬림들 사이의 대립을 조장하고 이를 이용하는 상황도 분석하고 비판한다.

그러면 차별적 프레임을 깨트리거나 프레임에서 벗어나려면 우리는 무엇을 해야 하는가? 여기서 버틀러가 말하는 전쟁 비판의 목적과 비폭력 주장, 그리고 정체성주의에 빠지지 않고 서로 다른 주체들이 상호 주체가 되는 연대의 실천을 짚어보는 게 중요한 것 같다. 버틀러에 의하면 전쟁 비판의 목적은 몸을 가진 모든 인간은 서로에게 예속되며, 타자에 의한 파괴에 취약하고, 불안정성과 위태로움을 공유하며, 타자의 생존과 자신의 생존이 복잡한 사회적 유대로 이어져 있다는 것을 재고하는 것이다. 그리고 어떻게 하면 폭력을 덜 가능하게 만들고, 죽음을 더 평등하게 애도할 수 있게 하며 더 살 만한 삶으로 만들 수 있는가를 고려하는 것이다. 버틀러는 비폭력이 모든 경우에 적용되는 절대적인 원칙으로 작동할 수는 없다고 하면서도 비폭력의 정치를 주장한다. 구체적으로 비폭력 저항의 형태들이 어떤 것일 수 있는지는 열려 있고 항상 논의되어야 하지만, 무엇보다 기존의 프레임들을 부수고, 그동안 금기시되었던 것을 말하고, 이해하고, 설명할 수 있는 언어로 타자에게 말을 걸며 시작해야 한다. 앞서 이스라엘-하마스 전쟁과 관련하여 말했듯이 '점령'한 '창살 없는 감옥'이라고 명명할 수 있어야 이스라엘의 군사 통치가 인종 분리주의인지 식민주의인지에 대한 논쟁을 시작할 수 있으며, 수십 년간 팔레스타인 사람들이 당해온 무차별적 폭력을 이스라엘 국가가 자행해 온 폭력과 구별할 수 있고 명명하고 말할 수 있어야 가자지구의 미래를 논할 수 있다. 나아가 비폭력은 혼자 하는 행위가 아니다. 예들 들어 이민정치에서 국가의 차별적이고 강압적인 정책에 반대하여 성소수자와 이성애 무슬림 이민자들이 정체성주의의 난국에 빠지지 않고 상호 주체로 연대하여 지향하는 목표를 실천할 수 있어야 하듯이, 이스라엘과 팔레스타인 사이에서 비폭력과 평화를 추구하는 여러 공동체들도 정체성주의에 빠지지 않고 연대할 수 있어야 할 것이다. 비폭력에 대한 버틀러의 호소도 나의 삶과 타자의 삶이 불안정성과 취약성으로 얽혀 있다는 인식, 서로의 삶에 대한 평등한 인정과 애도가능성에 근거한다.

서로의 삶에 대한 평등한 인정과 애도가능성을 제안한다는 면에서 버틀러는 이 책을 2004년에 출간한 『위태로운 삶Precarious Life』의 뒤를 잇는 책이라고 말한다. 다섯 편의 글들은 짧지만 많은 내용을 담고 있다. 철학과 심리학과 사회학 등 여러 학제를 걸치며, 영향 받은 사상들을 설명하고 동의하는 생각이나 아닌 생각들을 비판적으로 다룬다. 짧은 글이기에 함축적인 곳들이 종종 있다. 그러나 대부분 구체적인 사례를 가지고 논의하므로 주장이 선명하다. 휴전 중인 분단된 나라에서 살며 좌우 대립, 군부정치, 비민주적인 정치적 폭력, 민주화 투쟁, 광주민주항쟁, 천안함과 세월호 참사 같은 재난, 젠더의 갈등, 세대 갈등, 극우세력의 등장, 이주민 노동자를 포함한 노동자들의 재난 등, 불안전성이 극도의 차별적인 위태로움으로 치닫는 환경 속에서 우리는 그야말로 차별적인 프레임들에 물들어 있다. 지각가능한 것과 실제로 지각가능해질 수 있는 것을 제한하는 프레임들이 넘쳐서, 듣고, 읽고, 보고, 느끼고, 알 수 있는 것에 이미 많은 제약이 있다. 버틀러가 말했듯이 감각의 민주주의가 약화되었다. 공적 애도에서도 차별이 만연하며, 사회적인 정동도 분열되어 있다. 우리도 서로의 삶에 대한 평등한 인정과 애도가능성을 인정하며 우리 사회에 만연한 차별적인 프레임들을 주제화하여 비판적으로 논의해야 할 것이다. 그러기 위해서는 먼저 우리 안에 깊숙이 박혀 있는 차별적 프레임을 불러내야 할 것 같다. 주디스 버틀러는 우리에게 이스라엘에서 잃은 생명과 가자지구에서 잃은 생명을 조건 없이 애도할 수 있는지를 물었다. 우리의 질문은 무엇이 될 수 있을까?

한정라

감사의 말

이 글들을 2004년에서 2008년 사이에 쓰고 수정하였다. 일부가 이전 형태로 보이더라도 이 책의 목적을 위해 상당히 수정하였다. 1장 「생존가능성, 취약성, 정동Survivability, Vulnerability, Affect」의 이전 버전은 2008년 바르셀로나 현대문화센터에서 영어와 카탈루냐어로 출판되었다. 「고문과 사진의 윤리Torture and the Ethics of Photography」의 이전 버전은 왕립지리학회Royal Geographical Society 저널인 ≪사회와 공간Society and Space≫과 ≪전쟁과 테러 시대의 이미지 정치: 미디어, 권력, 젠더 관계Bilderpolitik in Zeiten von Krieg und Terror: Medien, Macht und Geschlechterverhältnisse≫(편집. 린다 헨첼, 베를린: b-books, 2008)에 게재되었다. 2장 역시 2005년 12월 ≪PMLA≫에 실린 나의 에세이 「사진, 전쟁, 분노Photography, War, Outrage」를 바탕으로 한다. 「성 정치, 고문, 세속의 시간Sexual Politics, Torture, and Secular Time」은 2008년 3월 ≪영국 사회학 저널British Journal of Sociology≫(59: 1)에 처음 실렸다. 「규범이라는 이름으로 무-생각Non-Thinking in the Name of the Normative」은 ≪영국 사회학 저널≫(59: 2)에 실린 「성 정치학 Sexual Politics」의 여러 반응에 대한 답변을 바탕으로 한다. 「비폭력 주장The Claim of Non-Violence」은 2007년 가을 ≪디퍼런시즈

differences≫(18: 2)에 실렸던 「규범의 폭력과 비폭력: 밀스와 젠킨스에 대한 답변Violence and Non-Violence of Norms: Reply to Mills and Jenkins」을 바탕으로 한다. 본문의 요지는 2008년 봄, 파리 고등사범학교École Normale Supérieure와 파리 고등연구원École des hautes études에서 행한 일련의 세미나에서 자세히 설명하였다.

지난 몇 년 동안 여러 대담자와 나눈 토론을 통해 생각을 계발하고 바꾸게 되어 감사하게 생각한다: 프란시스 바트코프스키Frances Bartkowski, 에티엔 발리바르Étienne Balibar, 제이 번스타인Jay Bernstein, 웬디 브라운Wendy Brown, 차윤숙Yoon Sook Cha, 알렉산드라 차신Alexandra Chasin, 톰 덤Tom Dumm, 사메라 에스메이르Samera Esmeir, 미셸 페허Michel Feher, 에릭 파신Eric Fassin, 페이 긴즈버그Faye Ginsburg, 조디 그린Jody Greene, 에이미 후버Amy Huber, 나시라 게니프-수일라마스Nacira Guénif-Souilamas, 섀넌 잭슨Shannon Jackson, 피오나 젠킨스Fiona Jenkins, 린다 헨첼Linda Hentschel, 사바 마무드Saba Mahmood, 파올라 마라티Paola Marrati, 맨디 머크Mandy Merck, 캐서린 밀스Catherine Mills, 라모나 나다프Ramona Naddaff, 데니스 라일리Denise Riley, 레티시아 사브사이Leticia Sabsay, 게일 살라몬Gayle Salamon, 김상옹-반-청Kim Sang Ong-Van-Cung, 조안 W. 스콧Joan W. Scott, 카자 실버맨Kaja Silverman, 린다 윌리엄스Linda Williams. 이 책을 완성하는 데 필요한 지원을 제공한 캘리포니아대학교 버클리 캠퍼스의 인문학 연구 펠로십과 자넷 브로턴Janet Broughton 학장에게 감사드린다. 원고 편집 작업을 해준 콜린 펄Colleen Pearl과 질 스타우퍼Jill Stauffer에게 감사드린다. 모든 오류는 명백히 나의 책임이다. 프로젝트를 격려하고 편집해 준 버소Verso 출판사의 톰 팬Tom Penn에게 감사드린다. 이 책은 내 생각을 움직이고 변화시킨 제자들에게 바친다.

이 원고는 버락 오바마Barack Obama가 미국 대통령에 당선된 지 한 달 후에 완성되었는데, 그의 행정부에서 전쟁이 구체적으로 어떻게 개선될 수 있을지는 아직 알 수 없다. 어떤 면에서 이 글들을 쓰게 된 계기는 부시 행정부가 부추긴 전쟁에서 비롯되었지만, 여기에 담긴 성찰은 그 정권의 기행에만 국한되지 않는다는 점을 분명히 밝힌다. 전쟁에 대한 비판은 전쟁 상황에서 나오지만, 비판의 목적은 사회적 유대의 복잡하고 취약한 특성을 재고하는 것, 나아가 어떤 조건이 폭력을 덜 가능하게 하며, 삶을 더 평등하게 애도할 수 있게 하고, 따라서 삶을 더 살 만하게 만들 수 있는지를 고려하는 것이다.

서론

위태로운 삶, 애도할 수 있는 삶

이 책은 폭력에 대한 선택적이고 차별적인 프레이밍을 통해 정동적 및 윤리적 성향을 규제하는 문화적 방식들에 초점을 맞추며 현대의 전쟁에 대응하여 쓴 다섯 편의 에세이로 구성되어 있다. 어떤 면에서 이 책은 2004년에 버소에서 출간한 『위태로운 삶Precarious Life』*의 뒤를 잇는 책으로, 특히 특정한 삶들이 손상되고 상실되었다고 이해되기 위해서는 먼저 그들이 살고 있다고 이해되어야 한다는 제안을 담고 있다. 만약 어떤 삶이 삶으로서의 자격을 얻지 못하거나 아예 처음부터 특정 인식론적 프레임 안에서 삶으로 생각될 수 없다면, 이러한 삶은 온전한 의미에서 결코 사는 것도 죽은 것도 아니다.

한편으로 나는 이 프레이밍 문제가 제기하는 인식론적 문제에 주목하고자 한다. 즉 우리가 타인의 삶을 상실되거나 손상된(상실-가능하고 손상가능

* 한국에서 출판된 책의 제목을 따름. 이 책에서는 맥락에 따라 precarity를 불안정, 위태성으로, precariousness는 불안정성, 위태로움으로 번역하였다. 불안정성은 모든 삶이 평등하게 지니는 일반적인 존재론적 맥락에서, 불안정, 위태성, 위태로움은 이 평등해야 할 특성이 특정 인구 집단의 삶에 차별적으로 분배되는 맥락에서 이해하면 좋을 것이다. _옮긴이

한) 것으로 이해하거나 실제로 이해하는 데 실패하는 프레임들이 정치적으로 포화상태에 이르렀다는 점이다. 프레임 자체가 권력의 작동이다. 프레임이 출현의 조건을 일방적으로 결정하지는 않지만, 그럼에도 그것의 목표는 출현하는 영역 자체를 한정하는 것이다. 다른 한편, 문제는 존재론적이다. **삶이란 무엇인가**What is a life?가 논점이기 때문이다. 삶의 '존재' 자체는 선택적 수단을 통해 구성된다. 그 결과 우리는 이 '존재'를 권력의 작동 밖에서 언급할 수 없으며, 그래서 삶이 생산되는 구체적인 권력의 메커니즘을 보다 정밀하게 밝혀야 한다. 분명히 이러한 통찰은 세포 생물학 및 신경과학에서 '생명'을 생각하는 데에도 영향을 미친다. 삶을 프레임 하는 특정 방식들은 생식의 자유와 안락사 논의에서 생명의 시작과 끝에 대한 논쟁은 물론 그러한 과학적 실천에도 영향을 미치기 때문이다. 내가 말하고자 하는 내용이 이러한 논쟁들에 어느 정도 영향을 미칠 수 있겠지만, 여기서는 전쟁에 초점을 맞출 것이다. 전쟁을 수행하기가 어째서 그리고 어떻게 더 쉬워지거나 더 어려워지는가?

삶을 이해하려면

삶의 불안정precarity은 우리에게 의무를 부과한다. 우리는 어떤 삶이나 일련의 삶을 불안정한 것으로 이해하는 것이 가능해지는 조건과 그것을 덜 가능하게 하거나 불가능하게 만드는 조건에 대해 질문해야 한다. 물론 어떤 삶이 불안정하다고 이해한다고 해서 그 삶을 보호하거나 그 삶이 지속되고 번영할 수 있는 조건을 확보하겠다고 결심하게 되는 것은 아니다. 헤겔Hegel과 클라인Klein이 각기 다른 방식으로 지적했듯이, 불안정성 또는 위태로움precariousness에 대한 우려는 폭력의 고조, 그들을 파괴하려는 욕망을 부추길 수 있는 어떤 일련의 타자 집단의 몸의 취약성Vulnerability에 대한 간파로 이어질 수 있다. 그럼에도 우리가 보호의 권리와 지속성과 번영의 권한에 대해 보다 광범위한 사회적·정치적 주장을 제기하려면 먼저 새로운 몸 존재론new bodily ontology이 뒷받침되어야 한다고 설득하고 싶다. 이는 불안정성, 취약성, 손상가능성, 상호의존성, 노출, 신체적 지속성, 욕망, 노동, 그리고 언어 및 사회적 소속 주장들에 대한 재고를 의미한다.

이와 관련하여 '존재론'을 언급하는 것은 모든 사회적·정치적 조직과 구별되는 존재의 근본 구조에 대한 서술을 독점적으로 주장하는 것이 아니다. 이와 반대로 이러한 용어 중 어느 것도 정치적 조직과 해석을 벗어나 존재하지 않는다. 이 존재론이 가리키는 몸의 '존재'는 항상 타자에, 규범에, 그리고 어떤 이들의 불안정성은 최대화하고 다른 이들의 불안정성은 최소화하기 위해 역사적으로 발전해 온 사회 및 정치적 조직에 양도되는 존재이다. 몸의 존재론을 먼저 정의한 다음 몸이 갖는 사회적 의미를 언급하는 것은 불가능하다. 오히려 몸이 된다는 것은 사회적 제작과 형식에 노출되는 것이며, 이것이 바로 몸의 존재론을 사회적 존재론으로 만든다. 즉, 몸은 사회적·정치적으로 표현된 힘에 노출될 뿐만 아니라 언어, 노동, 욕망 등 몸의 지속과 번영을 가능하게 하는 사회성에 대한 주장에도 노출된다. 따라서 '불안정성'에 대한 다소 실존적인 개념은 '불안정'이라는 보다 구체적인 정치적 개념과 연결된다. 그리고 내 견해로는 불안정의 차별적 배분이, 정체성 범주들을 계속 넘어서고 횡단하는 방식으로 몸 존재론에 대한 재고의 출발점과 진보 또는 좌파 정치의 출발점을 형성한다.[1]

어떤 삶을 이해하는 인식론적 역량은, 그 삶을 하나의 삶으로 또는 실제로 삶의 일부라고 자격을 부여하는 규범들에 따라 생성된 그 삶에 부분적으로 의존한다. 이런 점에서 존재론의 규범적 생산은 삶을 이해한다는 인식론적 문제를 낳고, 이는 다시 손상과 폭력을 인정한다는 것이 무엇인지, 또는 정말로 이로부터 보호한다는 것이 무엇인지에 대한 윤리적 문제를 야기한다. 물론 우리는 지금 이 분석의 각 수준에서 '폭력'의 서로 다른 양상에 대해 이야기하고 있다. 그러나 그렇다고 해서 그것들이 모두 동등하다는 의미도 아니고 서로 구분할 필요가 없다는 의미도 아니다. 우리가 이해할 수 있는 삶과 없는 삶을 구분 짓기 위해 작동하는 (또는 삶의 연속체에 걸쳐 삶을 생산하는) '프레임들'은 시각적 경험을 조직할 뿐만 아니라 주체의 특정한 존재론을 만들어낸다. 주체는 규범들을 통해 구성되는데, 규범들은 주체가 인정되는 조건을 자신들의 반복을 통해 생산하고 변경한다. 주체의 생산을 위한 이러한 규범적 조건들이 역사적으로 우발적인 존재론을 낳으며, 그래서 주체의 '존재'를 식별하고 명명하는 우리의 그 능력은 그러한 인식을 용이하게 하는 규범들에 의존한다. 그러나 동시에 규범의 작동을 결정론적으로 이해하는 것은 잘못일 것이다. 규범체계들은 서로 방해받고, 더 광범위한 권력의 작동에 따라 등장하고 사라지며, 자신들이 안다고 주장하는 것의 유령 같은 버전들과 자주 충돌한다. 따라서 주체로 온전히 인정될 수 없는 '주체'가 있고, 삶으로 온전히 인정되지 않는 또는 실제로 결코 인정되지도 않는 '삶들'이 있다. 그렇다면 어떤 의미에서 삶은 항상 그 인정가능성의 규범적 조건들을 넘어서는가? 넘어선다는 주장은 '삶'이 본질적으로 규범성에 저항한다는 말이 아니다. 단지 삶의 모든 구성 하나하나에 그 일을 하기 위한 시간이 필요하며, 그 어떤 일이라도 시간 자체를 극복할 수 없다고 말하는 것이다. 다시 말 해, 그 일은 결코 '단번에' 끝나는 게 아니다. 이는 규범적 구성 자체에 내재된 한계, 그것의 반복성과 이질성의 함수인데, 이것 없이는 삶의 구성력을 발휘할 수 없으며 어떤 효과이건 그 효과의 최종성을 제한한다.

그렇다면 결과적으로 삶을 '이해하는 것'과 '인정하는 것'을 어떻게 구분할 수 있을지 생각해 볼 필요가 있다. '인정recognition'은 더 강력한 용어로서 헤겔의 텍스트에서 파생되어 오랫동안 수정과 비판의 대상이 되어왔다.[2] '이해apprehension'는 충분한 인식 없이도 표시, 등록, 승인을 의미할 수 있기 때문에 정확도가 떨어진다. 이해가 앎의 한 형태라면, 그것은 감각행위와 지각행위와는 결속되어 있지만, 항상 개념적인 앎의 형태라고 할 수는 없으며 또 아직은 아니다. 우리가 이해할 수 있는 것은 분명 인정 규범들에 의해 촉진되지만, 어떤 삶을 이해할 때 우리가 기존의 인정 규범들에 의해 완전히 제한된다고 말하는 것은 잘못일 것이다. 예를 들어, 우리는 인정으로 승인되지 않는 것을 이해할 수 있다. 실제로 이러한 이해는 인정 규범들에 대한 비판의 근거가 될 수 있다. 사실 우리는 단지 별개의 단일한 인식 규범들에 의존하는 것이 아니라 역사적으로 명료화되고 강화된 '인정가능성recognizability'이라는 보다 일반적인 조건에 의존하고 있다. 인정가능성이 어떻게 구성되는지 묻는다면, 우리는 바로 그 질문을 통해 이러한 분야들은, 아무리 **선험적으로**a priori 출현의 조건으로 기능하더라도, 가변적이고 역사적으로 구성된다는 관점을 취하게 된다. 인정이 행위나 관행, 심지어 주체들 사이의 장면을 특징짓는다면, '인정가능성'은 인정을 위해 주체를 준비시키거나 형성하는 보다 일반적인 조건들을 특징짓는다. 즉 일반적인 용어, 관습, 규범들이 그들 나름의 방식으로 '작용'하여 살아 있는 존재를 인정가능한 주체로 만들어낸다. 그러나 오류나 실제로 예상치 못한 결과가 없는 것은 아니다. 인정을 위해 주체를 준비시키거나 확립하고, 이런 종류의 주체를 유도하는 이러한 범주, 관습, 규범들은 인정 행위 자체에 선행하고 이를 가능하게 한다. 이런 의미에서 인정가능성은 인정에 선행한다.

인정의 프레임들

그렇다면 인정가능성은 어떻게 이해되어야 할까? 우선, 그것은 개별 인간의 자질이나 잠재력이 아니다. 이렇게 주장하는 것이 불합리해 보일 수 있지만, 개인주의로서의 인격체 개념에 의문을 제기하는 것이 중요하다. 우리가 인정가능성을 보편적 잠재력으로 보고 모든 사람이 인격체로서 소유하고 있다고 주장한다면, 어떤 면에서 우리 앞에 놓인 문제는 이미 해결된 셈이다. 우리는 '인격체personhood'라는 어떤 특별한 개념이 인정가능성의 범위와 의미를 결정할 것이라고 판결했다. 따라서 우리는 규범적 이상을 분석의 전제 조건으로 설정함으로써 사실상 인정에 대해 알아야 할 모든 것을 이미 '인정'한 셈이다. 전통적으로 인정가능성의 규범 역할을 해온 인간의 형태에 대해 인정이 제기하는 도전은 없다. 인격성이 바로 그 규범이기 때문이다. 그러나 요점은 그러한 규범들이 어떻게 작동하여 특정 주체를 '인정할 수 있는' 인격으로 만들어내고 다른 주체를 단호히 더 인정하기 어렵게 만드는지 묻는 것이다. 문제는 그저 기존 규범에 더 많은 사람을 더 포함하는 방법이 아니라, 기존 규범이 어떻게 인정을 차별적으로 할당하는지를 고찰하는 것이다. 어떤 새로운 규범들이 가능하며 그것들은 어떻게 만들어질 수 있을까? 보다 평등주의적인 인정가능성의 조건을 만들기 위해 무엇을 할 수 있을까? 다시 말해, 더욱 급진적인 민주적 결과들을 만들어내기 위해 인정가능성의 조건 자체를 바꾸려면 어떻게 해야 할까?

인정이 적어도 두 명의 주체에 의해 수행되는 행위 또는 실천이며 헤겔

철학의 프레임이 제안하는 것처럼 상호작용을 구성한다면, 인정가능성은 인정이 일어날 수 있고 실제로 일어나는 것이 근거하고 있는 일반 조건들을 묘사한다. 그렇다면 아직 이해해야 할 두 용어가 더 있는 것 같다. 즉, 아직 인정이 아니거나 인정으로 환원될 수 없는 앎의 방식으로 생각되는 **이해**apprehension 그리고 알 수 있는 것의 영역을 설정하는 일반적인 역사적 도식 또는 도식들로 생각되는 **이해성**intelligibility이다. 이것은 적어도 초기에는 역사적 **선험**a priori으로 이해되는 역동적인 장을 구성할 것이다.[3] 모든 앎의 행위가 인정의 행위는 아니지만, 그 반대의 주장은 성립하지 않는다. 삶은 **삶으로**as a life 이해될 수 있어야 하고, 인정될 수 있으려면 삶이 무엇인지에 대한 특정 개념들에 부합해야만 한다. 따라서 인정가능성 규범들이 인정의 길을 준비하는 것처럼, 이해성 도식들은 인정가능성 규범을 조건화하고 생산한다.

이러한 규범들은 변화하는 이해성 도식에 기반하며, 그래서 예를 들어 우리는 삶의 역사와 죽음의 역사를 가질 수 있고 실제로도 갖고 있다. 실제로 우리는 태아를 생명으로, 하나의 삶으로, 인간의 삶으로 간주해야 하는지에 대한 논쟁을 계속하고 있으며, 수태와 생명체의 첫 순간을 구성하는 것이 무엇인지도 계속 논쟁한다. 그리고 죽음을 구성하는 것이 무엇인지, 뇌의 죽음인지 심장의 죽음인지, 법적 선언의 효력인지 또는 일련의 의료 및 법적 증명서의 효력인지에 대해서도 논쟁을 벌이고 있다. 이 모든 논쟁들은 인격체에 대한 논쟁적 개념들과 암묵적으로 '인간 동물'과 그 결합적(그리고 교차적) 존재가 어떻게 이해되어야 하는지에 대한 질문을 포함한다. 이러한 논쟁이 존재하며 계속되고 있다는 사실이 삶과 죽음이란 담론의 직접적인 결과라는 것을 의미하지는 않는다(문자 그 대로 받아들이면 터무니없는 결론이다). 오히려 어떤 프레임과의 관계가 없이는 삶도 죽음도 없다는 것을 의미한다. 삶과 죽음이 그들이 대부분 조직되는 프레임들 사이에서, 바깥에서, 또는 그것을 가로질러 일어날 때조차, 삶과 죽음은 존재론적 장이 구성되는 메커니즘의 필요성에 의문을 제기하는 방식으로 여전히 발생한다. 삶이 삶을 인정하는 규범에 따라 생산된다고 해서 이는 삶에 관한 모든 것이 그러한 규범들에 따라 생산된다는 의미도 아니며, 유예되고 유령 같은 나머지 '삶'이 삶의 모든 규범적 사례를 제한하고 괴롭히고 있다는 생각을 거부해야 한다는 의미도 아니다. 생산은 부분적이며, 실제로 존재론적으로 불확실한 그것의 이중성에 의해 끊임없이 괴롭힘을 당한다. 실제로 모든 규범적 사례는 그 자체의 실패로 인해 그림자가 드리워지며, 그 실패는 종종 구체적인 형상이나 형태를 취한다. 이 형태는 특정한 존재론적 지위를 주장하지 않으며, '살고 있다'고 이해될 수 있어도 항상 삶으로 인정되는 것은 아니다. 사실상 삶의 규범 밖에서 살고 있는 모습은 규범성에 의해 관리되어야 할 문제가 될 뿐만 아니라 규범성이 재생산할 수밖에 없는 문제로 보인다. 즉 살고 있지만 삶은 아니다. 그것은 규범이 제공하는 프레임 밖에 놓여 자신의 존재론은 확보될 수 없으나 삶의 상태는 이해에 열려 있는 냉혹한 양면인 것이다.

우리가 알고 있듯이 "프레임이 씌워지다to be framed"는 영어의 복잡한 표현이다. 그림도 액자에 끼워지지만 범죄자도 경찰에 의해 또는 무고한 사람도 악의적인 누군가나 종종 경찰에 의해 프레임이 씌워지므로, 프레임이 씌워지는 것은 함정에 빠지게 된다는 것, 또는 궁극적으로 자신의 유죄를 '증명'하는 부정적인 증거가 심어진다는 뜻이 된다. 그림에 프레임이 씌워지면 그림에 대해 여러 가지 방식으로 논평하거나 확대 해석하는 것이 위태로울 수 있다. 그러나 프레임은, 최소한의 형태에서도, 프레임 자체의 역사에 대한 자기 논평은 아니더라도 이미지의 편집적 장식으로 기능하는 경향이 있다.[4] 프레임이 암묵적으로 해석을 유도한다는 이러한 의미는 프레임이 거짓 고발이라는 생각에 어느 정도 공감을 불러일으킨다. 어떤 사람에게 "프레임이 씌워진다"면, 그 사람의 행위를 중심으로 '프레임'이 구성되어 그 사람의 유죄 상태는 보는 사람에게 부득이한 결론이 된다. 어떤 행위를 정리하고 제시하는 방식이 행위 자체에 대한 해석적 결론으로 이어진다. 그러나 트린 민하Trinh Minh-ha가 보여주었듯이 "프레임을 프레임하는 것"이나 실제로 "프레임하는 사람"[5]은 개인적 죄책감 효과를 만들어내는 계략을 폭로하는 일도 할 수 있다. 프레임을 프레임 한다는 것은 시야에 고도로 반사적인 어떤 덧씌우기를 수반하는 것처럼 보이지만, 내 생각에는 이것이 반드시 희귀한 형태의 반사성으로 귀결될 필요는 없다. 오히려 프레임에 의문을 제기한다는 것은 프레임이 담고자 했던 장면을 제대로 담아내지 못했다는 것, 즉 이미 외부에 무엇인가가 있었고 그것이 바로 내부의 의미를 가능하게 하고 인식할 수 있게 했다는 것을 보여주는 것이다. 프레임은 우리가 보고, 생각하고, 인식하고, 이해하는 것이 무엇인지를 결코 완전히 결정하지 못한다. 우리의 현실감을 교란시키는 프레임을 넘어서는 무엇인가가 있다. 즉, 사물에 대한 우리의 기존 이해와 일치하지 않는 무엇인가가 발생한다.

이러한 과정은 어떤 누설이나 오염으로 인해 처음에 보이는 것보다 더 오류를 범할 수 있다. 기술복제 시대의 예술작품에 대한 베냐민Walter Benjamin의 주장은 현재에도 적용될 수 있다.[6] 복제reproduction 및 재현가능성reproducibility의 기술적 조건 자체는 전쟁 중에 지배적인 미디어 소스가 동원한 프레임들과 관련하여 맥락의 완전한 악화는 아닐지라도 중대한 변화를 일으킨다. 우선 이는 전 세계적인 미디어 보도를 고려할 때, 전쟁 사진 제작을 단일한 '맥락'으로 한정할 수 있다고 해도 그 사진의 유통은 그러한 맥락에서 벗어날 수밖에 없음을 의미한다. 이미지는 분명 새로운 맥락에 착륙한다. 그러나 그 착륙으로 인해 새로운 맥락을 만들어내며, 그것은 새로운 맥락이 한정되고 형성되는 바로 그 과정의 일부가 된다. 다시 말해, 전쟁 사진의 유포는 감옥 시의 유포(1장의 관타나모Guantánamo 수용소 시인들의 경우)와 마찬가지로 항상 맥락을 깨뜨린다. 사실상 시는 감옥을 떠난다. 수감자가 그럴 수 없을 때조차 시는 감옥을 떠나고, 사진은 그 목적으로 의도하지 않았더라도 인터넷에 유포된다. 파기되었거나 감옥 밖으로 나가는 것이 허용되지 않기 때문에 유포되지 못한 사진과 시는 그 유포에 부과된 제한이 (그리고 종종 그러한 제한이 이미지와 글 자체에 등록되는 방식이) 선동적인 만큼 그것이 묘사한 것도 선동적이다. 바로 이 유통가능성이 파괴되는 것의 일부이다(그리고 그 사실이 '누설'되면 파괴 행위에 대한 보고서가 파괴된 것 대신에 유통된다). '손에서 벗어난다'는 것은 바로 사건, 이미지, 전쟁의 텍스트를 구성하는 맥락에서 벗어나는 것이다. 그러나 맥락이 프레임 된다면 (암묵적인 경계 설정이 없는 맥락은 존재하지 않는다), 그리고 맥락이 시공간을 이동하면서 항상 그 자체로부터 끊어진다면(시공간을 이동하기 위해 그 자체로부터 끊어져야 한다면), 유통 중인 프레임은 다른 곳에 착륙하거나 도착하기 위해 그것이 형성된 맥락과 끊어질 수밖에 없다. 이러한 '탈주breaking out'와 '이탈breaking from'을 문제가 되는 미디어 현상의 일부로, 즉 프레임의 기능 자체로 이해한다는 것은 무엇을 의미하는가?

보이는 것을 담고, 전달하고, 결정하는 프레임은 (때로는 한동안 정확하게 그렇게 하는 데 성공하기도 하지만) 재현가능성이라는 조건에 따라 성공 여부가 결정된다. 그러나 바로 이 재현가능성은 맥락으로부터의 끊임없는 단절, 새로운 맥락의 끊임없는 경계 설정을 수반하는데, 이는 '프레임'이 전달하고자 하는 내용을 완전히 담고 있는 것이 아니라 그 내용에 명확한 구성을 부여하려고 할 때마다 부서진다는 것을 의미한다. 다시 말해, 프레임은 어느 것도 한 곳에 묶어두지 않으며, 시간적 논리에 따라 이곳저곳으로 이동하면서 그 자체가 일종의 끊임없는 파손이 된다. 프레임이 그것의 맥락에서 끊임없이 벗어나기 때문에 이러한 자기-파괴는 바로 그 정의의 일부가 된다. 이는 프레임의 효과와 반전, 전복, 심지어 비판적 도구화에 대한 그것의 취약성 모두를 다른 방식으로 이해하도록 우리를 이끈다. 어떤 경우에는 당연하게 여겨지는 것이 다른 경우에서는 비판적으로 또는 심지어 믿을 수 없을 정도로 논쟁적인 주제가 된다. 이렇게 변화하는 프레임의 시간적 차원이 그것이 미치는 영향의 가능성과 궤적도 구성한다. 예를 들면 디지털 이미지가 아부 그라이브Abu Ghraib 수용소의 경계 밖에서 유통되거나 관타나모 수용소의 시가 헌법 변호사들에 의해 회수되어 전 세계로 출판이 주선된다. 시간과 장소를 이동하여 내용이 어떻게 프레임 되는가에 따라 경악, 분노, 혐오감, 감탄, 발견을 불러일으킬 수 있는 조건이 설정된다. 이미지나 텍스트가 감금을 벗어나는 움직임은 일종의 '탈주'이므로, 이미지나 시가 누군가를 감옥에서 해방시키거나 폭격을 멈추게 하거나 실제로 전쟁의 흐름을 되돌릴 수는 없지만, 그럼에도 불구하고 전쟁에 대한 일상적인 수용에서 벗어나 정의와 폭력의 종식을 지지하고 추진할 수 있는 보다 일반화된 공포와 분노를 위한 조건을 제공한다.

앞서 "프레임이 씌워지다"의 한 가지 의미는 거짓 혐의를 사실인 것처럼 보이게 하려고 증거를 조율하는 전략, 사기에 휘말리는 것을 의미한다고 언급했다. 어떤 권력이 출현appearance의 조건을 조작하면 누구도 그 프레임에서 벗어날 수 없다. 프레임이 씌워진다는 것은 혐의를 받는다는 의미인데 이는 정당한 증거 없이 그리고 명백한 구제 수단도 없이 미리 판결을 받는다는 것도 의미한다. 그런데 프레임이 특정한 '탈주' 또는 '이탈'로 이해된다면, 그것은 탈옥과 더 유사해 보일 것이다. 이것은 어떤 해방, 통제 메커니즘의 완화, 그리고 그와 더불어 새로운 정동 affect의 궤적을 암시한다. 이런 의미에서 프레임은 이러한 탈주를 허용하고 심지어 요구하기도 한다. 이는 관타나모 수감자들이 무릎을 꿇고 족쇄에 묶인 사진들이 대중에게 공개되자 분노가 터졌을 때 일어난 일이며, 아부 그라이브의 디지털 이미지가 인터넷을 통해 전 세계로 유포되어 전쟁에 대한 본능적인 반감이 확산되었을 때 다시 일어났다. 이런 순간에는 어떤 일이 일어나는가? 단지 일시적인 순간에 불과한 것일까, 아니면 실제로 프레임이 강제적이고 그럴듯한 사기로 드러나면서 부당한 권위의 힘으로부터 비판적이고 활기찬 해방이 일어나는 경우들일까?

프레임에 대한 이러한 논의를 자신의 불안정성 속에 있는 삶을 파악하는 문제와 어떻게 연관시킬 수 있을까? 언뜻 보면 이것은 새로운 프레임의 생산과 그에 따른 새로운 종류의 내용을 요구하는 것으로 보일 수 있다. 우리는 우리가 이용할 수 있는 프레임을 통해 삶의 불안정성을 파악하고 있고, 그래서 우리의 과제는 저 인정가능성을 높일 수 있는 새로운 프레임을 설치하려고 노력하는 것인가? 새로운 프레임을 생산하는 것은 대안 미디어의 일반적 프로젝트의 일부로서 분명히 중요하지만, 우리가 이러한 관점에 국한된다면 이 프로젝트의 중요한 차원을 놓치게 될 것이다. 프레임이 스스로 깨질 때 당연하게 여겨지던 현실에 의문이 제기되고, 프레임을 통제하고자 했던 권력의 조율된 설계가 드러나는 일이 발생한다. 이는 이 프로젝트가 새로운 내용을 찾는 문제일 뿐만 아니라 이미 받아들여진 현실 해석을 가지고 그것들이 어떻게 스스로 깨질 수 있고 깨지는지를 보여주는 작업의 문제이기도 하다는 점을 시사한다. 결과적으로 어떤 삶은 삶으로 인정가능하고 어떤 삶은 그럴 수 없는지를 사실상 결정하는 프레임은 그것의 헤게모니를 확립하기 위해 유통되어야 한다. 이러한 유통이 프레임의 반복가능한 구조를 이끌어낸다. 아니 오히려 그 구조이다. 프레임이 자신을 설치하기 위해 자신으로부터 이탈하면서 또 다른 이해의 가능성이 등장한다. 바로 삶의 상대적이고 차별적인 인정가능성을 지배하는 그런 프레임들이 그 유통 메커니즘의 일부로서 부서질 때, 살고 있지만 일반적으로 하나의 삶으로 "인정되지" 않았던 무엇이나 누군가에 대해 무언가를 이해하는 것이 가능해진다. 인정 규범들의 기력을 꺾는 이 유령은 무엇인가? 그것은 안팎으로 요동치는 강화된 모습을 보인다. 안에서 그것은 규범을 정화하기 위해 추방되어야 하며, 밖에서는 자아를 제한하는 경계를 허물겠다고 위협한다. 두 경우 모두 그 유령은 규범의 붕괴가능성을 나타낸다. 다시 말해, 그것은 규범이 자신의 실행에 내재하는 무효화, 자기 무효화의 가능성을 관리하는 방식으로 정확하게 기능한다는 신호이다.

불안정성과 애도가능성

우리는 인명 손실에 대한 기사를 읽고 종종 그 숫자를 접하지만, 이러한 이야기는 매일 반복되며 그 반복은 끝없고 치유할 수 없는 것처럼 보인다. 따라서 우리는 전쟁에서 손실된 삶들의 불안정한 특징을 이해하는 것뿐만 아니라 그러한 이해가 전쟁이 수반하는 손실에 대한 윤리적, 정치적 반대와 일치하도록 하려면 무엇이 필요한지 질문해야 한다. 이러한 상황에서 다음과 같은 질문들이 떠오른다. 이러한 프레임 구조에서 정동은 어떻게 생성되는가? 그리고 정동과 윤리적, 정치적 판단과 실천은 어떤 관계가 있는가?

삶이 불안정하다고 말하기 위해서는 삶이 삶으로 이해되어야 할 뿐만 아니라 살고 있는 것을 이해한 한 측면이 불안정성일 것도 요구한다. 규범적으로 설명하자면, 내 주장은 불안정성을 보다 포용적이고 평등주의적으로 인정하는 방식이 있어야 하며, 이것이 주거, 일자리, 식량, 의료, 법적 지위 등의 문제에 관한 구체적인 사회정책의 형태를 취해야 한다는 것이다. 그럼에도 나는 또한 불안정성 자체가 제대로 인정될 수 없다는 점을 언뜻 역설적으로 보일 수도 있는 방식으로 주장하고 있다. 그것은 이해되고, 받아들여지고, 마주칠 수 있으며, 특정 인정 규범들에 의해 거부될 수 있듯이 그것들에 의해 전제될 수 있다. 사실, 불안정성을 인간 삶의 공유 조건으로 (실은 오히려 인간과 비인간 동물을 연결하는 조건으로) 인정해야 하지만, 불안정성을 인정한다고 해서 우리가 불안정성에 정통하고 정확히 포착하며 심지어 완전히 인지한다고 절대로 생각해서는 안 된다. 그래서 나는 인정 규범들이 불안정성에 대한 이해에 기반해야 한다고 주장하고 싶고 앞으로도 그럴 것이지만, 불안정성이 인정의 기능이나 결과라고 생각하지 않으며, 인정이 불안정성을 등록하는 유일하거나 최선의 방법이라고도 생각하지 않는다.

예를 들어, 삶이 손상될 수 있다고 말하는 것 또는 삶이 상실될 수 있고 파괴될 수 있으며 사망에 이를 정도로 체계적으로 방치될 수 있다고 말하는 것은 (죽음은 확실하다는) 삶의 유한성 뿐만 아니라 (삶이 삶으로 유지되기 위해서는 다양한 사회적, 경제적 조건이 충족되어야 한다는) 삶의 불안정성을 강조하는 것이다. 불안정성은 사회적으로 살아간다는 것, 즉 자신의 삶이 어떤 의미에서는 항상 타자의 손에 달려 있다는 사실을 의미한다. 이는 우리가 아는 사람과 모르는 사람 모두에게 노출되어 있다는 것, 즉 우리가 알거나 거의 알지 못하거나 전혀 알지 못하는 사람들에 의존하고 있다는 것을 의미한다. 상호적으로, 이는 대부분 익명으로 남아 있는 타인의 노출과 의존에 영향을 받는다는 것을 의미한다. 이 관계들이 반드시 사랑이나 보살핌의 관계는 아니지만, 대부분은 우리가 이름을 지을 수도 없고 알지도 못하며, '우리'가 누구인지에 대한 기존 감각에 친숙한 특성을 지니고 있을 수도 아닐 수도 있는 타자들에 대한 의무를 구성한다. 일반적인 말투로 말하자면, 우리는 '우리'가 '타자들'에게 그러한 의무가 있다고 말할 수 있고 그러한 경우에 우리는 '우리'가 누구인지 알고 있다고 가정할 수 있다. 그러나 이 견해의 사회적 함의는 '우리'는 스스로를 인정하지 못하며, 인정할 수도 없다는 것, 우리가 시작부터 쪼개져 있으며 레비나스가 말했듯이 타자성alterity에 의해 방해받고 있다는 것, 그리고 '우리'가 지닌 의무들은 바로 그 '우리'에 대한 기존의 모든 관념을 방해하는 것들이라는 점이다.

유한성이라는 실존적 개념이 죽음과 삶에 대한 우리의 관계를 특이하게 한다면, 불안정성은 사회적으로 촉진된 죽어감과 죽음의 특정 방식 그리고 사회적으로 조건화된 지속과 번영의 다른 방식과 관련하여, 우리의 급진적 대체가능성과 익명성을 강조한다. 우리가 태어났다가 나중에 불안정해지는 것이 아니라 오히려 불안정성은 출생 자체와 공존한다(출생은 정의상 불안정하다). 이는 이 신생아가 살아남을지 아닐지가 중요하며 그 생존은 우리가 손의 사회 연결망이라 부를 수 있는 것에 달려 있다는 것을 의미한다. 바로 살아 있는 한 존재가 죽을 수도 있기 때문에 그 존재가 살 수 있도록 보살필 필요가 있다. 그 생명의 가치는 오직 상실이 문제가 되는 상황에서 드러난다. 따라서 애도가능성은 문제의 그 삶에 전제조건이다. 대부분의 경우, 우리는 아기가 세상에 태어나 성인이 되고 노년이 될 때 까지 그 세상 안에서 생명을 유지하고 그 세상에 의해 부양되다가 마침내 죽는다고 상상한다. 아이를 원할 때 우리는 그 생명의 시작에 축하가 있다고 상상한다. 그러나 축하는 그 생명이 애도가능하고, 상실되면 몹시 슬플 것이고, 이 앞선 미래future anterior가 그 삶의 조건으로 설정된다는 암묵적인 이해 없이는 있을 수 없다. 일상 언어에서 애도는 이미 살아온 삶에 따르는 것으로 그 삶은 끝났다고 전제한다. 그러나 (역시 일상 언어의 일부인) 앞선 미래에 따르면 애도가능성은 삶의 출현과 유지의 조건이다.[7] 앞선 미래, "한 삶을 살았다"는 이제 막 살기 시작한 삶의 시작에 전제되어 있다. 다시 말해, "이것이 살아왔을 삶이 될 것이다"는 애도가능한 삶의 전제로서, 이것이 삶으로 간주될 수 있고 바로 그 점에서 지속될 수 있는 삶이 될 것이라는 의미이다. 애도가능성이 없으면 삶은 없다. 오히려 살고 있는 어떤 것은 삶이 아닌 다른 것이다. 그 보다도, "결코 살지 않았을 삶", 아무런 존중이나 증언 없이도 지속되고 상실되어도 애도 되지 않는 삶이 있다. 애도가능성에 대한 이해는 불안정한 삶에 대한 이해에 선행하고 그것을 가능하게 한다. 애도가능성은 처음부터 비-생명에 노출되어 있는 살아 있는 생명체에 대한 이해에 선행하고 그것을 가능하게 한다.

생명의 권리에 대한 비판을 향하여

좌파에 속한 사람들이 '생명' 담론에 대해 생각하기가 당연히 어려운 이유는, 우리가 생식의 자유의 확대를 찬성하는 사람들을 '프로 초이스', 반대하는 사람들을 '프로 라이프'로 생각하는 데 익숙해져 있기 때문이다. 그러나 아마도 '생명'에 대한 좌파의 생각을 되살리고, 불안정한 삶이라는 이틀framework을 활용하여 생식의 자유에 대한 강력한 페미니즘적 입장을 유지하는 방법이 있을 것이다. 소위 '프로 라이프' 입장을 취하는 자들이 태아는 아직 애도되지 않고 있지만 애도가능해야 하는 바로 그 생명, 또는 낙태권을 지지하는 자들에게는 생명으로 인정되지 않는 바로 그 생명이라고 주장하는 그런 견해를 어떻게 가질 수 있었는지는 쉽게 알 수 있을 것이다. 실제로 이 주장은 동물의 권리에 대한 주장들과 밀접하게 연관될 수 있는데, 동물은 인간 중심적 규범에 따라 일반적으로 삶으로 간주되지 않는 생명이라고 주장될 수 있기 때문이다. 이러한 논쟁은 태아 또는 실제로 배아의 생명 상태와 '사람'의 생명 상태 사이에 유의미한 차이가 있는지, 또는 동물과 '인간' 사이에 존재론적 차이가 있는지를 묻는 존재론적 질문들로 이어지곤 한다.

이들 모두가 어떤 의미에서든 살아 있는 유기체라고 인정하자. 그러나 이렇게 말하는 것은 아직 한 정책이나 다른 정책에 대한 실질적인 주장을 제시하는 것은 아니다. 결국 식물은 살아 있는 생명체이지만 채식주의자는 일반적으로 식물을 먹는 것에 반대하지 않는다. 보다 일반적으로, 삶의 과정 자체가 파괴와 퇴화를 필요로 한다고 주장할 수 있지만, 그렇다고 해서 이것이 어떤 종류의 파괴는 윤리적으로 두드러지고 어떤 것은 그렇지 않은지를 말해주지는 않는다. 이러한 경우에 생명의 존재론적 특이성을 확정한다는 것은 우리를 생명정치에 대한 더 일반적인 논의로, 즉 생명을 이해하고, 통제하고, 관리하는 방식들과 이러한 권력 양식이 생명의 정의 그 자체에 어떻게 들어가는지에 관한 논의로 이끌 것이다. 우리는 예를 들어 임상적인 보기 방식에서 분자적인 보기 방식으로의 전환 같은 생명과학 내 패러다임의 전환, 또는 세포를 우선시하는 사람들과 조직이 생명체의 더 기본 단위라고 주장하는 사람들 사이의 논쟁 등을 고려해야 할 것이다. 이러한 논쟁들은 생물의학화의 새로운 경향과 생명 관리의 새로운 방식은 물론 인간 생체bio과 동물의 생체을 연결하는 (또는 '인간 동물' 이라는 문구에 함축된 교차적 관계를 진지하게 받아들이는) 생물학의 새로운 관점과도 연결되어야 할 것이다. 그런 다음 우리는 전쟁에 대한 논의를 후자의 분야에 위치시켜야 한다. 이는 '생명' 자체가, 말하자면, 지식/권력의 새로운 양식 안에서 어떻게 정의되고 재생산되는지를 보여줄 것이다. 나는 이 길을 따라 전쟁과 생식의 자유의 생명정치를 이해할 수 있다고 확신하며, 이러한 탐구의 길이 생명정치와 생물의학화의 영역에서 생명의 담론을 보다 구체적으로 자리매김하는 데 필요할 것이라고 확신한다. 또한 도나 존스Donna Jones가 최근에 보여주었듯이 생명에 관한 담론, 생기론의 전통, 다양한 인종주의 교리 사이에는 중요한 연결고리가 있다. 이러한 중요한 주제에 관한 참고문헌이 최근 몇 년간 엄청나게 증가했다.[8] 그러나 나 자신이 기여한 것은 생명과 죽음 개념의 계보가 아니라, 그러한 담론에 의해 전제되고 관리되면서도 어떤 담론으로도 완전히 해결되지 않는 무엇인가로 불안정성을 생각한 것이다.

내 견해로는 무엇이 살아 있는 것이고 무엇이 아닌지에 대한 개념에 근거하여 낙태권을 포함한 생식의 자유를 주장하는 것은 불가능하다. 줄기세포는 살아 있는 세포이며 심지어 불안정한 세포이지만, 이는 줄기세포가 파괴되어야 하거나 사용될 수 있는 조건에 관하여 어떤 정책 결정을 내려야 하는지를 바로 시사하지 않는다. 따라서 '불안정한 생명'이라는 범주에 포함되는 모든 것이 선험적으로 파괴로부터 보호할 만한 가치가 있는 것은 아니다. 그러나 이러한 주장은 정확히 여기서 어려워진다. 왜냐하면 어떤 살아 있는 조직이나 세포는 파괴로부터 보호할 만한 가치가 있고 다른 어떤 것들은 그렇지 않다고 해도, 이것이 전쟁 상황에서 어떤 인간의 생명은 보호할 만한 가치가 있는 반면 다른 생명들은 그렇지 않다는 결론으로 이어질 수 없기 때문이다. 이것이 왜 잘못된 추론인지 알기 위해 우리들 분석의 몇 가지 기본 가정을 고찰하고 특정 인간중심주의가 몇 가지 의심스러운 형태의 논증을 어떻게 조건 짓는지 살펴보아야 한다.

첫 번째 가정은 인간의 규제와 결정의 지배를 받지 않는 광대한 생명 영역이 존재하며, 그렇지 않다고 상상하는 것은 용납할 수 없는 인간 중심주의를 생명과학의 중심에 재설치하는 것이라는 가정이다.

두 번째 요점은 분명하지만 다시 한 번 강조할 필요가 있다. 유기적 생명이라는 광대한 영역에서 퇴화와 파괴는 바로 그 생명 과정의 일부이며, 이는 생명 과정 자체를 멈추지 않고는 모든 퇴화를 멈출 수 없다는 것을 의미한다. 아이러니하게도 생명을 위해 죽음을 배제하는 것은 곧 생명의 죽음을 의미한다.

따라서 살아 있는 모든 것과 관련하여 생명에 대한 권리가 있다고 미리 말할 수 없는데, 그 어떤 권리도 퇴화와 죽음의 모든 과정을 막을 수 없기 때문이다; 그 허세는 무엇이든 할 수 있는 인간중심주의의 환상의 기능이다(인류의 유한성을 부정하려 하는 것도 이 기능이다).

같은 방식으로, 예를 들어 우리가 관심을 갖는 것이 인간 삶의 '생명'이라면, 인간 생명의 특징에 초점을 맞춰야 한다고 주장하는 것은 궁극적으로 이치에 맞지 않다고 할 수 있다. 동물의 생체와 인간 동물의 생체를 절대적으로 구분할 수 있는 확실한 방법이 없기 때문이다. 그러한 구분은 미약하며, 다시 한 번 말하지만 인간 동물은 정의상 그 자체로 동물이라는 점을 간과하는 것이다. 이는 인간인 동물의 종류나 종에 관한 주장이 아니라 동물성은 인간의 전제 조건이며, 인간 동물이 아닌 인간은 존재하지 않는다는 주장이다.

예를 들어 낙태가 정당화될 수 있는지 또는 언제 정당화될 수 있는지를 결정하기 위해 근거를 찾는 사람들은 태아가 언제 합리적으로 사람이라고 불릴 수 있는지를 결정하기 위해 종종 "인격체"라는 도덕적 개념에 의존한다. 그러면 인격이 있다는 사람은 권리의 주체로 이해되어 위해와 파괴로부터 보호받을 자격이 있는 반면, 사람이 아닌 자 또는 소위 사람 이전의 존재는 그렇지 않다. 이러한 노력은 생물학적 개체화에 대한 설명에 의존하는 인격체의 존재론에 의지하여 윤리적, 정치적 문제를 해결하고자 한다. 여기서 "인격person"이라는 개념은 개체발생적으로 정의되는데, 이는 개체의 특정 도덕적 지위나 능력을 추정한 내적 발달이 인격체를 측정하는 두드러진 척도가 된다는 것을 의미한다. 논쟁은 그 자체를 도덕적 영역으로만 국한시키는 것이 아니라, 불안정한 삶으로 이해되는 삶은 그러한 형태의 개인주의에 의문을 던지는 사회존재론을 내포하고 있다는 것을 인식하지 못하는 개인주의의 존재론으로도 국한시킨다. 삶을 변화무쌍하게 떠받치는 삶의 조건이 없는 삶는 없다. 이러한 조건들은 광범위하게 사회적이며, 인간의 개별적인 존재론이 아니라 재생산가능하고 지속되는 사회적 관계와 폭넓게 고려된 환경 및 비인간 형태의 생명에 대한 관계를 포함하는 사람들의 상호의존성을 확립한다(사회적인 것과 생태학적인 것의 절대적 구분이 존재하지 않는). 이러한 사회존재론의 방식에는 우리가 생식의 자유와 반전 정치 문제에 다시 접근하는 방식을 위한 구체적인 함축이 들어 있다. 문제는 주어진 존재가 살고 있는지 아닌지, 문제의 존재가 "사람"의 지위를 가지고 있는지 여부가 아니다. 문제는 오히려 지속성과 번영의 사회적 조건이 가능한지 불가능한지 여부이다. 오직 이 후자의 질문을 통해서만 우리는 그러한 논의들을 탈선시켜 온 인간 중심적이고 자유주의적인 개인주의적 주제넘음을 피할 수 있다.

물론 이러한 논쟁들이 어떤 조건에서는 불안정한 생명이 보호받을 권리를 획득하고 어떤 조건에서는 획득하지 못하는지에 대한 문제를 아직 직접적으로 다루지는 않는다. 이 문제를 도덕철학에 적용하는 한 가지 전통적인 방법은 다음과 같다: 누가 결정하며, 그 결정은 어떤 근거로 이루어지는가? 그러나 아마 더 근본적인 질문들이 있을 것이다. '결정'은 어느 시점에서 관련성 있고 적절하며 의무적인 행위로 드러나는가? 결정하는 '누구'에 대한 문제와 결정이 내려지는 기준에 대한 문제도 있지만, 의사결정 자체의 적절한 범위에 대한 '결정'의 문제도 있다. 인간이나 동물의 생명을 연장하는 결정과 생명을 단축하는 결정은 언제 어디서 이루어져야 하는지에 대한 합의가 없기 때문에 모두 논란의 여지가 많기로 악명이 높다. 노인이나 말기 환자에게 어느 정도의 노력과 비용을 들여 살 만한 삶을 연장할 수 있을까? 결정을 내리는 것은 "인간의 권한이 아니다"라는 종교적 주장과 함께, 비용-편익 분석에 기반한 입장들은 우리가 삶을, 심지어 살 만한 삶을 연장하는 데에는 재정적 한계가 있다고 주장한다. 그러나 이러한 시나리오를 고려하기 시작할 때, 우리는 결정을 내리는 사람들의 집단을 상상한다는 점 그리고 그 결정 자체가 삶을 살 만하게 만들거나 만들지 않을, 폭넓게 고려된, 환경과 관련하여 이루어진다는 점에 주목해야 한다. 이는 단순히 삶을 지원할 것인가, 아니면 살 만한 삶을 위한 조건을 제공할 것인가에 관한 정책 문제가 아니다. 왜냐하면 우리의 성찰에는 삶 자체의 존재론에 대한 가정이 내포되어 있기 때문이다. 간단히 말해, 삶이 살 만한 삶이 되기 위해서는 지원과 그것을 가능하게 만드는 조건이 필요하다.

실제로 환자에게 생명-연장 장치를 제공하거나 노인에게 장기적인 간호 간병을 제공하는 것에 대한 결정은 어느 정도 삶의 질과 조건을 고려하여 내려진다. 삶이 불안정하다고 말하는 것은 삶이 지속될 가능성이 근본적으로 사회적·정치적 조건에 달려 있으며 단지 살고자 하는 추정된 내적 동력에만 달려 있는 게 아니라고 말하는 것이다. 실제로 삶의 모든 동력은 그 자체가 외부에 의해 뒷받침되고,[9] 지지받아야 한다. 이 때문에 삶을 살 만하게 만드는 최소한의 조건 없이는 삶을 지속할 수 없다. 이는 배아, 태아, 줄기세포 또는 임의의 정자에 대해 무엇을 할 것인지 '결정하는' 개인을 비롯한 다른 모든 누군가는 물론 '결정하는 개인'도 마찬가지이다. 실제로 보호받을 권리를 결정하거나 주장하는 사람은 의사결정 과정을 프레임하는 사회적·정치적 규범의 맥락에서 그리고 권리 주장이 인정될 수 있는 추정적 맥락에서 그렇게 행한다. 다시 말해, 결정은 사회적 관행이며, 권리 주장은 바로 대화의 조건이 전제될 수 있는 곳 또는 아직 그것이 제도화되지 않았을 때라도 최소한 호출되고 선동될 수 있는 곳에서 등장한다.

그러나 아마도 가장 중요한 것은 파괴에 대한 최종적인 보호가 없는 곳에서 그리고 긍정적이고 필수적인 사회적 유대가 살 만한 삶을 위한 조건을 보장하고 평등주의적 근거에서 그렇게 하라고 우리를 다그치는 곳에서 "살 권리right to live"를 다시 생각해야 한다는 것이다. 이는 식량, 쉼터, 일자리, 의료, 교육, 이동권과 표현의 권리, 부상과 억압으로부터의 보호 등, 불안정성을 최소화하기 위해 그러한 기본적 지원을 평등주의적 방식으로 제공해야 할 적극적 의무를 의미한다. 불안정성은 이러한 긍정적인 사회적 의무를 자리 잡게 하며(역설적이게도 불안정성은 인간 동물의 일반화된 조건을 구성하는 일종의 '자리 못 잡음ungrounding'이기 때문에), 동시에 이러한 의무의 목적은 불안정성과 그 불평등한 분배를 최소화하는 것이다. 이러한 관점에서, 우리는 살아 있는 세포의 사용이 살 만한 삶의 가능성을 높일 수 있다는 것이 분명할 때 줄기세포 연구를 정당화하는 그러한 방식들을 이해할 수 있다. 마찬가지로 태아를 낙태하기로 한 결정은 그 생명을 살 만하게 만드는 데 필요한 사회적·경제적 지원 형태가 부족하다는 통찰에 근거할 수도 있을 것이다. 이런 의미에서 전쟁의 특정 형태들에 대한 반대론은 다음 주장에 근거한다. 즉 어떤 사람에게는 불안정성을 극대화하고 다른 사람에게는 불안정성을 최소화하는 임의의 방식은 기본적인 평등주의적 규범을 위반하며, 불안정성이 살고 있는 사람들에게 또한 그들 간에도 특정 종류의 윤리적 의무를 부과한다는 것을 인식하지 못하고 있다.

물론 누군가는 "살 만한 삶livable life"이라는 개념이 살 만한 삶과 파괴할 만한 삶을 구분하려는 사람들에게 근거를 줄 수 있다며 반대할 수 있다. 즉 한편으로는 가치 있고 애도가능한 삶을, 다른 한편으로는 가치 없고 애도가능하지 않은 삶을 구분하려는 특정 종류의 전쟁 노력을 뒷받침하는 데 근거를 제공할 수 있다는 말이다. 그러나 이러한 결론은 살 만한 삶이란 무엇인가에 대한 고려에 평등주의적 기준이 부과하는 중요한 자격을 간과하고 있다. 불안정성은 단순히 이 삶 또는 저 삶의 특징으로 파악되는 것이 아니라, 불안정성 자체를 부정하는 것만으로도 일반성이 부정될 수 있는 일반화된 조건으로 파악되어야 한다. 그리고 평등의 관점에서 불안정성을 생각하라는 명령은 바로 이 조건의 반박할 수 없는 일반화 가능성에서 비롯된다. 이를 근거로 불안정성과 애도가능성의 차별적 배분에 반대하는 것이다. 더욱이, 불안정성이라는 개념 자체가 사회적 네트워크와 조건에 대한 의존을 내포하는데, 이는 여기서 문제가 되는 것은 '삶 자체'가 아니라 항상 그리고 오직 삶의 조건이라는 것, 즉 살 만한 삶이 되기 위해 그리고 실제로 애도가능한 한 삶이 되기 위해 조건을 필요로 하는 어떤 것으로서의 삶이라는 점을 시사한다.

따라서 결론은 죽을 수 있거나 파괴될 수 있는 모든 것(즉, 모든 생명 과정)이 생명을 보존해야 할 의무를 부과한다는 게 아니다. 오히려 의무는 우리가 처음부터 사회적 존재로서 우리 외부의 것, 타인, 제도, 지속적이고 지속가능한 환경에 의존하며, 바로 이런 의미에서 불안정하다는 사실에서 생겨난다. 삶을 지속가능한 것으로 유지하려면 이러한 조건을 마련하고 이를 갱신하고 강화하기 위해 분투해야 한다. 삶이 번성할 가능성이 없는 곳에서는 삶의 부정적인 조건을 개선하는 데 관심을 기울여야 한다. 불안정한 삶은 조건화된 과정으로서의 삶을 말하는 것이지, 단자적monadic 개인의 내적 특징이나 다른 인간중심적 자부심으로서의 삶을 말하는 게 아니다. 우리의 의무는 바로 삶을 가능하게 하는 조건에 대한 것이지 "삶 자체"가 아니다. 오히려 우리의 의무는 그러한 유지 조건 없이는 지속적인 삶이 있을 수 없으며 그러한 조건은 우리의 정치적 책임이자 우리의 가장 까다로운 윤리적 결정의 문제라는 통찰에서 나온다.

정치적 구성체들

불안정한 삶은 일반화된 조건이지만, 역설적이게도 그것은 조건화됨의 조건이다. 다시 말해, 모든 삶은 불안정하다고 말할 수 있는데, 이는 삶은 항상 삶의 조건들 속에서 생겨나고 유지된다는 것을 의미한다. 앞서 프레임과 규범에 대한 논의는 이러한 조건들의 한 차원을 조명하기 위한 것이었다. 우리는 주어진 프레임 밖에서는 삶을 쉽게 인식할 수 없는데, 이러한 프레임은 우리가 삶을 알게 되고 식별하는 방식을 구조화할 뿐만 아니라 바로 그 삶을 지속하기 위한 조건을 구성한다. 조건들은 지속되어야 한다. 이는 조건이 고정된 실체로 존재하는 것이 아니라 재생산 가능한 사회제도와 관계들로 존재한다는 것을 의미한다. 그 조건들이 갱신을 필요로 하지 않는다면 우리는 삶의 조건을 유지할 책임이 없을 것이다. 마찬가지로 프레임은 반복 가능한 구조의 지배를 받는다. 프레임은 그것의 재생산가능성을 통해서만 유통될 수 있으며 바로 그 재생산가능성이 프레임 자체의 정체성에 구조적 위험을 초래한다. 프레임은 자신을 재생산하기 위해 스스로와 단절하고, 그 재생산은 정치적으로 중대한 단절이 가능한 현장이 된다. 따라서 프레임은 규범적으로 기능하지만 특정 유통 방식에 따라 특정 규범성 분야에 의문을 제기할 수 있다. 그러한 프레임은 특히 전쟁 중에 인정의 방식을 구성하지만, 그 한계와 우연성 또한 노출과 비판적 개입의 대상이 된다.

이러한 프레임은 감금과 고문에서 작동할 뿐만 아니라 이민 정치에서도 작동한다. 프레임에 따라 어떤 삶은 삶으로 지각되는 반면, 다른 삶은 분명히 살고 있지만 그런 지각의 형태를 취하지 못한다. 지각의 수준에서 제도화되고 활성화된 인종차별의 형태는 몹시 애도할 수 있는 인구집단과 상실이 상실이 아니며 애도할 수 없는 채 남는 인구집단이라는 상징적 입장을 낳는 경향이 있다. 인구 집단에 따른 애도가능성의 차별적 분배는 공포, 죄책감, 정당한 가학증, 상실감, 무관심과 같은 정치적으로 중대한 감정의 성향을 느끼는 이유와 시기에 영향을 미친다. 특히 미국이 저지른 폭력은 그다지 애도(9/11 테러로 인한 사망자의 도상학)나 동일시될 수 없는 것으로 (국가수사학 안에 있는 남성적 불침투성 주장) 간주되는 동시에 미국 내에서 미국이 당한 특정 형태의 폭력에 대해서는 의로운 대응이 있어 왔던 이유는 무엇일까? 삶의 불안정성을 출발점으로 삼는다면, 쉼터와 음식이 필요 없는 삶, 더 넓은 사회성과 노동의 네트워크에 의존하지 않는 삶, 손상가능성과 사망을 초월하는 삶은 없다.[10] 그렇다면 이 시기에 군사권력의 문화적 지류 중 일부를 분석할 수 있는데, 이는 다른 사람들의 불안정성은 극대화하는 반면 해당 권력의 불안정성은 최소화하려는 시도로 볼 수 있을 것이다. 이러한 불안정의 차별적 분배는 물질적 문제인 동시에 지각과 관련된 문제이기도 하다. 왜냐하면 그들의 삶이 잠재적으로 애도할 만한, 따라서 가치 있는 삶으로 '간주되지' 않는 사람들은 굶주림, 실업, 법적 권리박탈, 폭력과 죽음에 대한 차별적 노출 들의 부담을 지게 되기 때문이다.[11] '간주regard'가, 아니 '간주'의 실패가 '물질적 현실'의 실패로 이어지는지 아니면 물질적 현실이 간주의 실패로 이어지는지를 결정하는 것은 불가능하지는 않더라도 어려울 것이다. 왜냐하면 둘은 동시에 일어나고 그러한 지각적 인식 범주가 물질적 현실의 제작에 필수적이기 때문이다(이는 모든 물질성이 지각적 인식으로 환원된다는 의미가 아니라 지각이 그 물질적 영향을 지닌다는 것만 의미한다).

불안정성과 위태성은 서로 교차하는 개념이다. 삶은 정의상 불안정하며, 자의나 우연에 의해 소멸될 수 있고 지속성이 보장되지 않는다. 어떤 의미에서 이는 모든 삶의 특징이며 불안정하지 않은 삶은 생각할 수 없다. 물론 판타지, 특히 군사적 판타지는 예외이다. 경제와 사회 제도를 포함한 정치 질서는 사망 위험이 높아지지 않는 바로 그 필요를 해결하기 위해 고안되었다. 위태성은 특정 인구집단이 사회적·경제적 지원 네트워크의 실패로 인해 고통 받고 부상, 폭력, 죽음에 차별적으로 노출되는, 정치적으로 유발된 상태를 말한다. 이러한 인구는 질병, 빈곤, 기아, 재난 이주 및 보호 없는 폭력에 노출될 위험이 높다. 또한 위태성은 임의의 국가 폭력에 노출된 인구집단에서 정치적으로 유발된 불안정성이 극대화된 상태를 특징으로 하는데, 그들은 국가로부터 보호해 달라고 바로 그 국가에 호소하는 것 외에 다른 선택의 여지가 없는 자들이다. 즉, 그들은 국가에 보호를 호소하지만, 국가는 그들에게 폭력을 가하는 바로 그 국가이다. 국민국가에 의해 폭력으로부터 보호받는다는 것은 국민국가가 휘두르는 폭력에 노출되는 것이므로, 국민국가에 의존하여 폭력으로부터 보호를 받는다는 것은 바로 잠재적인 폭력을 다른 폭력과 교환하는 것과 같다. 사실 다른 선택지가 거의 없을 수도 있다. 물론 모든 폭력이 국민국가에서 비롯되지는 않지만, 현대의 폭력 사례에서 이러한 정치적 형태와 무관한 폭력을 찾기가 매우 쉽지 않을 것이다.

이 책은 전쟁의 '프레임들', 즉 전쟁 수행에 필수적이라고 여겨지는 경험을 선택적으로 조각하는 방식들을 고찰한다. 그러한 프레임들은 단순히 전쟁의 물질적 조건을 반영하는 것이 아니라, 그 물질적 현실이 끊임없이 만들어내는 적의animus에 필수적이다. 여기에는 몇 가지 프레임이 문제시된다. 사진의 프레임, 참전 결정의 프레이밍, 이민 문제를 '국내 전쟁'으로 보는 프레이밍, 그리고 전쟁 노력을 지원하기 위한 성 정치와 페미니즘 정치의 프레이밍이다. 전쟁이 삶의 차별적 애도가능성과 관련하여 정동을 통제하고 고조시키도록 특정 방식으로 프레임되는 것처럼, 전쟁은 대체로 '외교 문제'와는 별개의 문제로 여겨지는 다문화주의에 대한 관점과 성적 자유에 대한 논쟁도 프레임하게 되었다는 게 나의 주장이다. 성적으로 진보적인 페미니스트 권리나 성적 자유 개념들은 주로 무슬림 인구집단에 대한 전쟁을 합리화하는 데 동원되었을 뿐만 아니라 주로 무슬림 국가에서 유럽으로의 이민 제한을 주장하는 데에도 동원되었다. 미국에서는 이로 인해 의심스러운 인종 집단에 속하는 것으로 "보이는" 사람들을 불법 구금하고 투옥하는 일이 발생했는데, 최근 몇 년 동안 이러한 조치에 맞서 싸우려는 법적 노력이 점점 더 성공을 거두고 있기는 하다.[12] 예를 들어, 특히 유럽에서 성적 권리와 이민권리 사이의 "난국"을 받아들인 사람들은 계속되는 전쟁이 사회운동의 주체를 어떻게 구조화하고 균열시켰는지를 고려하지 못했다. 강압적인 이민 정치에서 새로운 형태를 띠는 '이슬람 대항' 전쟁의 문화적 이해관계를 이해하는 것은 좌파에게 다문화주의를 기존의 틀을 넘어 생각하도록 그리고 최근의 분열을 국가 폭력, 전쟁 실행, 국경에서의 '법적 폭력' 고조에 비추어 맥락화하도록 촉구한다.

최근 몇 년 동안 미국과 유럽에서는 성 진보 정치와 관련된 입장들이 새로운 이민자 권리와 새로운 문화적 변화에 대한 주장들과 대립하고 있다. 모순과 난국에 대한 이러한 공식화는 국내 정치의 조건이 전쟁이라는 더 넓은 목표에 의해 어떻게 교란되고 배치되었는지에 대해 비판적으로 생각하지 못하는 틀에서 기인하는 것 같다. 합법성을 강요하고 무시하는 강압적 수단을 비롯한 국가 폭력의 불법적이고 자의적인 영향에 현대 정치의 초점을 다시 맞추면, 좌파는 현재 좌초되어 있는 자유주의적 이율배반을 넘어서는 방향으로 나아갈 수 있을 것이다. 불법적인 강제와 폭력에 반대하는 사람들과 모든 종류의 인종차별에 (무-차별적으로) 반대하는 사람들과의 연합은 분명히 현재 전쟁의 거짓 근거로 사용되기를 단호히 거부하는 성 정치를 의미할 것이다. 우리 생각에 좌파는 새로운 형태의 국가 폭력, 특히 주권이라는 미명으로 법적 제약을 유예시키거나 국가 안보라는 미명으로 준-법적 시스템을 가공하는 방식에 비추어 그 틀을 재구성할 필요가 있다. 매우 자주 우리는 표면상의 '국내' 문제가 외교 정책 문제에 의해 영향을 받으며, 유사한 '프레임'이 두 영역에서 우리의 지향점을 좌초시킨다는 사실을 잘 보지 못한다. 또한 국내 문제와 해외 문제를 구분하는 이러한 프레이밍에 항상 의문을 제기하는 것도 아니다. 이러한 프레임이 서로 비판적으로 충돌한다면 어떤 정치가 탄생할까? 그것은 아마 우리에게 '진보적인' 국내 의제(페미니즘, 성적 자유)가 전쟁과 반-이민 정치, 심지어 성 고문의 근거로 동원되는 것에 맞서 싸울 수 있는 방법을 제공할 것이다. 이는 성 정치를 이민 정치와 함께 새로운 방식으로 생각하는 것, 인구집단들이 지속과 번영의 가능성을 위협하는 조건들에 어떻게 차별적으로 노출되는지를 고려하는 것을 의미할 것이다.

이러한 작업은 불안정precarity을 연합적 교류를 위한 현존하는 유망한 장소로 고려하는 방향으로 좌파 정치를 재정향하는 것이다. 인구집단들이 애도가능하게 되기 위해서, 우리가 위험에 처해 있거나 실제로 이미 위험에 처한 모든 사람의 특이점을 알아야 할 필요는 없다. 오히려 이것이 의미하는 바는 정책은 불안정성을 공유 조건으로 이해할 필요가 있으며, 불안정을 근본적으로 불평등한 부의 분배와 인종적·국가적으로 개념화된 특정 인구집단을 더 큰 폭력에 노출시키는 차별적 방식을 통해 평등한 노출을 거부하고자 하는 정치적으로 유도된 조건으로 이해할 필요가 있다는 것이다. 공유된 불안정성에 대한 인정은 평등에 대한 강력한 규범적 몰입을 가져오며, 식량, 피난처 및 지속과 번영을 위한 기타 조건들에 대한 인간의 기본적인 욕구를 해결하고자 하는 보다 강력한 권리의 보편화를 촉구한다. 우리는 이러한 욕구를 '물질적 필요'로 부르고 싶은 유혹을 받을 수 있는데, 실제로 그렇다. 그러나 일단 우리가 그러한 욕구를 긍정하거나 부정하는 '프레임들'이 전쟁의 실행을 가능하게 한다는 사실을 인정하면, 전쟁의 프레임들은 전쟁의 물질성을 만드는 것의 일부라고 결론을 내릴 수밖에 없다. 몸이라는 '물질'이 형상화하고 생기를 주는 형태 없이 나타날 수 없듯이, 전쟁이라는 '물질'도 그것을 조건화하고 촉진하는 형태나 프레임 없이 나타날 수 없다. 고문 이미지의 기록과 배포에서뿐만 아니라 폭격 장치의 일부로서 카메라의 작동은 미디어 재현이 이미 군사 행동의 한 방식이 되었음을 분명히 보여준다.[13] 따라서 현재의 역사적 조건하에서는 전쟁의 물질적 현실을, 전쟁을 작동시키고 자신의 작동을 합리화하는 그러한 재현 체제들representational regimes로부터 분리할 방법은 없다. 그러한 프레임을 통해 생산된 지각적 현실이 정확하게 전쟁 정책으로 이어지는 것도 아니고, 그러한 정책들이 일방적으로 지각의 프레임들을 만들어내는 것도 아니다. 지각과 정책은 대상 인구집단의 존재론적 지위가 손상되고 유예되는 동일한 과정의 두 가지 양태일 뿐이다. 이는 '벌거벗은 삶'과는 다르다. 문제의 삶들이 과격하게 노출된 상태로 공동체polis 밖으로 내던져진 것이 아니라, 강제적인 노출 상황에서 권력 관계에 의해 구속되고 제약을 받고 있기 때문이다. 위태로움을 낳는 것은 법의 철폐나 부재가 아니라 불법적인 법적 강요 자체의 효과, 즉 모든 법의 제약에서 자유로운 국가권력의 행사이다.

인간의 불안정성 문제를 완전히 '해결'할 수 있는 조건은 없기 때문에, 이러한 성찰은 몸을 통한 사고에도 시사점을 준다. 몸은 생겨나고 소멸한다. 몸은 물리적으로 지속되는 유기체이기 때문에 침입을 받거나 질병에 걸려 지속가능성을 위협받기도 한다. 이들은 몸의 필수적인 특징으로서 몸의 삶bodily life의 현상학적 구조에 따르는 특징들이다. 몸은 몸의 유한성 없이는 생각될 수 '있지' 아니하며 유지되기 위해서는 '자기 밖'에 있는 것에 의존한다. 산다는 것은 항상 처음부터 위험에 처해 있는 삶을 사는 것이며, 밖으로부터, 그리고 항상 통제할 수는 없는 이유로 인해 아주 갑자기 위험에 처해지거나 소멸될 수 있는 삶을 사는 것이다.

몸의 지속성에 대한 스피노자적 설명에서 파생된 대부분의 입장은 몸의 생산적 욕망을 강조하는데,[14] 우리는 지금까지 몸의 취약성에 대한 스피노자적 설명을 접했거나 그것의 정치적 함축[15]을 고려한 적이 있는가? 코나투스conatus는 여러 가지 근원에 의해 약화될 수 있고 약화된다. 우리는 리비도적 연결의 네트워크를 통해서 뿐만 아니라, 공격성과 욕망의 결속을 비롯한 양가적인 정신적 결과를 수반할지도 모를 비의도적 의존성과 근접성의 방식을 통해서도 타인과 결속되어 있다(클라인).[16] 더욱이, 이러한 불안정성과 의존성의 일반화된 조건은 특수한 정치 구성체들에서 악용되고 거부된다. 아무리 많은 의지나 부도 살아 있는 몸의 질병이나 사고의 가능성을 제거할 수는 없지만, 둘 다 그러한 환상을 위해 동원될 수는 있다. 이러한 위험은 유한하고 불안정하다고 간주되는 몸의 삶이라는 바로 그 개념에 내재되어 있으며, 이는 몸이 개인의 자율성을 제한하는 사회성과 환경의 방식에 항상 넘겨져 있음을 의미한다. 불안정성이라는 공유 조건은 몸이 구성적으로 사회적이며 상호의존적이라는 것을 의미하며, 이는 홉스Hobbes와 헤겔Hegel이 서로 다른 방식으로 명확하게 확인한 견해이다. 그러나 정확하게는 각각의 몸이, 정의상, 또한 불안정한 다른 몸들에 의해 잠재적으로 위협을 받고 있음을 깨닫기 때문에 지배의 형태가 뒤따른다. 이 표준적인 헤겔의 관점은 현대의 전쟁 상황에서 특별한 의미를 갖는다. 즉, 불안정성이라는 공유된 조건은 상호 인정으로 이어지는 게 아니라 표적이 된 인구집단에 대한 구체적인 착취, 즉 '파괴가능한', '애도할 수 없는' 삶으로 간주되는 온전히 삶은 아닌 삶에 대한 착취로 이어진다. 그러한 인구집단은 바로 이미 상실되었거나 박탈된 것으로 프레임되기 때문에, '상실가능lose-able'하고 또는 박탈될 수 있다 그들은 불법적인 국가 폭력, 기근, 전염병으로부터 보호가 필요한 살고 있는 인구집단이 아니라 우리가 알고 있는 인간의 삶에 대한 위협으로 내던져진다. 결과적으로, 그러한 삶들은 상실되더라도 애도가 가능하지 않다. 왜냐하면 그들의 죽음을 합리화하는 왜곡된 논리에서 그러한 인구집단의 상실이 '살고 있는 자들'의 삶을 보호하기 위해 필요하다고 간주되기 때문이다.

불안정성과 애도가능성의 차별적 배분에 대한 이러한 고찰은, 국민국가를 배타적인 준거 프레임으로 전제하고 다원주의를 이질적 사회적 주체들에 대한 적절한 사고방식으로 전제하는 그런 다문화주의 모델에 대한 대안을 구성한다. 평등과 보편성을 포함한 특정 자유주의 원칙들이 이러한 분석에 여전히 중요하더라도, 개별적 정체성의 존재론을 전제하는 자유주의 규범들이 현대 생활에서의 전 지구적 상호의존성과 권력과 지위의 네트워크를 생각하는 데 필요한 분석 어휘들을 제공할 수 없다는 점은 여전히 분명하다. 현대의 정치적 삶의 문제 중 하나는 모든 사람이 주체로 간주되지는 않는다는 것이다. 다문화주의는 이미 구성된 공동체를 전제하는 경향이 있다. 다문화주의는 이미 구성된 공동체, 이미 확립된 주체를 전제하는 경향이 있는데, 문제가 되는 공동체가 온전히 인정되지 않고, 주체들도 살고 있지만 아직 '삶'으로 간주되지 않을 때도 그렇다. 더욱이, 이 문제는 단순히 공존의 문제가 아니다. 현대의 권력 지도 내 차별적 주체 형성의 정치가 ① 자유에 대한 가짜 개념의 이름으로 새로운 이민자에 대항하여 성 진보주의자들을 동원하고 ② 최근 및 현재의 전쟁을 합리화하는 데 젠더 및 성소수자들을 배치하는 방법의 문제이다.

이와 관련하여 좌파 정치는 먼저 국가 폭력에 대한 정치적 비판에 다시 초점을 맞추고 확대하는 것을 목표로 해야 할 것인데, 국가 폭력에는 전쟁과 인구집단들이 불안정성을 최소화하는 데 필요한 기본 자원을 차별적으로 박탈하는 합법화된 폭력 형태가 포함된다. 이는 복지 국가가 무너지고 사회 안전망이 찢어지거나 등장할 기회가 거부된 상황에서 시급히 필요한 것으로 보이다. 둘째, 정체성 정치나 정체성 주장에 기초하여 형성된 이해관계와 신념들보다는 불안정과 그 차별적 분배에 더 초점을 맞추면서, 위에서 언급한 종류의 자유주의적 난국을 극복할 수 있는 새로운 연합이 형성될 수 있기를 희망해야 할 것이다. 불안정은 정체성 범주와 다문화 지도를 가로지르고, 따라서 이윤과 영토 방어를 목적으로 위태성을 생산, 착취, 분배하는 국가 폭력과 그 역량에 반대하는 데 초점을 맞춘 동맹의 토대를 형성한다. 그러한 동맹은 욕망이나 신념 또는 자기 정체성과 관련된 모든 문제에 동의할 것을 요구하지 않을 것이다. 그것은 그러한 지속적이고 생동감 있는 차이를 급진적 민주주의 정치의 상징이자 실체로서 소중히 여기면서, 그 참여자들 사이에서 지속되는 특정한 종류의 적대감을 벗어나 머물 수 있는 운동일 것이다.

1장

생존가능성, 취약성, 정동

개인주의 존재론에 의문을 제기하는 일반화된 불안정성이란 추정은 특정한 규범적 결과를 직접 수반하지는 않더라도 암시해 준다. 삶이 불안정하기 때문에 보존되어야 한다고 말하는 것만으로는 충분하지 않다. 삶을 지속가능하게 만드는 조건이 위태로우며, 그래서 도덕적 불일치는 언제나 이러한 삶의 조건을 개선하고 불안정을 개선할 수 있는 방법이나 여부에 집중된다. 그러나 이러한 관점이 개인주의에 대한 비판을 수반한다면, 우리는 불안정을 최소화하기 위해 책임을 지는 방법에 대해 어떤 식으로 생각하기 시작하는가? 몸의 존재론이 그러한 책임에 대한 재고의 출발점이 된다면, 그것은 바로 몸의 표면과 깊이에서 몸은 사회적 현상이기 때문이다. 즉 몸은 타인들에게 노출되어 있으며, 정의상 취약하다. 몸의 그 지속성은 사회적 조건과 제도에 달려 있으며, 이는 몸이 '지속'의 의미에서 '존재'하기 위해서는 자신의 밖에 있는 것에 의존해야만 한다는 뜻이다. 이렇게 사회적으로 황홀한 몸의 구조에 기초하여 어떻게 책임을 생각할 수 있을까? 정의상 사회적 조작과 힘에 무너질 수 있는 것으로서, 몸은 취약하다. 그러나 몸은 사회적 의미가 새겨지는 단순한 표면이 아니라 세계의 외부성, 즉 몸의 성향과 수동성, 활동성을 규정하는 외부성에 시달리고, 즐기고, 반응하는 표면이다. 물론 손상은 취약한 몸에 일어날 수 있고 실제로 일어나는 일이지만(그리고 취약하지 않은 몸은 없다), 그렇다고 해서 몸의 취약성이 몸의 손상가능성으로 환원될 수는 없다. 몸이 예외 없이 외부 세계와 맞닥뜨린다는 것은 타인들과 자신이 통제할 수 없는 상황에 비의도적 근접이라는 일반적인 곤경의 표지이다. 이 '맞닥뜨림'은 몸을 정의하는 한 가지 양상이다. 그럼에도 몸이 자신을 발견하는 이 두드러지는 타자성은 세계에 대한 몸의 반응에 생기를 불어넣는 것일 수 있으며 종종 그렇다. 이러한 반응에는 즐거움, 분노, 고통, 희망 등 광범위한 정동이 포함될 수 있다.

나는 그러한 정동이 단지 발상과 비평의 근거가 아니라 소재가 된다고 주장할 것이다.[1] 이런 식으로, 어떤 해석적 행위는 일차적인 정동적 반응성의 순간에 암묵적으로 자리 잡는다. 해석은 한 사람의 단일한 마음의 자발적 행위로 등장하는 것이 아니라, (우리가 의존하지만 또한 우리를 침해하고 때로는 복잡하고 양가적 형태의 까다로운 반응을 요구하는) 충돌하는 세계에 대한 우리의 반응성을 형성하고 프레임 하는 것을 돕는 합리적 이해성이라는 특정 분야의 결과로 등장한다. 따라서 일반화된 조건으로서의 불안정성은 지속적이고 지속가능한 세계에 근본적으로 의존하고 그에 의해 조건 지어지는 몸에 대한 개념에 의존한다. 그리고 반응성, 즉 궁극적으로 책임은 지속적이고 충돌하는 세계에 대한 정동적 반응들에 위치한다. 이러한 정동적 반응들은 예외 없이 매개되기 때문에 특정한 해석적 프레임을 요구하고 수행한다. 이 반응들은 또한 그러한 프레임의 당연한 성격에 의문을 제기할 수 있으며, 그러한 방식으로 사회 비평을 위한 정동적 조건들을 제공할 수 있다. 내가 다른 글에서 주장했듯이, 도덕이론이 그 대상을 알고 그 대상에 작용하려면 사회 비평이 되어야 한다. 전쟁의 맥락에서 내가 제안한 도식을 이해하려면, 이 삶이나 저 삶의 가치나 삶의 추상적 생존가능성 문제가 아니라 삶의 사회적 조건을 유지하는 데 책임의 초점을 어떻게 맞추어야 하는지를 고려할 필요가 있다. 특히 그 조건들을 유지하는 데 실패했을 때 더욱 그렇다. 이 과제는 특히 전쟁의 맥락에서 더욱 절실해진다.

책임이라는 용어 자체가 이 글의 목적과 상반되는 용도로 사용되어 왔기 때문에 책임의 문제로 돌아가는 것은 쉽지 않다. 예를 들어, 빈곤층과 신규 이민자에 대한 사회적 혜택이 거부된 프랑스의 경우, 정부는 개인이 국가에 의하지 않고 스스로에게 의존해야 한다는 새로운 의미의 '책임감'을 요구했다. 심지어 자립적인 개인을 배출하는 과정을 설명하는 단어도 만들어졌다. 바로 '책임화responsibilization'이다. 나는 절대 개인의 책임에 반대하지 않는다. 분명 우리 모두가 스스로 책임을 져야 하는 방식이 있다. 하지만 이 공식에 비추어 몇 가지 중요한 질문이 떠오른다. 나는 내 자신에게만 책임이 있는가? 내가 책임져야 할 다른 사람들이 있는가? 그리고 나는, 일반적으로, 내 책임의 범위를 어떻게 결정할 수 있을까? 나는 다른 모든 사람에게 책임이 있는가, 아니면 일부에게만 책임이 있는가, 그리고 어떤 기준으로 그 선을 그을 것인가?

하지만 이것은 어려움의 시작에 불과하다. 문제의 대명사에 몇 가지 문제가 있음을 고백한다. 나는 책임이 있다는 것은 오직 '나'로서, 즉 개인으로서 만인가? 내가 책임을 질 때 분명해지는 것은 '내'가 누구인지가 타인들과 불가피한 방식으로 얽혀 있다는 것이 아닐까? 내가 심지어 그 타인들의 세계를 떠나서 생각할 수 있는 존재일까? 사실상 책임을 지는 과정을 통해 '나'는 적어도 부분적으로나마 '우리'임을 스스로 드러내는 것이 아닐까?

그렇다면 내가 속한 것처럼 보이는 '우리'에는 누가 포함될까? 그리고 나는 마침내 어떤 '우리'에게 책임이 있는가? 이것은 "나는 어떤 '우리'에 속해 있는가"라는 질문과는 다르다. 국가, 영토, 언어 또는 문화를 기준으로 내가 속한 공동체를 식별하고 그 공동체에 대한 책임감을 기준으로 삼는다면, 나는 어떤 식으로든 나와 비슷하다고 인정되는 사람들에게만 책임이 있다는 견해를 암묵적으로 고수하게 된다. 하지만 내가 누군가를 나를 '닮은' 사람으로 '인정'할 때 작용하는 암묵적인 인정가능성 프레임은 무엇일까? 그러한 경우 어떤 암묵적인 정치적 질서가 '닮음likeness'을 생산하고 규제할까? 우리가 알지 못하는 사람들, 우리의 소속감을 시험하거나 또는 통용되는 닮음의 규범을 무시하는 것처럼 보이는 사람들에 대한 우리의 책임은 무엇일까? 어쩌면 우리는 다른 방식으로 그들에게 속해 있으며, 그들에 대한 우리의 책임은 사실 이미 만들어진 유사성에 대한 이해에 의존하지 않을 수도 있다. 아마도 그러한 책임은 인정가능성의 범위를 구성하는 그런 배타적 규범들에 대한 비판적 성찰을 통해서만 실현되기 시작할 수 있을 것이다. 그 인정가능성의 범위는 우리가 어떤 삶에 대해서는 애도하지만 다른 삶의 상실에는 냉정하게 반응할 때 문화적 반사에 의해 암묵적으로 호출된다.

이러한 전쟁의 시기에 전 지구적 책임에 대한 사고방식을 제안하기에 앞서, 이 문제에 접근하는 몇 가지 잘못된 방식에서 거리를 두고자 한다. 예를 들어, 공동선이라는 미명으로 전쟁을 벌이는 사람들, 민주주의나 안보의 미명으로 살인을 저지르는 사람들, 주권의 미명으로 다른 나라의 주권 지역에 침입하는 사람들은 모두, 스스로가 '전 지구적으로 행동'하고 있으며 심지어 특정한 '전 지구적 책임'을 실행하고 있다고 생각한다. 최근 몇 년 동안 미국에서는 민주주의가 결여되어 보이는 국가에 '민주주의를 가져온다'는 말이 들렸고, '민주주의를 심는다'는 말도 들렸다. 이럴 때 우리는, 대중의 결정과 다수결에 기반하지 않는 민주주의는 무엇을 의미하는지 묻지 않을 수 없다. 한 권력이 관할권이 없는 국민에게 민주주의를 '가져오거나' '심을' 수 있을까? 어떤 형태의 권력이 그 권력의 형태를 선택하지 않은 국민에게 강요된다면, 그것은 정의상 비민주적인 과정이다. 만약 부과된 권력의 형태를 '민주주의'라고 부른다면 더 큰 문제가 발생한다. 과연 '민주주의'가 비민주적으로 부과된 정치권력의 형태에 대한 이름이 될 수 있을까? 민주주의는 정치권력을 획득하는 수단과 그 과정의 결과를 함께 지칭해야 한다. 이는 (1933년 독일인들이 히틀러를 선출할 때 그랬던 것처럼) 다수가 비민주적인 형태의 권력에 투표할 수 있으므로 어떤 결합을 만들어냈는데, 군사 권력들 또한 선거와 기타 민의의 표출을 기각하거나 유예하는 등 명백히 비민주적인 방법으로 민주주의를 '심으려' 할 수 있다. 두 경우 모두 민주주의는 실패한다.

민주주의의 위험에 대한 이러한 짧은 성찰은 전쟁 시 전 지구적 책임에 대한 우리의 사고방식에 어떤 영향을 미칠까? 첫째, 우리는 한 국가가 다른 국가에 민주주의를 가져올 특별한 책임이 있다고 가정하는 '전 지구적 책임'이라는 부름을 경계해야 한다. 분명 개입이 중요한 경우들은 있다. 예를 들어, 집단학살을 막기 위한 경우이다. 그러나 이러한 개입을 전 지구적 사명과 혼동하거나, 실제로 바로 그 개입을 담당하는 군사력의 정치적, 경제적 이익에 부합하는 정부 형태를 강제적으로 구현하는 오만한 정치와 혼동하는 것은 잘못일 것이다. 그러한 경우, 우리는 아마도 이러한 형태의 전 지구적 책임은 공공연히 모순되지는 않더라도 무책임하다고 말하고 싶을 것이다. 나는 적어도 그렇게 말하고 싶다. 이러한 경우에 '책임'이라는 단어가 그야말로 오용되거나 남용된다고 말할 수 있을 것이다. 나도 동의하는 편이다. 하지만 역사적 상황들이 '책임'이라는 개념에 새로운 의미를 부여할 것을 요구하기 때문에 그것만으로는 충분하지 않을 것이다. 실제로 제국주의적 전유와 그 강요의 정치에 대응할 수 있는 전 지구적 책임의 개념을 재고하고 재구성해야 하는 과제가 우리 앞에 놓여 있다.

이를 위해 '우리'에 대한 질문으로 돌아가서 전쟁의 시기에 이 '우리'에게 무슨 일이 일어나는지를 먼저 생각해 보고자 한다. 누구의 삶은 구하고 지킬 가치가 있는 삶으로 여겨지고 누구의 삶은 그렇지 않은가? 둘째, 강요의 정치에 맞서는 방식으로 전 지구적 관점에서 '우리'를 어떻게 다시 생각할 수 있는지 묻고 싶다. 마지막으로, 앞으로 이어질 장에서는 왜 고문에 대한 반대가 의무적인지, 그리고 정치로부터 어떻게 모든 형태의 고문을 반대하는 전 지구적 책임이라는 중요한 의미를 이끌어낼 수 있는지 생각해 보고자 한다.[2]

따라서 이 전쟁의 시대에 '우리'가 누구인지를 묻는 질문을 던지는 한 가지 방법은 누구의 삶이 가치 있다고 여겨지고, 누구의 삶이 추모되며, 누구의 삶이 애도할 수 없다고 여겨지는지를 묻는 것이다. 우리는 전쟁이 인구 집단들을 애도할 만한 자들과 그렇지 않은 자들로 나눈다고 생각할 수 있다. 애도할 수 없는 삶은 추모될 수 없는 삶이다. 왜냐하면 그 삶은 살지도 않았기 때문이다. 다시 말해, 전혀 삶으로 간주되지 않았기 때문이다. 특정 공동체의 삶을 방어하려고 그리고 이들을 방어하기 위해 다른 공동체의 삶을 빼앗는 한이 있더라도 그 삶들에 맞서 전쟁을 벌이는 자들의 관점으로부터, 우리는 전 세계가 애도할 수 있는 삶과 애도할 수 없는 삶으로 나뉜 것을 볼 수 있다. 9/11 테러 이후 우리는 미디어에서 사망자들의 이름, 이야기, 가족의 반응과 함께 그들의 생생한 사진을 접했다. 공적 애도Public grieving는 이러한 이미지를 국가의 상징으로 만드는 데 전념했는데, 당연히 이는 미국 국적자가 아닌 사람들에 대한 공적 애도는 훨씬 적고, 불법체류자에 대한 애도는 전혀 없다는 것을 의미했다.

공적 애도를 차별적으로 분배하는 것은 매우 중요한 정치적 문제이다. 공적 애도의 규율은 적어도, 안티고네가 남매 중 한 사람의 죽음을 공개적으로 추모하는 것이 국법에 위배됨에도 그렇게 하기로 결정한 시대부터 있었다. 왜 정부는 누구는 공적으로 애도가능하고 누구는 그렇지 않은지를 그렇게 자주 규제하고 통제하려고 할까? 미국에서 에이즈 위기가 발생한 초기에 대중 집회와 이름 프로젝트Names Project[3]는 에이즈로 인한 사망과 관련된 공적 수치심, 때로는 동성애 특히 항문성교와 관련된 수치심, 때로는 마약 및 난혼과 관련된 수치심을 뚫고 나아갔다. 그것은 이름을 밝히고 보여주며, 삶의 잔재를 정리하고, 상실을 공개적으로 드러내고 인정하는 것을 의미했다. 현재의 전쟁에서 사망한 사람들이 그렇게 공개적으로 애도된다면 어떤 일이 일어날까? 왜 미국이 죽인 사람들을 포함하여 모든 전쟁 사상자들의 이름이 우리에게 주어지지 않는가? 왜 우리는 그들의 삶에 대한 이미지, 이름, 이야기, 공유된 증언이나 보고 만지고 알 수 있는 어떤 것도 결코 가질 수 없을 것인가? 전쟁에서 파괴된 생명을 모두 다 두드러지게 할 수는 없지만, 이미지의 상징적 기능에 완전히 동화되지 않으면서 손상되고 파괴된 인구집단을 등록할 수 있는 방법들은 분명히 있다.[4]

공개적인 애도는 분노와 결부되어 있으며, 불의나 참을 수 없는 상실에 직면한 분노는 엄청난 정치적 잠재력을 가지고 있다. 이는 결국 플라톤이 『국가Republic』에서 시인들을 금지하고자 했던 이유 중 하나이기도 한다. 그는 시민들이 너무 자주 비극을 보러 가면 상실을 보고 슬퍼할 것이고, 그러한 공개적이고 공적인 애도가 영혼의 질서와 위계를 무너뜨리고 정치권력의 질서와 위계도 무너뜨릴 수 있다고 생각했다. 공개적 애도에 대해 이야기하든 분노에 대해 이야기하든, 우리는 권력 체제에 의해 고도로 규제되고 때로는 명백한 검열의 대상이 되는 정동적 반응에 대해 이야기하고 있다. 미국이 직접 참전하고 있는 현대 전쟁, 즉 이라크와 아프가니스탄 전쟁에서 우리는 전쟁 노력과 더 구체적으로는 국민주의적 소속감을 지원하기 위해 정동이 어떻게 규제되는지를 확인할 수 있다. 아부 그라이브의 사진들이 미국에서 처음 공개되었을 때, 보수적인 텔레비전 전문가들은 이 사진들을 보여주는 것이 미국적이지 않다고 주장했다. 미군 요원들이 저지른 고문 행위에 대한 생생한 증거를 공개해서는 안 된다는 것이었다. 우리는 미국이 국제적으로 인정된 인권을 침해했다는 사실을 알면 안 되었다. 이 사진들을 보여주는 것도 비미국적un-American이었고, 전쟁이 어떻게 진행되고 있는지에 대한 정보를 수집하는 것도 비미국적이었다. 보수적인 정치 평론가 빌 오라일리Bill O'Reilly는 이 사진들이 미국에 대한 부정적인 이미지를 만들 것이며 우리는 긍정적인 이미지를 지켜야 할 의무가 있다고 생각했다.[5] 도널드 럼즈펠드Donald Rumsfeld도 비슷한 말을 하며 사진을 전시하는 것은 반미국적anti-American이라고 주장했다.[6] 물론 두 사람 모두 미국 대중이 군의 활동에 대해 알 권리가 있으며, 완전한 증거에 근거하여 전쟁을 판단할 대중의 권리가 참여와 숙의라는 민주주의 전통의 일부라는 점은 고려하지 않았다. 그렇다면 실제로 무슨 말을 하고 있었던 걸까? 이 사례에서 이미지의 힘을 제한하려는 사람들은 이 이미지가 이라크에 대한 전쟁에 반대하도록 여론을 바꿀 수 있다는 것을 잘 알기에 정동과 분노의 힘도 제한하려고 한 것 같다. 실제로 여론은 바뀌었다.

그러나 누구의 삶은 애도할 수 있고, 보호할 가치가 있고, 존중될 권리를 가진 주체에 속하는 것으로 간주해야 하는지에 대한 질문은 어떻게 정동이 규제되는지, 그리고 정동의 규제는 무엇을 의미하는지에 대한 질문으로 우리를 되돌아가게 한다. 인류학자 탈랄 아사드Talal Asad는 최근 자살폭탄 테러에 관한 책을 썼는데, 그 첫 번째 질문은 다음과 같다: 우리는 국가가 후원하는 폭력 앞에서는 항상 같은 감정을 느끼지 않는데 왜 자살폭탄 테러 앞에서는 공포와 도덕적 반감을 느끼는가?[7] 그는 이러한 형태의 폭력이 동일하다거나, 심지어 두 폭력에 대해 동일한 도덕적 분노를 느껴야 한다고 말하기 위해 이 질문을 던지는 게 아니다. 그러나 그는 우리의 도덕적 반응들, 즉 정동으로 처음 형성되는 반응들이 특정 종류의 해석적 프레임들에 의해 암묵적으로 규제된다는 점에 주목했고 그 점에 관해서는 나도 마찬가지이다. 그의 논지는 우리가 어떤 다른 조건에서보다 특정한 조건에서 삶을 잃었을 때 더 큰 공포와 도덕적 반감을 느낀다는 것이다. 예를 들어 전쟁에서 누군가가 죽거나 죽임을 당하는데 국가가 그 전쟁을 후원하고 우리가 그 국가에 정당성을 부여한다면, 우리는 그 죽음을 한탄할 만하고, 슬프고 안타깝고 유감스럽다고 여기지만 근본적으로 부당하지는 않다고 여긴다. 그러나 폭력이 불법으로 간주된 반란군에 의해 자행된다면 우리의 정동은 예외없이 변한다고, 아사드는 말한다.

아사드는 우리에게 자살폭탄 테러에 대해 생각해 보라고 하지만 지금 당장은 하지 않을 것인데, 그는 분명 도덕적 반응성의 정치에 대해 중요한 것을 말하고 있다. 즉, 우리가 느끼는 것은 부분적으로 우리가 우리의 주변 세계를 해석하는 방식에 의해 조건화되며, 우리가 실제로 느끼는 것을 우리가 해석하는 방식이 그 느낌 자체를 바꿀 수 있고 실제로 바꾼다는 것이다. 정동이 우리가 완전히는 이해하지 못하는 해석 체계에 의해 구조화된다는 사실을 받아들인다면, 이는 우리가 왜 특정 상실 앞에서는 공포를 느끼며 다른 상실 앞에서는 무관심하거나 심지어 의로움을 느끼는지를 이해하는 데 도움이 될 수 있을까? 현대의 전쟁과 고조된 국민주의 상황에서 우리는 우리의 실존이, 국가적 친밀감을 찾을 수 있고, 우리에게 인정될 수 있으며, 문화적으로 인정할 만한 인간이 무엇인지에 대한 문화적으로 구체적인 특정 개념을 따르는 타자들과 결속되어 있다고 생각한다. 이러한 해석의 틀은 나의 삶과 실존이 의존하는 인구집단과 나의 삶과 실존에 직접적인 위협을 의미하는 인구집단을 암묵적으로 구별함으로써 기능한다. 어떤 인구집단이 내 삶에 직접적인 위협으로 나타날 때 그들은 '삶'으로서가 아니라 삶에 대한 위협(삶을 위협한다고 보이는 살아 있는 모습)으로 나타난다. 이슬람이 야만적이거나 전근대적이며, 인간을 인정할 수 있게 만드는 그런 규범들을 아직도 따르지 않는다고 여겨지는 상황에서, 어떻게 이것이 복합적으로 작용하는지 생각해 보라. 우리가 죽이는 자들은 전적으로 인간도 아니고 살아 있는 자들도 아니다. 이는 우리가 그들의 삶의 손실에 대해서는 우리와 국가적 또는 종교적 유사성을 지닌 사람들의 삶의 손실에 대해 느끼는 동일한 공포와 분노를 느끼지 않는다는 것을 의미한다.

아사드는 어째서 죽음을 다루는 방식들이 다르게 이해되는지, 우리가 공중 폭격으로 인한 죽음보다 자살폭탄 테러로 인한 죽음에 더 강력하게 그리고 더 큰 도덕적 분노로 반대하는지 궁금해 한다. 여기서 나는 어떤 사람은 처음부터 매우 살고 있고 어떤 사람은 더 미심쩍게 살고 있거나 심지어(올랜도 패터슨Orlando Patterson이 노예의 상태를 설명하기 위해 개발한 용어인) 사회적으로 죽은socially dead 사람으로 또는 생명을 위협하는 살아 있는 인물로 간주되는 등도, 인구집단을 차별적으로 취급하는 방식이 아닌지 궁금하다.[8] 그러나 전쟁, 아니 현재의 전쟁이 방어하고, 소중히 여기고, 잃었을 때 애도할 만한 가치가 있는 삶과 완전히 삶이라고 할 수도 없고, 완전히 가치가 있는 것도 아니며, 인정할 만하거나 실제로 추모할 만하지도 않는 삶으로 나누는 방식에 의존하고 이 방식을 영속시킨다면, 애도할 수 없는 삶들의 죽음은 그들의 삶이 어떤 완전하고 중요한 의미를 지닌 삶으로 간주되지 않는다는 것을 이해하는 사람들 측에 엄청난 분노를 불러일으킬 것이 분명하다. 따라서 비록 정당방위의 논리가 그러한 인구집단을 우리가 아는 삶에 대한 '위협'으로 간주하더라도, 그들은 그들과의 동거가 우리 사이에 특정 상호의존성을 전제로 하는 그 자체로 살아 있는 인구집단이다. 이러한 상호의존성이 어떻게 승인(또는 부인)되고 제도화되는지(또는 안 되는지는) 누가 살아남고, 누가 번성하고, 누가 간신히 버티고, 누가 제거되거나 죽게 내버려지는지에 구체적인 영향을 미친다. 이러한 상호의존성을 주장하고 싶은 이유는, 바로 미국이나 이스라엘과 같은 국가들이 전쟁은 자신들의 생존을 위한 것이라고 주장할 때 체계적인 오류를 범하기 때문이다. 이는 전쟁이, 우리 모두가 서로에게 예속되며, 타자에 의한 파괴에 취약하고, 공유하는 불안정성에 대한 인식에 근거한 다자간 및 전 지구적 합의를 통해 보호가 필요한, 지속적이고 반박할 수 없는 방식들을 부정하려 하기 때문에 그렇다. 나는 이것이 결국 헤겔의 지적이라고 생각하며, 여기서 다시 한번 강조할 가치가 있다고 생각한다. 내가 다른 사람을 파괴할 자유가 없는 이유, 그리고 실제로 국가들이 서로를 파괴할 자유가 없는 이유는 그것이 더 파괴적인 결과를 초래할 것이기 때문만은 아니다. 그것은 의심할 여지없이 사실이다. 그러나 최종적으로 더 진실한 것은 나라는 주체가 내가 아닌 주체에게 결속되어 있고, 우리 각자가 파괴하고 파괴될 수 있는 힘을 가지고 있으며, 이 힘과 이 불안정성 속에서 서로에게 결속되어 있다는 사실일 것이다. 이런 의미에서 우리는 모두 위태로운 삶이다.

9/11 이후 우리는 '국경의 투과성'을 국가적 위협 또는 정체성 자체에 대한 위협에 해당한다고 보는 관점이 발전하는 것을 목격했다. 그러나 정체성은 투과 가능한 국경 없이는, 또는 경계를 포기할 가능성 없이는 생각

할 수 없다. 첫 번째 경우에는 침략, 침범, 침해를 두려워하여 정당방위라는 명목으로 영토를 주장한다. 그러나 다른 경우에는 영토의 주장을 넘어서는 특정 연결을 설정하기 위해 경계가 포기되거나 정복된다. 생존가능성에 대한 두려움은 두 행위 모두에 동반될 수 있다. 그렇다면, 이는 우리의 생존가능성에 대한 감각이 우리가 모르는 사람들, 즉 우리 자신의 국가 또는 교구의 규범에 따라 완전히 인정될 수는 없는 사람들과 어떻게 불가피하게 결속되어 있는지에 대해 무엇을 말해주는가?

멜라니 클라인Melanie Klein에 따르면, 우리는 생존가능성 질문들에 대한 반응으로 도덕적 반응을 발달시킨다.[9] 나는 클라인이 그 점에 대해서는 옳다고 본다. 비록 그녀가 결국 문제가 되는 것은 자아의 생존가능성이라고 주장함으로써 자신의 통찰을 깨뜨리더라도 말이다. 왜 자아ego일까? 결국 나의 생존가능성이 타인과의 관계, 또는 이 없이는 내가 존재할 수 없는 '너' 또는 일련의 '너들'과의 관계에 달려 있다면, 나의 실존은 나만의 것이 아니며, 나 자신의 밖, 내가 누구인지의 경계에 선행하고 그것을 넘어서는 일련의 관계에서 발견되어야 한다. 나에게 경계가 있다면, 또는 경계가 나에게 속한다고 말할 수 있다면, 그것은 오직 내가 타인들과 분리되어 있기 때문이며, 오직 이 분리를 전제로 해서만 나는 그들과 관계를 맺을 수 있다. 따라서 경계는 관계의 기능, 차이의 중개, 내가 분리된 상태에서 너에게 묶여 있는 협상의 기능이다. 내가 너의 삶을 보존하고자 하는 것은 단지 내 삶을 보존하고자 하는 것뿐만 아니라, 너의 삶 없이는 '나'라는 존재가 아무것도 아니기 때문이며, 삶 자체를 타인과의 복잡하고 열정적이고 적대적이며 필요한 관계들의 집합으로 다시 생각해야 하기 때문이다. 나는 이 '너'를 비롯해 수많은 특정한 타인들을 잃을 수도 있고, 그 상실에서 살아남을 수도 있다. 하지만 그것은 내가 어떤 '너'의 가능성을 전혀 잃지 않을 때만 가능한 일이다. 내가 살아남는다면 그것은 내 삶의 범위를 넘어서는 삶이 없이는, 즉 이 없이는 내가 존재할 수 없는 어떤 지표적인indexical 너를 가리키는 삶이 없이는 내 삶은 아무것도 아니기 때문이다.

여기서 나는 클라인을 확실히 클라인이 아닌 방식으로 사용한다. 실제로 나는 클라인이 그녀가 결코 가지도 않을 것이고 갈 수도 없는 방향으로 우리를 나아가도록 강요하는 분석을 제공한다고 생각한다. 동인drive과 자기 보존에 대한 클라인의 설명에 동의하지 않으면서 그녀의 분석에 기초하여 (클라인은 분명 거부했을) 사회적 존재론을 발전시키려고 노력해야 하는 지금, 클라인의 통찰이 옳다고 생각하는 것이 무엇인지 잠시 생각해 보겠다.

죄책감이 생존가능성에 대한 두려움과 관련이 있다면, 이는 죄책감이 하나의 도덕적 반응으로서 파괴성과 그 결과에 얽힌 두려움과 충격의 전도덕적premoral 반응들을 참조한다는 것을 시사한다. 죄책감이 인간 주체에게 질문을 던진다면, 그것은 무엇보다도 자신이 좋은 삶을 살고 있는지에 대한 질문이 아니라 삶이 살 만할지에 대한 질문이다. 죄책감을 감정으로 생각하든 느낌으로 생각하든, 죄책감은 도덕화 과정이 어떻게 일어나는지 그리고 그것이 생존가능성 자체의 위기에서 어떻게 편향하는지에 대해 우리에게 무언가를 알려준다. 자신이 묶여 있는 대상/타자, 사랑과 애착의 대상을 파괴할 것이라는 전망에 죄책감을 느낀다면, 그것은 자기 보존의 이유 때문일 수 있다. 내가 타자를 파괴하면 생존하기 위해 내가 의존하는 타자를 파괴하는 것이므로 내 파괴적인 행위로 내 자신의 생존을 위협하게 된다. 클라인의 말이 맞다면, 나는 아마도 다른 사람 자체에 대해 그다지 신경 쓰지 않을 것이다. 나에게 그들은 나와 별개인, 살 '자격이 있는' 또 다른 사람으로 뚜렷하게 인식되지 않으며, 그들의 삶이 내 자신의 파괴성을 견제하는 나의 능력에 달려 있는 또 다른 사람이라는 것도 뚜렷하게 인식되지 않는다. 클라인에게 생존의 문제는 도덕성의 문제보다 우선하며, 실제로 죄책감은 타자와의 도덕적 관계를 가리키는 것이 아니라 자기보존에 대한 억제되지 않는 욕망을 가리키는 것처럼 보이다. 클라인의 견해로는, 나는 내가 살아남기 위해 타자가 살아남기를 바랄 뿐이다. 타자는 나 자신의 생존을 위한 도구이며, 죄책감, 심지어 도덕성조차도 나 자신의 파괴성에 의해 주로 위협받는, 이 자기보존 욕구의 도구적 결과일 뿐이다.

그렇다면 죄책감은 특정 행동에 대해 책임감을 가정하는 인간의 특별한 능력을 특징짓는 것처럼 보이다. 내가 죄책감을 느끼는 이유는 내가 살아가기 위해 필요한 유대를 내가 파괴하려 했기 때문이다. 우리가 알다시피 클라인 자신은 자아 심리학자가 아니지만, 죄책감은 자아와 결부될 수 있는 것, 즉 기본적으로 자기보존적 충동인 것으로 보인다. 이러한 자기보존에 대한 동인을 인간으로서 자신을 보존하려는 욕망으로 읽을 수도 있지만, 나의 파괴적 잠재력에 의해 위협받는 것은 나의 생존이기 때문에 죄책감은 인간됨humanness보다는 생명, 실제로는 생존가능성에 관한 것으로 보이다. 따라서 우리 중 누구라도 오직 살거나 죽을 수 있는 동물로서 죄책감을 느낀다. 그리고 죄책감은 자신의 삶이 다른 삶들과 얽혀 있고, 상처를 입히고 죽이는 힘과 삶을 유지하기 위해 타협해야 하는 사람에게만 문제가 된다. 역설적이게도, 흔히 패러다임적으로 인간의 감정으로 여겨지며 일반적으로 자기성찰적 힘을 발휘하여 인간과 동물의 삶을 구분하는 것으로 이해되는 죄책감은, 이성적 성찰보다는 죽음에 대한 두려움과 삶에 대한 의지에 의해 추진된다. 따라서 죄책감은 도덕적 감정에 대한 설명을 떠맡는 인간중심주의에 이의를 제기하고, 대신 인류anthropos를 생존을 추구하는 동물로, 그 생존가능성이 허약하고 중개된 사회성의 기능에 달린 존재로 설정한다. 삶은 유기체의 내적 충동으로 생각되는 자기 보존적 동인에 의해서가 아니라, 그것 없이는 생존이 불가능하고 그것이 취하는 형태에 따라 생존을 위태롭게 할 수도 있는 의존 조건에 의해 유지된다.

파괴성이 인간 주체의 문제라는 클라인의 지적을 받아들인다면, 인간과 비인간을 연결하는 것도 파괴성이라고 볼 수 있다. 이는 모든 종류의 지각 있는 생명이 고조된 위험에 처해 있는 전쟁 중에 가장 정확하게 맞는 것 같으며, 전쟁을 일으킬 수 있는 힘, 즉 파괴력으로 전체 인구와 환경을 위협하는 주체가 될 수 있는 힘을 가진 자들에게 정확히 맞는 것 같다. 따라서 내 가 이 장에서 파괴적 충동에 대한 어떤 제1세계적 비판을 행한다면, 그것은 내가 내 자신의 살인 능력을 체계적으로 이상화하는 국가의 시민이기 때문일 것이다. 영화 〈러시아워 3Rush Hour 3〉에서 주인공들이 파리에서 택시를 탈 때 택시기사는 그들이 미국인임을 깨닫고 임박한 미국의 모험에 열렬한 관심을 표명한다.[10] 그 과정에서 그는 예리한 민족지학적 통찰을 내놓는다. "미국인들!", "그들은 아무 이유 없이 사람을 죽여!" 물론 지금 미국 정부는 살인에 대해 온갖 이유를 대면서 동시에 그러한 살인을 '살인'이라고 부르기를 거부하고 있다. 그러나 내가 이 파괴성의 문제를 탐구하고, 불안정성과 취약성의 문제로 눈을 돌린다면, 그것은 바로 전 지구적 정치의 재고에 어떤 관점의 전위가 필요하다고 생각하기 때문이다. 고문 작전을 포함하여 미국이 수행한 최근 전쟁들이 생산한 주체에 대한 개념은, 미국 주체가 자신을 불침투적인 것으로 만들고, 자신을 침략으로부터 영구적으로 보호되며 근본적으로 공격으로 무찌를 수 없는 것으로 정의하고자 하는 개념이다. 국가주의는 부분적으로 특정 버전의 주체를 만들어내고 유지함으로써 작동한다. 우리는 원한다면 그것을 가상적이라고 부를 수 있지만, 그것이 강력한 형태의 미디어를 통해 생산되고 유지된다는 점, 그리고 그들의 주체 버전에 힘을 부여하는 것은 바로 그 주체의 파괴성을 의롭게 만들고 자신의 파괴가능성을 생각할 수 없게 만들 수 있는 강력한 미디어 방식들이라는 점을 기억해야 한다.

따라서 이러한 관계나 상호의존성이 어떻게 인식되는지에 대한 질문은 우리가 우리의 정치적 의존감과 의무감을 국가를 넘어 전 지구적 무대로 확장할 수 있는지, 또 어떻게 확장할 수 있는지와 관련된다. 물론 미국에서 국가주의는 9/11 테러 이후 고조되어 왔지만, 미국은 자국 국경을 넘어 관할권을 확장하고, 국경 내에서는 헌법상 의무를 유예하며, 자신을 수많은 국제 협약에서 면제되는 것으로 이해하는 나라라는 점을 기억하자. 그것은 다른 주권에 의로운 침략을 행하거나 팔레스타인의 경우처럼 주권 원칙은 단 하나라도 존중하길 거부하면서 주권적인 자기보호 권리를 맹렬하게 지킨다. 나는, 국민국가 밖에서 의존과 의무를 긍정하려는 움직임은 국민국가의 경계 밖에서 주권을 주장하는 제국주의의 형태와 구별되어야 한다는 점을 강조하고 싶다. 이는 구분하기도 확보하기도 쉬운 것은 아니지만, 우리 시대의 시급하고 현대적인 과제라고 생각한다.

국가적 주체를 구조화(및 탈구조화)하는 분열을 언급 할 때 나는 정신분석학의 범주를 빌려서, 어떤 경우에는 주권이라는 미명으로 국경을 방어하고 다른 경우에는 면책 없이 국경을 침범하도록 이끄는 그러한 방어와 배치의 양식들을 언급하고 있다. 따라서 상호의존성에 대한 요청은 이러한 분열을 극복하고 불안정성이라는 일반화된 조건을 인식하는 방향으로 나아가자는 요청이기도 한다. 타자는 파괴력이 있는데 나는 그렇지 않다는 것은 있을 수 없으며, 그 반대도 마찬가지이다. 불안정한 삶으로 이해된 삶은 일반화된 조건이며, 특정 정치적 조건하에서 그 불안정한 삶은 급격하게 악화되거나 급격하게 부인될 수 있다. 이는 주체가 자신의 불안정성에 대한 생각에 스스로를 면역시키려는 동시에 자신의 의로운 파괴성을 주장하는 분열이다. 그것은 국가의 파괴가능성 또는 동맹국의 파괴가능성이라는 생각에서 비롯된 공포로 추진되는 정치에 속한다. 그것은 국가주의의 주체의 핵심에 일종의 불합리한 균열을 구성한다. 요점은 파괴성 자체를 반대하는 것이 아니라, 미국 국가주의라는 이 분열된 주체에 항상 그리고 오로지 평화만을 원하는 정신을 가진 주체로 대응하는 것이다. 나는 공격성이 삶의 일부이며 따라서 정치의 일부이기도 하다는 것을 인정한다. 그러나 공격성은 폭력과 분리될 수 있고 반드시 분리되어야 한다(폭력은 공격성이 취하는 하나의 형태이다). 그리고 '적대감'과 담론적 갈등, 파업, 시민불복종, 심지어 혁명 등 민주적 삶을 위해 작동하는 공격성에 형태를 부여하는 여러 방법들이 있다. 헤겔과 프로이트 모두 파괴의 억제는 오직 파괴를 억제 행위에 재배치함으로써만 가능하다고 이해했는데, 이로부터 억제에 기초한 어떤 평화주의도 단지 파괴성을 위한 또 다른 장소를 찾았을 뿐 결코 그것의 소멸에는 전혀 성공하지 못한다는 결론이 나온다. 더 나아가 다른 유일한 대안은 파괴성을 다듬고 견제할 수 있는 방법을 찾아서 그것을 같이 살 수 있는 형태로 만드는 것이다. 이는 파괴성의 지속적인 존재를 긍정하고 그것이 출현하는 사회적·정치적 형태에 대한 책임을 지는 한 방법일 것이다. 이는 억제 또는 구속 없는 "자유분방한" 표출과는 다른 노동일 것이다.

내가 국가적 주체 안에 있는 특정 분열을 극복하라고 요구한다면, 그것은 통일되고 일관된 주체를 회복하는 데 도움이 되지 않는다. 주체는 그것이 무엇인지에 타자와의 관계가 필수적이기 때문에 항상 그 자체의 밖에서 자신이 아닌 다른 것이다(여기서 분명히 나는 고집 세게 헤겔주의자로 남아 있다). 따라서 다음과 같은 질문이 제기된다. 자신이 맺는 관계들 안에서 또는 그 관계들로 이루어지는 주체가 된다는 것이 무슨 의미인지, 자신의 생존가능성이 자신의 관계성 방식들의 기능이자 결과인 주체가 된다는 것이 무슨 의미인지를 우리는 어떻게 이해할 수 있을까?

이러한 통찰을 염두에 두고 아사드가 제기한 도덕적 반응성에 관한 질문으로 돌아가 보자. 정당하거나 정당화된 폭력이 국가들에 의해 행해진다면, 그리고 정당화할 수 없는 폭력이 비국가 행위자나 기존 국가에 반대하는 행위자들에 의해 행해진다면, 우리는 왜 특정 형태의 폭력에는 공포로 반응하고 다른 형태에는 수용감과, 심지어 의로움와 승리주의로 반응하는지를 설명할 방법이 생긴다. 정동적 반응들은 이해와 해석의 작업 이전에 어떤 설명도 필요 없는 일차적인 반응인 것처럼 보이다. 말하자면 우리는 폭력에 직면하여 도덕적 공포로 반응하는 그 순간에는 해석에 맞선다. 그러나 우리가 그러한 순간들에서 해석에 맞선 상태로 그대로 남아 있는 한, 우리는 왜 공포의 정동이 차별적으로 경험되는지를 설명할 수 없을 것이다. 그러면 우리는 이러한 비이성unreason을 근거로 나아갈 뿐만 아니라 이 비이성을 우리의 칭찬할 만한 원초적 도덕적 정서, 어쩌면 심지어 우리의 '근본적인 인간성'의 표시로 받아들일 것이다.

역설적이게도, 우리의 반응성에 있는 불합리한 분열이 모든 종류의 인구집단에게 가해지는 폭력에 대해 동일한 공포로 대응하는 것을 불가능하게 한다. 이런 식으로 우리의 도덕적 공포를 우리 인간성의 표시로 받아들일 때, 우리는 그 문제의 인간성이, 사실상, 우리가 긴급하고 비이성적인 관심을 느끼는 사람들과 그들의 삶과 죽음이 우리에게 영향을 미치지 않거나 전혀 삶으로 보이지도 않는 사람들로 암묵적으로 나누어져 있다는 사실을 알아차리는 데 실패한다. 우리는 정동적·도덕적 반응성의 수준에서 이러한 차이를 만들어내는 규제력을 어떻게 이해해야 하는가? 아마도 책임에는 반응성이 필요하다는 점, 반응성은 단순히 주관적인 상태가 아니라 우리가 이용할 수 있는 자원을 가지고 우리 앞에 있는 것에 반응하는 방식이라는 점을 기억하는 것이 중요할 것이다. 우리는 이미 사회적 존재이며, 공포를 느낄 때나 전혀 느끼지 못할 때나 정교한 사회적 해석 안에서 움직이고 있다. 우리의 정동은 결코 우리만의 것이 아니다. 즉, 정동은 처음부터 어딘가 다른 곳에서 전달된다. 정동은 우리가 세상을 특정한 방식으로 지각하게 하여, 세상의 특정 차원은 받아들이고 다른 차원에는 저항하도록 우리를 성향화한다. 그러나 반응이 항상 지각된 세계 상태에 대한 반응이라면, 세계의 어떤 측면은 지각할 수 있게 하고 어떤 측면은 지각할 수 없게 하는 것은 무엇일까? 이미 작동하는 틀에서 어떤 삶은 보호할 만한 가치가 있는 것으로 간주되는 반면 다른 생명은 널리 퍼져 있는 인정가능성의 규범들에 따르면 아직 완전히 '삶'은 아니기 때문에 보호할 만한 가치가 없는 것으로 간주되는데, 우리가 이렇게 작동하는 틀을 성찰함으로써 정동적 반응과 도덕적 평가에 대한 이 문제에 어떻게 다시 접근할 수 있을까? 정동은 감정에 대한 사회적 지지에 의존한다. 우리는 지각가능한 상실, 즉 지각의 사회적 구조에 의존하는 상실과 관련해서만 느끼게 된다. 우리는 우리가 사회적 정동의 회로에 이미 새겨져 있다는 조건에서만 정동을 우리 자신의 것으로 느낄 수 있고 주장할 수 있다.

예를 들어, 누구든 생명의 신성함을 믿거나 지각 있는 존재들에 대한 모든 종류의 폭력 행위를 반대하는 일반 철학을 고수할 수도 있으며, 그러한 믿음에 강력한 감정을 투자할 수도 있다. 그러나 어떤 삶들은 삶으로서 지각할 수 없으며 여기에 인간이 아닌 지각 있는 존재도 포함된다면, 도덕적인 폭력 금지는 선택적으로만 적용될 것이다(그리고 우리 자신의 지각력은 선택적으로만 동원될 것이다). 폭력에 대한 비판은 삶 자체의 재현가능성에 대한 질문에서 시작해야 한다: 무엇이 삶의 불안정성과 피난처의 필요성을 가시화할 수 있게 하며, 우리가 특정 삶을 이런 식으로 보거나 이해하지 못하게 하는 것은 무엇일까? 가장 일반적인 수준에서 이 문제는 미디어와 관련이 있다. 왜냐하면 삶은 그것이 삶으로 지각 가능하다는 조건에서만 가치가 부여될 수 있는데, 삶이 지각 가능해지는 것은 내장된 특정 평가 구조의 조건에서만 가능하기 때문이다.

삶을 지각한다는 것은 삶을 불안정한 것으로 마주치는 것과는 완전히 다르다. 불안정한 삶과의 마주침은 모든 일상적 해석을 벗고 모든 권력관계 바깥에 드러나는 날것의 삶과 마주치는 것이 아니다. 윤리적 태도는 일상적인 해석의 프레임이 파괴되는 순간 저절로 생겨나는 것이 아니며, 일상적인 해석의 족쇄를 벗어던졌다고 해서 순수한 도덕적 양심이 생겨나는 것도 아니다. 오히려 어떤 종류의 삶이 그 불안정성 속에서 가시화되거나 알 수 있게 되는 것은 지배적인 미디어에 도전함으로써만 가능하다. 삶의 불안정성을 이해하는 데 필요한 전제조건을 형성하는 것은 단지 그리고 배타적으로 삶에 대한 시각적 이해만이 아니다. 또 하나의 삶이 받아들여진다면, 그것은 모든 감각을 통해 받아들여진다. 가치 있는 삶과 가치 없는 삶을 구분하는 암묵적인 해석 체계는 근본적으로 감각을 통해 작동한다. 그것은 우리가 들을 수 있는 외침과 없는 외침, 볼 수 있는 광경과 없는 광경을 구별하고 촉각과 후각 수준에서도 마찬가지다. 전쟁은 감각에 작용하여, 감각이 세상을 선택적으로 이해하도록 만들고, 특정 이미지와 소리에 대한 반응을 약화시키고, 다른 것에 대한 정동적 반응을 활성화함으로써 그 관행을 유지한다. 이것이 바로 전쟁이 감각의 민주주의sensate democracy를 약화시키면서, 우리가 느낄 수 있는 것을 제한하고, 폭력의 한 표현 앞에서는 충격과 분노를 느끼고 다른 표현 앞에서는 의로운 냉담을 느끼도록 만드는 이유이다. 또 다른 삶의 불안정성과 마주치기 위해서는 감각이 작동해야 하며, 이는 정동을 차별적인 방식으로 규제하려는 세력에 맞서 투쟁해야 한다는 것을 의미한다. 요점은 정동의 완전한 탈규제를 공표하는 것이 아니라 반응성의 조건들에 의문을 제기하는 것이다. 이는 전쟁의 이해를 위해, 정동에 작용할 뿐만 아니라 정동 자체로서 형태를 취하고 효과를 발휘하는 해석들, 그 지배적인 해석들에 의문을 제기하고 반대하는 해석 매트릭스를 제공함으로써 가능하다.

우리의 생존 자체가 (영토와 관련된 특정 주권의 전략인) 경계의 치안에 달려 있는 것이 아니라 우리가 타인들과 어떻게 결속되어 있는지를 인식하는 데 달려 있다는 통찰을 받아들인다면, 이는 우리가 정치 분야에서 몸을 개념화하는 방식을 재고하게 한다. 우리는 몸이 일종의 제한된 실체로 올바르게 정의되었는지 생각해 보아야 한다. 몸을 별개인 것으로 만드는 것은, 마치 우리가 몸의 특정 외양이나 형태를 패러다임적으로 인간이라고 식별할 수 있을 것 같은, 확립된 형태학이 아니다. 사실 나는 우리가 인간의 형태를 식별할 수 있는지 전혀 확신하지 못하며, 그럴 필요도 없다고 생각한다. 이러한 관점은 젠더, 장애, 인종화 등 몸 규범들의 재생산에 의존하는 몇 가지 사회적 과정을 재고하는 데 시사하는 바가 있다. 젠더 규범성, 능력주의, 인종 차별적 지각에 대한 비판에서 알 수 있듯이 단일한 인간 형태는 존재하지 않는다. 우리가 몸의 경계를 확인하거나 어떤 형태로 제한되어 있는지를 통해 인간의 몸을 구별하는 것에 대해 생각은 할 수 있지만, 이는 몸이 그것의 행위, 수용성, 언어, 욕망, 이동성에서, 특정한 방식으로 심지어 필연적으로, 제한되어 있지는 않다는 중요한 사실을 놓치는 것이다. 몸은 자신의 밖, 타자들의 세계, 자신이 통제할 수 없는 시공간 속에 있으며, 이러한 관계들의 벡터 안에 있을 뿐만 아니라 바로 이 벡터로서 존재한다.[11] 이런 의미에서 몸은 그 자체에 속하지 않는다.

몸은 우리가 다양한 관점과 마주치는 곳으로, 그 관점은 우리 것일 수도 있고 아닐 수도 있다. 내가 어떻게 마주치고 어떻게 유지되는지는 근본적으로 이 몸이 살고 있는 사회적·정치적 네트워크, 내가 어떻게 간주되고, 대우받는지, 그리고 어떻게 그 간주와 대우가 이 삶을 살 만하게 하거나 그렇지 않게 하는가에 달려 있다. 따라서 내가 나 자신을 이해하게 되는 젠더 규범이나 나의 생존가능성은 나 혼자서 만드는 게 아니다. 내가 누구인지 파악하려고 할 때 나는 이미 타자의 손에 놓인다. 내가 나의 주체성agency을 행사할 때 나는 내가 선택하지 않은 세상과 이미 맞닥뜨리고 있다. 따라서 몸 또는 일반적으로 형태학에 대한 어떤 버전들이 보호하고, 피난처를 제공하고, 살고, 추모할 만한 인간 삶의 개념을 지지하고 승인하는가에 따라, 특정 종류의 몸은 다른 몸보다 더 위태롭게 나타날 것이다. 이러한 규범적 틀이 어떤 삶이 살 가치가 있는 삶이 될 것인지, 어떤 삶이 보존할 가치가 있는 삶이고 어떤 삶이 추모할 가치가 있는 삶이 될 것인지를 미리 설정한다. 삶에 대한 이러한 관점들이 현대 전쟁에 만연해 있으며 암묵적으로 전쟁을 정당화한다. 삶이 특정 종류의 국가를 재현하는 삶과 국가 중심의 자유민주주의에 대한 위협을 재현하는 삶으로 나뉨으로써, 전쟁은 어떤 삶들을 위해 정당하게 수행될 수 있고 다른 삶들의 파괴도 정당하게 방어될 수 있다.

이러한 분열은 여러 가지 기능을 수행한다. 그것은 의존성을 부인하고 불안정성이라는 일반화된 조건이 사회적으로나 정치적으로 상호의존성이라는 일반화된 조건을 내포하고 있다는 어떤 인정도 외면하려고 한다. 비록 모든 형태의 불안정성이 사회적·정치적 장치들에 의해 만들어지는 것은 아니지만, 불안정성의 조건을 평등주의적인 방식으로 최소화하는 것은 정치의 과제 중 하나이다. 전쟁은 바로 어떤 사람들에게는 불안정성을 최소화하고 다른 사람들에게는 극대화하기 위한 노력이다. 우리가 분노로 반응할 수 있는 능력은 전쟁의 맥락에서 다치거나 상실된 가치 있는 삶이 있다는 암묵적인 깨달음에 달려 있으며, 어떤 공리주의적 계산도 그러한 삶의 결핍과 상실을 측정할 수 없다. 그러나 우리가 사회적 존재이고 우리의 생존이 (닮음에 대한 지각에 의존하지 않을 수도 있는) 상호의존성을 인식하는 데 달려 있다면, 우리는 고립되고 제한된 존재로서 생존하는 것이 아니라, 나의 경계가 나를 자발적이거나 비자발적인 (때로는 동시적인) 방식으로 나를 타자들에게 노출시키는 존재로서 생존하는 것이다. 이 노출은 사회성과 생존의 조건이다.

내가 누구인지에 대한 경계는 몸의 경계이지만, 몸의 경계는 결코 온전히 나의 것이 아니다. 생존은 자아에 대한 확립된 경계보다는 몸의 구성적 사회성에 달려 있다. 그러나 표면과 깊이 모두에서 사회적인 것으로 간주되는 몸이 생존의 조건인 만큼, 특정 사회적 조건하에서 우리의 삶과 생존가능성을 위태롭게 하는 것도 몸이다. 신체적 강압의 형태는 결박, 재갈 물리기, 강제 노출, 의례적인 굴욕 등 몸에 원치 않는 힘을 가하는 것을 말한다. 그렇다면 이런 식으로 몸의 취약성을 악용당한 사람들의 생존가능성은, 만약 있다면, 무엇으로 설명할 수 있을까? 물론 자신의 몸이 결코 온전히 자신의 것이 아니며, 경계가 있고 자기 참조적이라는 사실은 열정적인 만남, 욕망, 갈망의 조건이며, 그리고 살아 있다는 느낌이 의존하는 그러한 말걸기address와 말걸기 가능성addressability 방식들의 조건이기도 하다. 그러나 또한 비의도적인 접촉의 전체 세계도 몸이 사회적 공간과 시간에서 생존가능성을 찾는다는 사실에서 비롯된다. 그리고 원치 않는 강압, 제약, 신체적 상해, 폭력의 경우 악용되는 것이 바로 이러한 노출 또는 박탈이다.

미국 국방부의 검열에서 살아남은 시 22편이 수록된 최근 출간 시집

『관타나모에서 온 시Poems from Guantánamo』를 잠시 살펴보면서 전쟁 상황에서 생존가능성이라는 이 문제를 생각해 보고자 한다.[12] 사실 관타나모 수감자들이 쓴 시는 대부분 파괴되거나 압수되었고, 이 얇은 책을 엮은 변호사와 인권 활동가들에게 전달되는 것이 절대로 허용되지 않았다. 샤이크 압두라헴 무슬림 도스트Shaikh Abdurraheem Muslim Dost가 쓴 25,000줄의 시가 있었던 것이 분명하지만 군인들에 의해 파괴된 것으로 보인다. 미 국방부는 검열의 근거를 제시하면서 시가 그 '내용과 형식' 때문에 국가 안보에 "특별한 위험을 초래한다"고 주장했다.[13] 시의 내용과 형식이 그토록 선동적으로 보이는 이유가 무엇인지 궁금하지 않을 수 없다. 과연 시의 구문이나 형식이 정말 국가 안보에 대한 위협으로 인식될 수 있을까? 시가 고문을 증언하고 있는 것일까? 아니면 미국이 '평화의 수호자'라는 거짓된 주장이나 이슬람에 대한 비이성적 증오를 노골적으로 비판하고 있기 때문일까? 그러나 그러한 비판은 사설이나 산문에서도 할 수 있는데, 시에서 특히 위험해 보이는 것은 무엇인가?

다음은 바그람Bagram과 칸다하르 Kandahar의 미군 교도소에서 고문을 당한 후 관타나모로 이송되었다가 최근 석방된 사미 알하즈Sami al-Haj의 시 「족쇄 속의 굴욕Humiliated in the Shackles」에 나오는 두 연이다:

> 나는 족쇄에 굴욕감을 느꼈습니다.
> 이제 어떻게 구절을 지을 수 있나요? 이제 어떻게 글을 쓸 수 있나요? 족쇄와 밤과 고통과
> 눈물 후에
> 시를 어떻게 쓸 수 있나요?[14]

알하즈는 고문을 당했다고 증언하며 그런 굴욕을 당한 후에도 어떻게 말을 만들고 시를 쓸 수 있는지 묻는다. 하지만 그가 시를 쓸 수 있을지를 묻는 바로 그 구절이 자신의 시이다. 그래서 이 구절은 알하즈가 이해할 수 없는 것을 실행한다. 그는 시를 쓰지만, 시는 자신의 가능성의 조건을 공개적으로 질문하는 것 외에는 아무 것도 할 수 없다. 고문당한 몸이 어떻게 그런 말을 만들어낼 수 있을까? 알하즈는 또한 고문당한 몸에서 어떻게 시가 나올 수 있는지, 어떻게 그 단어들이 생겨나고 살아남을 수 있는지 묻고 있다. 그의 말은 고문의 상태, 즉 강압의 상태에서 언어로 이동한다. 고문당하는 몸과 페이지의 단어를 만들어내는 몸은 같은 몸일까?

이러한 글을 만들어내는 것은 생존, 생존 능력 또는 생존가능성과 관련이 있다. 수감 초기에 관타나모의 수감자들은 식사용 컵들을 가져와 거기에 짧은 시를 새겨 넣곤 하였다는 것을 기억해 보자. 그 컵들은 스티로폼이었기에 싸구려일 뿐만 아니라 부드러웠고, 수감자들은 손쉽게 무기로 사용될 수 있는 유리나 도자기는 쓸 수 없었다. 어떤 이들은 작은 돌이나 자갈로 컵에 그들의 말을 새겨서 감방에서 감방으로 전달하기도 했고, 때로는 치약을 필기구로 사용하기도 했다. 듣기로는 나중에 인도적인 대우의 표시로 이들에게 종이와 적절한 필기도구가 주어졌지만, 그 도구로 수행한 작업은 대부분 파괴되었다.

일부 글에는 신랄한 정치적 논평이 들어 있다. 예를 들어, 셰이커 압두라힘 아메르Shaker Abdurraheem Aamer의 권두시가 있다:

평화, 그들은 말한다.

마음의 평화?

지구상의 평화?

어떤 종류의 평화?

그들이 말하고, 다투고, 싸우는 것을 본다.
그들은 어떤 종류의 평화를 찾고 있을까?
왜 살인을 하는 걸까? 그들은 무엇을 계획하고 있을까?
그냥 말만 할까? 왜 다투는 걸까?
죽이는 것이 그렇게 간단한가? 이게 그들의 계획인가?
그래, 물론!
그들은 말하고, 논쟁하고, 죽이고,
평화를 위해 싸운다.[15]

아머가 "평화를 위해 싸운다"고 결론을 내리는 것은 예리한 아이러니이다. 그러나 이 시가 돋보이는 것은 아머가 시적 형식을 빌려 큰 소리로 던지는 수많은 질문과 시의 중심에 있는 질문, "죽이는 것이 그렇게 간단한가?"에 공포와 아이러니가 혼합되어 있다는 점이다. 혼란과 공포, 아이러니를 오가는 이 시는 미군의 위선을 폭로하는 것으로 마무리된다. 이 시는 시인을 억류한 자들의 공적 합리성public rationality에 있는 분열에 초점을 맞추고 있다. 즉, 그들은 평화의 이름으로 고문하고 평화의 이름으로 살인한다. 검열된 시들의 '내용과 형식'이 무엇이었는지는 알 수 없지만, 이 시는 반복적이고 공개적인 질문, 계속적인 공포, 폭로를 향한 투지를 중심으로 전개되는 것 같다. (실제로 이 시들은 코란 경전의 일부인 서정적 장르와 아랍 민족주의 시의 형식적 특징을 활용하며, 이는 이 시들이 인용이라는 것을 의미한다. 즉 한 시인이 말할 때 그는 화자들의 역사를 불러내고 그 순간, 은유적으로 말해서, 그 화자들과 함께 자신을 확립한다).

정동의 군사적 영역을 구성하는 불합리한 분열은 합법적인 국민-국가를 재현하는 사람들이 입은 삶의 손상과 손실에 대한 그 자체의 공포를 설명할 수 없으며, 또한 국민-국가의 간판 아래 조직되지 않은 그 타자들의 굴욕과 파괴에 대한 그것의 의로운 기쁨도 설명할 수 없다. 관타나모 수용자들의 삶은 인권 담론이 보호하는 '인간 삶'의 종류로 간주되지 않는다. 시 자체들은 다른 종류의 도덕적 반응성을 제공한다. 즉, 특정 조건하에서 국가 및 군사 이데올로기를 관통하는 지배적 분열에 이의를 제기하고 폭파할 수 있는 일종의 해석을 제공한다. 이 시들은 폭력에 대한 도덕적 반응성을 일관성 없이 부당한 방식으로 제한해 온 군사적 합리화에 대한 도덕적 반응성을 구성하고 전달한다. 따라서 우리는 물을 수 있다. 이 시들이 언어적으로 전달하는 정동은 무엇이며, 이 시들은 그리움과 분노를 포함한 정동의 형식으로 어떤 해석을 전달할 수 있을까? 애도, 상실, 고립의 압도적인 힘은 반란의 시적 도구가 되고, 심지어 개인의 주권에 대한 도전이 되기도 한다. 우스타드 바드루자만 바드르Ustad Badruzzaman Badr 의 글이다:

> 우리 눈물의 소용돌이
> 그를 향해 빠르게 움직이고 있네.
> 누구도 이 홍수의 위력을 견딜 수 없네[16]

누구도 견딜 수 없지만, 이 말들은 헤아릴 수 없는 인내의 증표로 다가온다. 압둘라 마지드 알 노아이미Abdulla Majid al-Noaimi 의 「나는 나의 숨겨진 그리움을 쓴다 I Write My Hidden Longing」라는 시에서 각 연은 고통과 호소의 리듬을 통해 구성된다:

갈비뼈가 부러졌는데 고쳐줄 사람이 없네

내 몸은 허약하고 앞이 보이지 않네[17]

하지만 가장 궁금한 것은 알 노아이미가 시 중간 중간에 쓴 구절들이다:

어떤 다른 사람의 그리움의 눈물이 내게 영향을 미치고 있네

내 가슴은 감정의 광활함을 감당할 수 없네[18]

누구의 그리움이 화자에게 영향을 미치고 있는가? 그것은 어떤 다른 사람의 그리움이기 때문에 그 눈물은 자신의 것이 아니거나 적어도 온전히 자신의 것은 아닌 것처럼 보이다. 그것은 수용소에 있는 모든 사람의 것이거나 누군가 다른 사람의 것이지만 그에게 영향을 미친다. 그는 자기 안에서 다른 감정들을 발견하는데, 이는 가장 급진적인 고립 속에서도 그가 타인들이 느끼는 것을 느낀다는 것을 암시한다. 아랍어 원문의 구문은 모르겠지만 영어로 "내 가슴은 감정의 광활함을 감당할 수 없네"라는 말은 그 감정이 그 혼자만의 것이 아니라 어느 한 사람에게서 비롯될 수 없을 정도로 크다는 것을 암시한다. "어떤 다른 사람의 그리움의 눈물", 말하자면 그는 자신 안에 있지만 온전히 자신의 것은 아닌 이 눈물에 사로잡혀 있다.

그렇다면 이 시들은 취약성과 생존가능성에 대해 우리에게 무엇을 말해주는가? 그 시들은 슬픔, 굴욕감, 그리움, 분노의 한계에서 가능한 발화의 종류를 캐묻는다. 이 글들은 살아 있는 존재의 자국, 흔적, 즉 신체에 의해 형성된 기호, 몸의 삶을 담고 있는 기호를 남기려고 컵에 새겨지고, 종이에 쓰이고, 표면에 기록된다. 그리고 비록 몸에 일어난 일은 살아남을 수 없을지라도 그 말들은 살아남아 많은 것을 말하게 된다. 이것은 또한 각 단어가

마침내 다른 단어를 의미하는 증거이자 호소로서의 시이기도 하다. 컵들은 감방 사이로 전달되고 시는 수용소 밖으로 밀반출된다. 그것은 호소이다. 그리고 그러한 연결이 가능하다고 생각할 만한 구체적 근거가 없는 때일지라도, 세상과의 사회적 연결을 다시 구축하려는 노력이다.

이 시집의 에필로그에서 아리엘 도르프만Ariel Dorfman은 관타나모 시인들의 시를 피노체트Pinochet 정권하의 칠레 작가들의 작품과 비교한다. 도르프만은 시가 수용소의 상황을 전달하는 방식들을 분명히 염두에 두고 있지만, 시의 다른 측면에 주의를 환기 시킨다:

> 제가 느끼는 것은 관타나모 시들의 궁극적인 원천은 숨을 들이쉬고 내쉬는 단순하고 거의 원초적인 산수라는 것이다. 생명의 기원, 언어의 기원, 시의 기원은 모두 첫 호흡, 마치 우리의 첫 호흡인 듯한 각각의 호흡, 혼, 정신, 우리가 들이쉬는 것, 우리가 내쉬는 것, 우리를 소멸로부터 떼어놓는 것, 우리가 우주를 들이마시고 내뿜으면서 우리를 살아 있게 하는 것에 있다. 그리고 쓰여진 글은 그 **호흡을** 영구적이고 안전하게 만들고, **바위에 새기거나** 종이에 표시하거나 화면에 서명하여 그 리듬이 우리를 넘어 지속되고, 우리의 호흡보다 오래 지속되며, 고독의 족쇄를 깨고, 우리의 일시적인 몸을 초월하여[las cadenas precarias de la soledad] 그 눈물들로 누군가를 만지려는 시도일 뿐이다.[19]

몸은 숨을 쉬고, 말에 숨을 불어넣어, 거기서 잠정적인 생존을 찾는다. 그러나 일단 숨이 말로 바뀌면 몸은 호소라는 형태로 다른 사람에게 넘겨진다. 고문에서는 복종에 대한 몸의 취약성이 악용되고 상호의존성이라는 사실이 남용된다. 타인, 외부의 힘, 자신을 정복하고 제압할 수 있는 모든 것에 노출되어 있고 근접해 있는 몸은 손상에 취약하다. 손상은 그러한 취약성을 악용하는 것이다. 하지만 이는 취약성이 손상으로 환원될 수 있다는 의미가 아니다. 이 시들에서 몸은 또한 살아가고, 숨 쉬고, 돌에 그 숨을 새기려 애쓰는 존재이다. 단지 그 호흡이 타인의 고문의 힘에 의해 멈출 수 있기에 위태롭다. 그러나 이 위태로운 상태가 고통의 조건이 될 수 있다면, 그것은 또한 비의도적인 정복에 직면한 급진적인 해석 행위로 이해되는 반응성, 정동의 공식화 조건이 되기도 한다. 이 시들은 평화라는 의로운 호소에 의지함으로써 전쟁을 합리화하는 지배 이데올로기를 돌파하고, 자유의 이름으로 고문하고 평화의 이름으로 살상하는 자들의 말을 혼란스럽게 하고 폭로한다. 이 시들에서 우리는 "고독의 위태로운 운율"을 듣는다. 이는 몸에 대한 별개의 두 진실을 드러낸다. 즉, 몸으로서 우리는 타인에게 노출되어 있으며, 이는 우리 욕망의 조건일 수 있지만 동시에 예속과 잔인함의 가능성도 제기한다. 이는 몸이 물질적 욕구, 접촉, 언어를 통해 타인과 결속되어 있으며, 이러한 관계가 없이는 생존할 수 없다는 사실에서 비롯된다. 이러한 방식으로 우리의 생존이 묶여 있다는 것은 사회성의 끊임없는 위험, 즉 그것의 약속과 위협을 의미한다. 타인과 결속되어 있다는 사실 자체가 정복됨과 착취됨의 가능성을 설정하지만, 그것이 어떤 정치적 형태를 취할지는 전혀 결정하지 않는다. 그러나 그것은 또한 고통에서 벗어날 수 있는 가능성, 정의와 심지어 사랑을 알 수 있는 가능성도 확립한다.

관타나모 시들은 그리움으로 가득 차 있으며, 수감된 몸이 호소하는 것처럼 들린다. 수감된 몸은 숨이 막혀도 계속 숨을 쉬고 있다. 이 시들은 상호 연결된 삶들에 대한 또 다른 연대감을 전달하는데, 이 삶들은 서로의 말을 이어가고, 서로의 눈물을 흘리며, 국가 안보뿐만이 아니라 미국이 옹호하는 전 지구적 주권의 형태에 선동적인 위협이 되는 네트워크를 형성하고 있다. 이 시들이 저 주권에 저항한다고 해서 이 시들이 전쟁의 방향을 바꾸거나 궁극적으로 그 국가의 군사력보다 더 강력한 힘을 발휘할 것이라고 말하는 것은 아니다. 그러나 이 시들은 분명 정치적 결과를 담고 있다. 예사롭지 않는 예속의 현장에서 나온 이 시들은 완고한 삶, 취약하고 압도당하고 자신의 것이 아닌 자신의 것, 박탈당하고, 분노하고 위태로운 삶의 증거로 남아 있다. 전이적인transitive 정동의 네트워크로서 시, 그 글쓰기와 전파는 저항이라는 비판적 행위이자 반란적인 해석이며, 그러한 삶들이 어떤 식으로 살아남을지 아직 알 수 없더라도, 그들이 반대하는 폭력을 통해 어떻거든, 믿기 어렵게, 살아가는 선동적 행위이다.

2장

고문과 사진의 윤리: 손택과 함께 생각하기

사진은 자신의 파멸로 향하는 생명의 순진함, 취약성을 나타내며,
사진과 죽음 사이의 이러한 고리는 모든 사람의 사진을 괴롭힌다.

수전 손택, 『사진에 관하여』[1]

『위태로운 삶Precarious Life』(2004)*에서 나는 윤리적으로 반응하고, 타인의 고통을 고려하고 관심을 기울인다는 것이 무엇을 의미하는지, 더 일반적으로는 어떤 프레임이 인간의 재현가능성을 허용하고 어떤 프레임이 허용하지 않는지에 대한 질문을 고찰했다. 그러한 탐구는 우리가 어떻게 멀리 있는 고통에 효과적으로 반응할 수 있는지를 아는 것뿐만 아니라, 연약함과 위태로움에 놓인 그들의 삶을 보호하기 위한 일련의 수칙을 공식화하는 데에도 중요해 보인다. 이러한 맥락에서 나는 이러한 반응성의 순전히 주관적인 원천에 대해 묻고자 하는 것이 아니다.[2] 오히려 나는 고통이 우리에게 제시되는 방식과 그러한 제시가 우리의 반응성에 어떻게 영향을 미치는지 고려할 것을 제안한다. 특히, 인간의 특정 인물들에 대한 인정가능성을 할당하는 프레임들이 무엇이 애도가능한 삶이 될 것인지 그렇지 않을 것인지를 결정하는 더 넓은 규범들과 그 자체로 어떻게 연결되어 있는지 이해하고 싶다. 새롭지는 않지만 반복해서 강조하고 싶은 것은, 우리가 타

---

* 15쪽 서론의 각주 확인 _옮긴이

인의 고통에 반응하는지 또 어떻게 반응하는지, 도덕적 비판을 어떻게 공식화하고, 정치적 분석을 어떻게 명료화하는지는 이미 확립된 지각가능한 현실의 특정 영역에 달려 있다는 것이다. 이 지각가능한 현실의 영역은 그 안에서 인정할 수 있는 인간이라는 개념이 형성되는 곳이며, 인간이라고 명명되거나 간주될 수 없는 것, 즉 인정가능한 인간을 부정적으로 결정하고 잠재적으로 불안하게 만드는 비-인간 형태의 인간에게 계속 맞서면서 형성되고 유지되는 영역이다.

『위태로운 삶』을 집필할 당시에는 아부 그라이브의 고문이 아직 밝혀지지 않았을 때였다. 나는 관타나모 만에서 족쇄에 묶인 채 웅크리고 있는 몸들의 사진만 가지고 작업했고, 고문에 대한 세부 사항은 물론 이라크 전사자들을 보여주는 것에 대한 논쟁이나 '임베디드 보도embedded reporting' 문제와 같이 관련된 다른 재현적 문제들도 알지 못했다. 부시Bush 정권 내내 우리는 시야를 규제하려는 국가 측의 합심한 노력을 목격했다. 임베디드 보도 현상은 2003년 3월 이라크 침공과 함께 전면에 등장했는데, 이는 언론인들이 군과 정부 당국이 정한 관점에서만 보도하기로 합의한 것으로 정의되는 듯 했다. '임베디드' 언론인들은 특정 교통수단으로만 이동하고, 특정 장면만 보고, 특정 종류의 행동에 대한 이미지와 서사를 본국으로 중계했다. 임베디드 보도는 그러한 조건에서 일하는 기자들이 관점의 지시 자체를 보도 및 토론의 주제로 삼지 않기로 동의한다는 것을 의미하며, 따라서 이러한 기자들은 그들의 시선이 지정된 행동의 정해진 매개변수로 제한되는 조건으로만 전쟁에 접근할 수 있는 기회를 제공받았다.

임베디드 보도는 덜 노골적인 방식으로도 이루어지고 있다. 한 가지 분명한 예는 전쟁 노력을 저해하고 국가를 위태롭게 한다는 이유로 우리 또는 적들의 전사자 사진을 보여주지 않기로 한 언론의 합의이다. 언론인과 신문들은 성조기로 덮인 미국 전사자의 관을 보여준 것에 대해 맹렬하게 비난을 받았다. 그러한 이미지는 특정 종류의 부정적인 감정을 불러일으킬 수 있기 때문에 보이지 않아야 했다.[3] 무엇을 볼 수 있는지에 대한 이러한 지시, 즉 콘텐츠 규제에 대한 관심은 전쟁의 행위와 파괴를 바라보는 관점에 대한 통제로 보완되었다. 국가 당국은 내용뿐만 아니라 관점까지 규제함으로써 전쟁에 대한 시각적 참여 방식을 규제하는 데 분명한 관심을 가졌다. 본다는 것은 암묵적으로 어떤 위치의 점유, 실제로는 피사체 자체의 특정 성향과 연결된 것으로 이해되었다. 임베디드 보도가 암묵적으로 발생한 두 번째 장소는 아부 그라이브 사진들 속에 있었다. 카메라 각도, 프레임, 포즈를 취한 피사체는 모두 사진가들이 전쟁의 관점에 적극적으로 개입하여 그 관점을 정교화하고, 만들고, 찬양하고, 검증했음을 시사한다.

수전 손택Susan Sontag은 자신의 마지막 저서 『타인의 고통에 관하여Regarding the Pain of thers』에서 이러한 임베디드 보도 관행이 약 20년 전인 1982년, 단 두 명의 사진기자만 출입이 허용되고 텔레비전 방송이 전혀 허용되지 않았던 포클랜드Falklands에서의 영국 군사작전British Campaign 취재에서 시작되었다고 언급한다.[4] 그 이후로 언론인들은 작전 자체에 대한 접근을 확보하기 위해 임베디드 보도의 요건들을 준수하는 데 점점 더 동의하고 있다. 하지만 이렇게 접근이 보장되는 작전은 무엇인가? 최근과 현재의 전쟁의 경우, 미 국방부가 언론에 허용한 시각적 관점은 전쟁에 대한 우리의 인지적 이해를 적극적으로 구조화했다. 우리가 어떻게 보고 무엇을 보는가를 제한하는 것은 스토리 라인을 지시하는 것과 정확히 같지는 않지만, 그것은 지각의 영역에 포함될 것과 포함되지 않을 것을 미리 해석하는 방식이다. 전쟁의 행위 자체, 그 관행 및 그 효과는 국방부가 조율하고 허용하는 관점에 의해 확립된다는 것을 의미하며, 따라서 이는 현실이라고 불릴 것, 즉 존재한다고 지각되는 것의 범위를 비준하는 국가의 조율 권한을 분명히 보여준다.

따라서 관점의 규제는 프레임이 특정 종류의 해석을 수행할 수 있음을 시사한다. 내 생각에는 손택이 저서 곳곳에서 반복적으로 주장한, 사진 그 자체로는 해석을 제공할 수 없으며, 불연속적이고 순간적인 이미지를 보완하기 위해 우리에게 캡션과 서면 분석이 필요하다는 주장을 받아들이는 것은 이치에 맞지 않는다고 생각한다. 그녀의 견해에 따르면 이미지는 우리에게 영향을 줄 뿐, 우리가 보는 것에 대한 이해를 제공하지 못한다. 그러나 우리에게 캡션과 분석이 필요하다는 손택의 주장은 분명 옳다. 그럼에도 사진이 그 자체로 해석이 아니라는 그녀의 주장은 우리를 다른 곤경에 빠뜨린다. 그녀는 산문과 그림 모두 해석적일 수 있는 반면, 사진은 단지 '선택적'일 뿐이며 현실의 부분적인 '각인'을 제공한고 말한다: "그림은, 심지어 사진적 유사성의 기준을 갖춘 그림이라도, 적어도 해석을 진술하고 있지만, 사진은 어떤 그림도 될 수 없는 방식의 물질적 흔적, 즉 방사물(물체에 의해 반사된 빛의 파동)에 지나지 않는다."[5]

손택은 사진이 순간적으로 우리를 감동시킬 수는 있지만, 해석을 구축하는 것은 허용하지 않는다고 주장했다. 사진이 우리에게 정치적으로 정보를 제공하거나 움직이게 하는데 효과적이라면, 손택이 보기에 그것은 그 이미지가 관련된 정치적 의식의 맥락에서 받아들여지기 때문일 뿐이다. 손택에게 사진은 단절된 순간에 있는 진실을 제시한다. 그것들은 베냐민적 의미에서 '번쩍이고', 따라서 현실에 대한 파편화되거나 분리된 각인만을 제공한다. 그 결과 사진은 항상 원자적이고 순간적이며, 불연속적이다. 사진에 결여된 것은 서사적 일관성이며, 그녀가 보기에 이러한 일관성만이 이해의 욕구를 충족시킬 수 있다(근본적으로 칸트적 입장에 대한 이상한 왜곡).[6] 그렇지만, 서사적 일관성이 어떤 종류의 해석에 기준이 될 수 있더라도, 분명 모든 해석에 그렇다는 것은 아니다. 실제로 '시각적 해석'이라는 개념이 모순어법이 되지 않으려면, 현실을 프레임할 때 사진은 이미 프레임 안에 무엇을 포함시킬지 결정하고 있으며, 이러한 경계 설정도 각도, 초점, 빛 등의 다양한 효과와 마찬가지로 충분히 해석적이라는 사실을 인정하는 것이 중요하다.

내가 보기에 해석은 주관적 행위라는 측면에서 제한적으로 이해되어서는 안된다. 오히려 해석은 정동의 소통가능성에 가해지는 장르와 형식의 구조적 제약으로 인해 발생하며, 따라서 때로는 자신의 의지에 반하거나 심지어는 자신과 무관하게 발생하기도 한다. 따라서 사진가 그리고/또는 보는 자가 능동적이고 의도적으로 해석할 뿐만 아니라 사진 자체가 해석의 구조 현장이 되며, 그 과정에서 제작자와 감상자 모두를 불안하게 만들 수 있다. 공식을 완전히 뒤집어 (비록 몇몇 사진들, 특히 전쟁 사진들이 그렇게 할 수 있을 지라도) 사진이 우리를 해석한다고 말하는 것은 옳지 않을 것이다. 왜냐하면 그 공식이 주어진 위치를 뒤집더라도 그것은 주체의 형이상학을 그대로 유지하기 때문이다. 그럼에도 불구하고 사진은 우리에게 영향을 미친다. 그러나 손택이 『사진에 관하여On Photoghraphy』와 『타인의 고통에 관하여』에서 관심을 가졌던 구체적인 질문은, 사진이 과연 보는 자가 전쟁에 대한 정치적 평가를 바꾸도록 유도할 수 있는 방식으로 타인의 고통과 소통할 수 있는 힘을 여전히 가지고 있는지, 또는 실제로 그런 힘을 가지고 있는지였다. 사진이 이러한 방식으로 효과적으로 소통하려면 사진에게 반드시 전이적 기능이 있어야 한다. 즉, 사진은 사진을 보는 사람들이 세상에 대해 내릴 여러 판단들에 직접적인 영향을 미치는 방식으로 작용해야 한다. 손택은 사진이 전이적이라는 사실을 인정한다. 사진은 단순히 묘사하거나 재현하는 것이 아니라 정동을 전달한다. 실제로 전쟁 중에는 사진의 이러한 전이적인 정동성이 보는 사람을 압도하고 무감각하게 만들 수 있다. 그럼에도 그녀는 사진이 보는 사람으로 하여금 자신들의 관점을 바꾸거나 새로운 행동을 취하도록 동기를 부여할 수 있다는 것을 거의 믿지 않는다.

1970년대 후반, 손택은 사진 이미지가 분노와 선동의 힘을 잃었다고 주장했다. 그녀는 『사진에 관하여』에서 고통의 시각적 재현이 진부해졌고 선정주의 사진의 폭발적인 난무로 인해 우리의 윤리적 반응성 능력이 약해졌다고 주장했다. 26년 후 이 논문을 재검토한 『타인의 고통에 관하여』에서 손택은 사진의 지위에 대해 보다 양가적인 입장을 취한다. 즉, 사진은 시각적 프레임을 통해 지리적, 문화적으로 멀리 떨어져 있는 장소의 전쟁, 기근, 파괴로 인한 인간의 희생에 대해 우리가 경각심을 계속 갖게 하는 근접성을 확립하면서, 인간의 고통을 재현할 수 있고 또 재현해야만 한다고 인정한다. 사진이 도덕적 반응을 불러일으키기 위해서는 사진이 충격을 줄 수 있어야 할 뿐만 아니라 우리의 도덕적 의무감에도 호소해야 한다. 손택은 '충격'이 특별히 교훈적이라고 생각한 적은 없지만, 그럼에도 불구하고 사진이 이 점에서 그 능력을 상실했다고 한탄했다. 그녀가 보기에 충격 그 자체는 일종의 진부한 표현이 되어 버렸고, 현대 사진은 소비자의 요구를 충족시키기 위해 고통을 미화하는 경향이 있었다. 이 마지막 기능은 윤리적 반응성과 정치적 해석 모두에게 해를 주었다.

이 마지막 책에서 손택은 사진이 글쓰기가 아니라는 이유로 사진을 여전히 비판한다. 사진은 서사적 연속성이 부족하고 순간적인 것과 결정적으로 연결되어 있다. 사진은 우리 안에 윤리적 파토스를 만들어낼 수 없으며, 설령 만들어낸다 해도 그것은 순간적인 것일 뿐, 우리는 뭔가 끔찍한 것을 보고는 금방 그 다음으로 넘어간다고 그녀는 말한다. 반면 서사적 형식이 전달하는 파토스는 '지치지 않는다'고 말한다. "서사는 우리를 이해시킬 수 있다. 사진은 다른 일을 한다. 사진은 우리를 괴롭힌다."[7] 그녀의 말이 맞을까? 서사는 우리를 괴롭히지 않으며 사진은 우리를 이해시키는 데 실패한다는 그녀의 말이 맞을까? 사진이 정동을 전달하는 만큼, 사진은 손택이 신뢰하는 유일한 이해의 모형을 위협하는 일종의 반응성을 불러일으키는 것처럼 보이다. 실제로 베트남 전쟁 당시 (손택도 그 힘을 인정하는 이미지인) 울며 뛰는 아이들의 피부에 네이팜탄이 타오르는 사진의 압도적인 힘에도 불구하고, 손택은 전쟁에 효과적으로 대항하는 데는 "이미지보다 서사가 더 효과적"이라고 주장한다.[8]

흥미롭게도, 비록 서사가 우리를 동원할 수 있더라도 사진은 전쟁 범죄의 증거로 요구된다. 사실 손택은 잔학 행위에 대한 현대의 개념은 사진 증거를 필요로 한다고 주장한다. 즉, 사진 증거가 없으면 잔학 행위도 없다. 그러나 만약 그렇다면 사진은 잔학 행위의 개념에 내장되어 있으며, 사진 증거는 그것이 잔학 행위의 사실을 입증하는 데 거의 필수적이라는 의미에서 잔학행위 주장의 진실성을 확립한다. 즉, 이 경우, 사진은 진실에 맞는 사례에 내장되어 있거나 사진 없이는 진실이 존재할 수 없다는 것을 의미한다. 손택은 잔학 행위가 발생했는지 여부를 판단하는 것은 언어적 또는 서사적 해석의 일종으로서 그 주장을 입증하기 위해 사진에 의존해야 한다고, 의심할 여지없이 다시 주장할 것이다. 그러나 이는 적어도 두 가지 이유에서 문제가 있다. 첫째, 사진이 증거를, 따라서 주장을 구축한다는 점, 둘째, 손택의 입장은 비구두적 또는 비언어적 미디어가 그들의 '논증'을 만드는 방식을 잘못 이해하고 있다는 점이다. 가장 투명한 다큐멘터리 이미지조차도 프레임된다. 목적을 갖고 프레임되어 그 프레임 안에 있는 목적을 그 프레임을 통해 구현한다. 이러한 목적이 해석적이라 본다면 사진은 여전히 그것이 기록한 현실을 해석하는 것으로 보이며, 이러한 이중적 기능은 서면이나 구두 형식으로 제시된 다른 해석을 위 한 '증거'로 제공될 때에도 유지된다. 결국 사진은 잔혹행위를 단순히 언급하는 데 그치지 않고, 잔혹행위라고 명명하는 사람들을 위해 이러한 행위를 구축하고 확인시켜 준다.

손택에게는 영향을 받는 것과 사고하고 이해하는 것 사이에 어떤 지속적인 분열이 존재하는데, 바로 사진과 산문의 서로 다른 효과로 대표되는 분열이다. 그녀는 "감정sentiment은 말로하는 슬로건보다 사진을 중심으로 결정화될 가능성이 더 높다"고 말하며, 의심할 여지없이 감정은 사건을 이해하거나 그에 반응하여 행동하는 우리의 능력에 영향을 주지 않고 결정화될 수 있다고 말한다.[9] 그러나 손택이 보기에 감정은 결정화될 때 사고를 방해한다. 게다가 감정은 사진으로 촬영된 사건보다는 사진 이미지 자체를 중심으로 결정화된다. 실제로 손택의 우려는 사진이 이해나 서사보다 기억을 더 효과적으로 구성할 정도로 사건을 대체한다는 것이다.[10] 문제는 이것이 수반하는 '현실의 상실'에 있는 것이 아니라 (사진은 여전히 우회적으로나마 현실을 기록한다) 고정된 감정이 보다 명확한 인지 능력을 이긴다는 데 있다.

그러나 우리의 목적상, 우리는 '임베디드 보도'가 지시된 대로 생산한 시각 이미지, 즉 주정부와 미 국방부의 요구사항을 준수하는 이미지가 해석을 구축한다는 점만 고려하면 된다. 심지어 우리는 손택이 사진작가가 순응적인 사진에 굴복하도록 동기를 부여하는 '정치적 의식'이라고 부른 것이 사진 자체에 어느 정도 구조화되어 있으며 심지어 프레임에 내장되어 있다고 말할 수도 있다. 우리는 캡션이나 서사를 제공받지 않아도, 정치적 배경이 프레임을 통해 그리고 프레임에 의해 명시적으로 형성되고 갱신되고 있다는 점, 즉 프레임이 단지 이미지의 경계로서 기능할 뿐만 아니라 이미지 자체를 구조화하는 기능을 한다는 점을 이해할 수 있다. 이미지가 우리가 현실을 기록하는 방식을 구조화한다면, 그것은 우리가 다루는 해석적 장면과 결부되어 있다. 따라서 전쟁 사진의 문제는 단지 그것이 무엇을 보여주는가뿐만 아니라 보여주는 것을 어떻게 보여주는가에 관한 것이다. '어떻게'는 이미지를 조직할 뿐만 아니라 우리의 지각과 사고를 조직하는 데도 작용한다. 만일 국가권력이 기자와 카메라맨이 거기에서 확인하려고 하는 관점을 규제하려 한다면, 프레임 안에서 그리고 프레임으로서 관점의 작용은 국가가 강요하는 전쟁에 대한 해석의 일부이다. 사진은 단순히 해석을 기다리는 시각적 이미지가 아니다. 그것은 그 자체로 적극적으로 해석하고 있으며, 때로는 강제적으로 해석한다.

시각적 해석으로서 사진은 특정 종류의 경계 안에서, 따라서 특정 종류의 프레임 안에서만 수행될 수 있다. 물론 지시적인 프레이밍이 이야기의 일부가 되지 않는 한, 프레임 자체를 사진 찍을 수 있는 방법이 없는 한 그렇다. 그 지점에서 그것의 프레임을 해석에 양보한 사진은 현실 해석에 대한 제한을 비판적으로 검토할 기회를 열어준다. 그것은 제한의 메커니즘을 폭로하고 주제화하며 순종하지 않는 봄seeing의 행위를 구성한다. 요점은 과잉-반영성hyper-reflexivity에 관여하는 것이 아니라 국가 및 군사 규제 체제를 포함하여 프레임 안에 어떤 형태의 사회적 및 국가권력이 '내재되어' 있는지를 고찰하는 것이다. 이러한 강제적이고 연출적인 '프레이밍'의 작동이 보이는 것의 일부가 되는 경우는 드물며, 말하는 것의 일부가 되는 경우는 훨씬 드물다. 그러나 그렇게 되면 우리는 우리에게 부과된 해석을 해석하게 되고, 우리의 분석을 규제와 검열 권력에 대한 사회적 비판으로 발

전시킬 것이다

사진이 더 이상 우리의 정치적 견해와 행동을 바꿀 정도로 우리를 흥분시키고 분노하게 하는 힘이 없다는 손택의 말이 맞다면, 아부 그라이브 교도소의 고문을 묘사한 사진에 대한 도널드 럼즈펠드의 반응은 말이 되지 않았을 것이다. 예를 들어, 럼즈펠드는 고문과 굴욕, 강간 사진의 공개는 그것들이 "우리를 미국인으로 정의하도록" 할 것이라고 주장하면서 사진 자체가 국가 정체성을 구성하는 엄청난 힘을 가지고 있다고 말했다.[11] 사진은 단순히 잔혹한 어떤 것을 보여주는 것이 아니라 잔혹행위를 저지르는 우리의 능력을 미국의 정체성을 정의하는 개념으로 만들 수 있을 것이다.

최근의 전쟁 사진은 30~40년 전 사진가나 카메라맨이 정부가 계획하지 않은 방식으로 전쟁을 폭로하기 위해 앵글과 접근 방식을 통해 전쟁 현장에 들어가려고 시도했던 전쟁 포토 저널리즘의 관습에서 크게 벗어나고 있다. 이제 국가는 정동을 통제하기 위해 지각의 영역, 더 일반적으로는 재현가능성의 영역에 작용하고 있다. 정동이 해석에 의해 구조화될 뿐만 아니라 해석을 구조화하는 방식을 내다보고 있는 것이다. 문제는 전쟁에 대한 정치적 반대를 부추길 수 있는 이미지를 규제하는 것이다. 여기서 '재현'이 아닌 '재현가능성'이라고 표현하는 이유는 이 영역이 국가의 허가에 의해 구조화되어 있기 때문이다(또는 오히려 국가는 비록 항상 부분적으로만 성공하더라도 통제권을 확립하려고 하기 때문이다). 결과적으로 우리는 재현가능성 영역을 그것의 명시적 내용을 조사하는 것만으로는 이해할 수 없다. 왜냐하면 근본적으로 재현가능성은 재현이 나타나는 그 프레임 밖에서 제외되고 유지되는 것에 의해 구성되기 때문이다. 따라서 우리는 프레임을 능동적인 것으로, 버리는 동시에 제시하는 것으로, 그리고 그 작동의 흔적도 없이 침묵 속에서 두 가지를 동시에 수행하는 것으로 생각할 수 있다. 이러한 조건에서 자신이 현실과 즉각적인 (그리고 논쟁의 여지가 없는) 시각적 관계에 있다고 가정하는, 보는 자가 등장한다.

프레임의 작동은 국가권력이 강제적인 연출법을 행사하는 곳에서는 통상 재현 가능하지 않다. 그렇게 될 때에는 반란으로 간주되어 국가의 처벌과 통제의 대상이 될 위험이 있다. 프레임 안에 재현된 사건과 행동들에 앞서, 현장 자체에 대한 능동적이지만 표시되지 않은 경계 설정이, 따라서 결코 보여줄 수 없고 보여주는 것이 허용되지 않는 일련의 내용과 관점에 대한 경계 설정이 존재한다. 이것들은 재현된 것의 주제화되지 않은 배경을 구성하며, 따라서 부재하는 구성 특징 중 하나이다. 그것들에 대한 접근은 오직 경계 설정의 기능 자체를 주제화함으로써, 그렇게 하여 허용되는 관점에 따라 전쟁의 시각적 뉴스를 전달하는 사람들과 협력하여, 국가의 강제적 연출술을 폭로함으로써만 가능하다. 이러한 경계 설정은 억압의 모습으로 드러나지 않는 권력 작동의 일부이다. 국가를 의인화된 인물을 통해 그 권력을 표현하는 극작가로 추정하는 것은 잘못된 생각일 것이다. 왜냐하면 그것의 지속적인 작동에는 이러한 권력은 보이면 안 되고, 사실상 그것이 한 주체의 행동으로 조직(또는 형상화)되어서는 안 된다는 것이 필수적이기 때문이다. 오히려 재현가능성 자체의 영역을 경계 설정하는 것은 정확한 모습으로 형상화할 수 없고 어느 정도는 의도적이지 않은 권력의 작동이다. 그러나 이러한 권력의 형태가 의도적인 주체의 모습으로 형상화할 수 없다고 해서 표시될 수 없다거나 드러날 수 없다는 의미는 아니다. 오히려 그것이 시야에 들어올 때 눈에 드러나는 것은 무대 장치 자체, 특정 지역을 배제한 지도, 군대의 지시, 카메라의 위치, 보도 규약을 위반했을 때 기다리고 있는 처벌이다.

하지만 프레임의 프레이밍을 볼 때 무슨 일이 일어나고 있는 것일까? 나는 여기서 문제가 단지 미디어의 삶 내부에만 있는 것이 아니라, 그 자체로 종종 인종화되고 문명화된 어떤 더 큰 규범들이 잠정적으로 "현실"이라고 부르는 것에 미치는 구조적 영향과 관련이 있다고 제안하고 싶다.

아부 그라이브의 사진을 공개하기 전, 나는 전쟁의 시각적 차원들을 이해하기 위해 누구의 삶은 애도할 만하고 누구의 삶은 그렇지 않은가라는 질문과 관련하여 세 가지 서로 다른 용어를 연관시키려고 했다. 첫째, 어떤 인간의 삶은 인간적이고 살고 있는 것으로 간주하고 어떤 인간의 삶은 그렇지 않다고 규정하는 명시적이거나 암묵적인 규범들이 있다. 이러한 규범들은 삶은 언제 어디서 애도가능한지, 그리고 이와 연관하여 삶의 상실이 언제 어디서 애도불가능하고 재현불가능하게 남는지에 대한 문제에 의해 어느 정도 결정된다. 이 단호한 표현은 전쟁을 일상에서 무형적이지만 지속적인 배경으로 삼고 살아가는 사람들의 삶과 같이, 상실된 것으로 표시되지만 상실로 완전히 인정될 수 없는 삶, 즉 애도되고 동시에 애도되지 않는 그런 삶들을 배제하려는 것이 아니다.

이 광범위한 사회적·정치적 규범들은 여러 가지 방식으로 작동한다. 그 중 하나가 지각가능한 것을 지배하는 프레임으로, 시야의 어떤 부분을 배제한 상태로 이미지를 초점으로 가져오는 경계 설정의 기능을 수행한다. 따라서 재현된 이미지는 재현가능성 영역으로의 허용성을 의미하며, 동시에 프레임의 경계 설정 기능을 의미한다. 재현된 이미지가 이 기능을 나타내지 않음에도 아니 나타내지 않는다는 바로 그 이유 때문에 그렇다. 달리 말하면, 현실을 전달해야 할 이미지가 사실상 지각에서 현실을 퇴출시키는 것이다.

관타나모 수용소, 미국 내 아랍인(아랍계 미국인과 비자 또는 영주권을 가진 아랍인 모두)에 대한 경찰의 학대, 시민 자유의 유예에 대한 공공 담론에서는 누가 인간이고 누가 인권을 누릴 자격이 있으며 누가 그렇지 않은지를 규정하는 데 특정 규범들이 작동해 왔다. 이러한 인간화humanization 담론에는 애도가능성의 문제가 내포되어 있다. 즉, 소멸된다면 누구의 삶은 공개적으로 애도할 수 있으며, 누구의 삶은 공적으로 애도할 만한 흔적을 남기지 않거나 아니면 부분적이고 엉망이 된 수수께끼 같은 흔적만을 남기게 될까? 내가 주장했듯이 규범이 시각적 및 서사적 프레임을 통해 제정되며 또한 프레이밍이 프레임 밖에 상당한 손실을 남기는 결정이나 관행을 전제로 한다면, 완전한 포용과 완전한 배제만이 유일한 선택이 아니라는 점을 고려해야 한다. 실제로 부분적으로 가려지고 부분적으로 표시되는 죽음이 존재하며, 이러한 불안정이 프레임을 활성화하고 프레임 자체를 불안정하게 만들 수 있다. 따라서 요점은 프레임 '안' 또는 '밖'에 있는 것이 무엇인지 밝히는 것이 아니라, 무엇이 두 위치 사이에서 동요하는지 그리고 무엇이 배제된 것으로 프레임 자체에서 암호화되는지를 밝히는 것이다.

규범과 프레임이 내 분석의 처음 두 요점이며, 마지막 세 번째 요점은 고통 그 자체이다. 이것을 배타적으로 또는 패러다임적으로 인간의 고통으로 받아들이는 것은 잘못이다. 인간이 고통을 겪는 것은 바로 인간 동물로서 그렇다. 그리고 전쟁의 맥락에서는, 전쟁 군수품이 자연 환경과 생태계에 미치는 독성 영향은 물론 살아남았지만 독극물이 포화상태에 이른 생물들의 상태를 언급하면서, 동물과 서식지와 기타 지각 있는 생명의 조건이 파괴되는 것을 지적할 수 있고, 당연히 그래야만 한다. 그러나 요점은 전쟁으로 인해 손상된 생명의 형태들을 나열하는 것이 아니라 생명 자체를 대체로 비의도적인 일련의 상호의존성으로, 더 정확히 말하면 체계적인 관계로 재구성하는 것이며, 이는 인간의 '존재론'은 동물의 '존재론'과 분리될 수 없다는 점을 의미한다. 이는 단순히 겹치는 두 범주의 문제가 아니라 자체의 존재론에 대한 재개념화가 필요하다는 것을 함축하는 공동구성 co-constitution의 문제이다.[12]

파괴적인 목적으로 쉽게 사용되는 인간중심주의를 영속화하지 않으면서 어떻게 인간의 고통에 반대할 수 있을까? 내가 인간이 무엇으로 구성되어 있다고 생각하는지 분명히 밝혀야 할까? 나는 '그 인간the human'이 작동하는 방식을 차별적 규범으로 고찰해 볼 것을 제안한다. 인간을, 할당될 수 있고, 철회될 수 있고, 강화될 수 있고, 의인화될 수 있고, 비하되고 부인될 수 있으며, 고양되고 승인될 수 있는 가치와 형태라고 생각해 보자. 규범은 인간이 아닌 인간, 또는 달리 알려진 인간을 소거하는 인간이라는 거의 불가능한 역설을 계속 만들어내고 있다. 그 인간이 있는 곳에는 그 비인간이 있다. 이전에는 사실상 인간으로 간주되지 않았던 어떤 존재 집단을 이제 인간이라고 선언할 때, 우리는 '인간됨humanness'에 대한 주장이 변화하는 특권임을 인정하는 것이다. 어떤 인간들은 그들의 인간됨을 당연하게 여기는 반면, 다른 인간들은 인간됨을 얻으려고 분투한다. '인간'이라는 용어는 끊임없이 이중화되어 규범의 이상성ideality과 강압적인 성격을 드러낸다. 즉, 어떤 인간은 인간으로서의 자격이 있고 어떤 인간은 그렇지 않다. 내가 이 두 번째 절에서 인간이라는 용어를 사용할 때, 나는 무엇을 그리고 누구를 인간의 삶으로 간주할 것인지를 결정하는 규범을 구현하지 않는 어떤 인간의 담론적인discursive 삶을 역설할 뿐이다. 도나 해러웨이Donna Haraway가 우리가 정말로 인간이 될 수 있는지 물었을 때, 동시에 그녀는 인간이라는 규범 밖에 있는 '우리'를 상정하면서, 그 인간이 온전히 성취될 수 있는 존재인지 질문하고 있다.[13] 나는 이 규범이 우리가 구현하려고 노력해야 하는 것이 아니라, 우리가 읽고, 문화적으로나 정치적으로 평가하고, 그 차별적인 작동에 반대하는 법을 배워야 하는 권력의 차별이라고 제안하고 싶다. 그럼에도 우리는 또한 이 용어가 필요하다. 이 용어가 역설될 수 없는 곳에서 그것을 정확하게 주장하기 위해, 그것이 힘의 차별에 의해 작동되는 것에 반대한다는 기치로 이를 행하기 위해, 때로는 우리의 이름으로 야기되는 고통을 알고 반응하는 것으로부터 우리를 분리시키는 무력화 또는 삭제의 세력에 대항하는 방법으로 이 용어가 필요하다.

철학자 에마뉘엘 레비나스Emmanuel Levinas의 주장처럼 우리에게 윤리적 반응을 요구하는 것이 타자의 얼굴face이라면, 누가 인간인지 아닌지를 할당하는 규범은 시각적 형태로 드러나는 것처럼 보일 수 있다. 이러한 규범들은 **얼굴을 부여하고 효력을** 발휘한다. 따라서 분노, 반대, 비판으로 반응하는 우리의 능력은 부분적으로 인간에 대한 차별적 규범이 시각적 및 담론적 프레임들을 통해 어떻게 전달되는지에 따라 달라질 것이다. 인간의 연약함과 불안정성을 드러내고, 인간 삶의 가치와 존엄성을 옹호하며, 삶으로서의 가치를 고려하지 않고 삶이 비하되거나 박탈될 때 분노로 반응할 수 있도록 하는 프레이밍 방식들이 있다. 그리고 반응성을 저지하는 프레임이 있는데, 이러한 저지활동은 프레임 자체에 의해 효과적으로 그리고 반복적으로 수행된다. 이는 말하자면 명시적으로 표현되지 않을 것에 대한 프레임 자체의 부정적 행동이다. 대안적 프레임들이 있어서 다른 종류의 콘텐츠를 허용하는 것은 아마도 현재 전쟁에 대한 우리의 정치적 평가를 변화시킬 수 있는 고통을 전달할 수 있을 것이다. 사진이 이러한 방식으로 소통하기 위해서는 우리를 윤리적 반응성에 민감하게 만드는, 전이적 기능을 가져야 한다.

어떤 삶을 인간적이라고 간주할 것인가를 규정하는 규범들은 담론과 시각적 재현이 진행되는 프레임에 어떻게 들어가며, 이들이 고통에 대한 우리의 윤리적 반응성을 어떻게 한계 짓거나 조율하는가? 나는 이러한 규범들이 우리의 반응성을 결정하고, 그래서 우리의 반응성이 고물처럼 강력한 시각 문화의 행동주의적 효과로 축소된다고 시사하는 것이 아니다. 나는 이러한 규범들이 프레임과 더 큰 소통의 회로에 들어가는 방식이 정동과 분노, 윤리적 반응에 대한 효과적 규제가 걸린 문제이기 때문에 격렬한 논쟁의 대상이 될 수 있다고 시사할 뿐이다.

나는 아부 그라이브 사진들이 우리의 감각을 마비시키지도 특정한 반응을 결정하지도 않는다고 제안하고 싶다. 이는 사진들이 단 하나의 시간이나 특정 공간을 점유하지 않는다는 사실과 관련이 있다. 이 사진들은 우리가 지닌 고문에 대한 일종의 대중적 해석을 결정하지 않은 채 맥락에서 맥락으로 바뀌며, 그들의 연속적인 프레이밍과 수용 조건의 이러한 역사를 계속해서 보여준다. 특히 '인간'을 지배하는 규범들은 이 사진들의 소통을 통해 전달되고 폐기된다. 이 규범들은 그 자체로 주제화되어 논의되지는 않지만 "저기서 무슨 일이 일어났는지"를 이해하려는 제1세계의 보는 이들과 고문 상태의 인간이라는 시각적 '흔적' 간의 만남을 중재한다. 이 흔적은 우리에게 그 인간이 무엇인지는 말해주지 않지만, 권리의 주체를 다스리는 규범에서 벗어난 일이 일어났으며 여기서 "인간성"이라는 것이 문제가 되고 있다는 증거를 제공한다. 사진은 그것이 기록한 몸의 온전성 integrity을 복원할 수 없다. 시각적 흔적은 희생자의 인간성이 완전히 회복되는 것과는 분명히 다르다. 그것이 명백히 바람직하더라도 그렇다. 드러나고 유포된 사진은 우리가 분노를 느끼고 그 분노를 통합하고 또렷하게 표현할 수 있는 정치적 견해를 구성하는 공적 조건이 된다.

수전 손택의 마지막 저서들은 고문 사진이 무엇이며 그 사진들이 어떤 역할을 하는지를 고찰할 때 좋은 친구가 되었는데, 여기에는 『타인의 고통에 관하여』와 아부 그라이브 사진 공개 이후 인터넷에 공개되고 ≪뉴욕타임스New York Times≫에 실린 "타인의 고문에 관하여"가 포한된다.[14] 그 사진들은 잔인함, 굴욕, 강간, 살인을 보여주었고, 그런 의미에서 전쟁 범죄의 명백한 재현적 증거였다. 이 사진들은 고문과 굴욕 행위에 가담한 것으로 묘사된 사람들에 대한 법적 소송에서 증거로 사용되는 등 다양한 방식으로 활용되었다. 또한 미국 정부가 영국과 동맹을 맺고 제네바 협약, 특히 전쟁 포로의 공정한 처우에 관한 의정서를 무시하는 방식의 상징이 되기도 했다. 2004년 4월과 5월, 사진들에 패턴이 있다는 것과 스캔들이 터지기 수개월 전부터 적십자사Red Cross가 주장했던 것처럼 이라크에서도 관타나모에서 조직적으로 수감자들을 학대하는 것과 비슷한 일이 있었다는 것이 밝혀졌다.[15] 나중에야 관타나모를 위해 고안된 프로토콜이 아부 그라이브에도 적용되었고, 두 프로토콜이 제네바 협정을 무시했다는 것이 밝혀졌다. 정부 관리들이 사진에 묘사된 것을 '학대abuse'라 불렀는지 '고문torture'이라 불렀는지에 대한 질문은, 국제법과의 관계가 이미 작동 중이다. 학대는 군대 내 징계 절차로 해결할 수 있지만 고문은 전쟁 범죄이며 국제 법정에서 소송이 가능하다는 것을 시사한다. 그들은 그 사진들이 실제로 일어난 일을 기록하고 있다는 사실에 이의를 제기하지 않았다. 그러나 사진의 참조성referentiality 을 입증하는 것만으로는 충분하지 않았다. 사진들은 단지 드러났을 뿐만 아니라 이름도 붙는다. 사진이 드러난 방식, 프레임되는 방식, 드러난 것을 설명하는 데 사용되는 말들이 함께 작용하여 드러난 것에 대한 해석적 매트릭스를 생성한다.

그런데 사진이 공개되는 조건과 공개되는 형식을 간략히 살펴보기 전에 프레임이 사진가, 카메라, 장면 사이의 관계를 설정하는 방식을 고찰해 보자. 사진은 사진 프레임 안에 보존된 시각적 이미지인, 장면을 묘사하거나 재현한다. 그러나 프레임은 또한 공간적으로 시야에 위치하여 이미지 내에 표시되지 않는 카메라에 속하지만 여전히 이미지의 기술적 전제 조건으로 기능하고 카메라에 의해 간접적으로 표시된다. 비록 카메라는 프레임 바깥에 있지만, 그것은 프레임의 구성적 외부로서 분명히 장면 '안에' 있다. 이러한 고문 행위의 촬영이 공개적인 논쟁의 주제가 될 때, 사진의 장면은 확장된다. 장면은 단지 감옥 자체의 공간적 위치와 사회적 시나리오가 될 뿐만 아니라 사진이 드러나고, 보이고, 검열되고, 공론화되고, 토의되고, 토론되는 전체 사회적 영역이 된다. 그래서 우리는 사진의 장면이 시간에 따라 변했다고 말할 수 있다.

시각적 증거와 담론적 해석이 서로 대립하는 이 큰 장면에 대해 몇 가지 주목해 보자. 사진이 있었고, 사진이 재현적 지위를 주장했고, 사진 자체에 묘사된 장소인 촬영된 원래 장소를 넘어 여행했기 때문에 '뉴스'가 있었다. 한편으로 사진은 참조적이며, 다른 한편으로 사진이 드러난 맥락과 호출되는 목적에 따라 그 의미가 달라진다. 사진은 인터넷과 신문에 게재되었지만 두 장소 모두에서 선택이 행해졌다. 즉 어떤 사진은 게재되고 어떤 사진은 게재되지 않았으며 어떤 사진은 크고 어떤 사진은 작았다. 오랫동안 ≪뉴스위크Newsweek≫는 '유용하지' 않을 것이라는 이유로 공개가 거부된 수많은 사진을 소유하고 있었다. 어떤 용도로 유용하다는 뜻인가? 분명히 "전쟁 노력에 유용하다"는 의미였지, "현재 전쟁에 대해 책임 선을 설정하고 정치적 관점을 형성하기 위해 그 전쟁에 관한 정보에 자유롭게 접근해야 하는 개인들에게 유용하다"는 의미는 아니었다. 정부와 언론은 우리가 볼 수 있는 것을 제한하면서 대중들이 전쟁에 대한 교훈과 경과를 판단할 수 있는 증거의 종류도 제한하지 않는가? 손택의 주장대로 현대의 잔학 행위 개념에 사진 증거가 필요하다면, 고문이 일어났다는 것을 입증하는 유일한 방법은 그러한 증거를 제시하는 것뿐이며, 이때 증거는 현상을 구성한다. 그러나 잠재적이거나 실제적인 법적 절차의 프레임 안에서도 사진은 이미 법과 진실이라는 담론 안에 프레임되어 있다.

미국에서는 사진 자체에 대한 원초적인 관심이 정치적 반응을 상당히 선점한 것처럼 보였다. 남성의 머리에 목줄을 감고 있는 린디 잉글랜드 Linndie England의 사진은 《뉴욕타임스》의 전면을 장식했지만, 다른 신문들은 발표에 선정성 추구 정도에 따라 사진을 안쪽 면으로 옮겼다. 군사 법정 절차에서 사진은 잠재적이거나 실제적인 법적 절차의 프레임 안에서 증거로 간주되며, 이미 법과 진실의 담론 안에 프레임되어 있다. 사진은 사진가를 전제로 한다. 프레임에는 드러나지 않는 사람이다. 유죄의 문제는 누가 그 행위를 저질렀는지, 또는 그러한 행위를 저지른 사람에 대해 누가 궁극적으로 책임이 있는지에 대한 법적 문제로 제한되어 왔다. 그리고 기소는 가장 잘 알려진 사건들로 제한되었다.

실제로 누가 사진을 찍었는지, 그리고 사진의 가려진 공간적 관계에서 무엇을 유추할 수 있는지에 대한 질문이 제기되기까지 시간이 좀 걸렸다.[16] 그들은 학대를 폭로하기 위해 사진을 찍었을까, 아니면 미국의 승리주의 정신에 찬사를 보내기 위해 찍었을까? 사진 촬영이 이벤트에 참여하기 위한 방법이었고, 그렇다면 어떤 방식으로 촬영했는가? 사진들은 기록으로 촬영되고, 《가디언Guardian》지가 말했듯이, 사건의 포르노물을 만들어낸 것처럼 보이지만,[17] 어느 순간 수사의 가능성을 인지한 누군가 또는 여러 사람이 사진들이 묘사한 것에 무언가 문제가 있다는 것을 깨달은 것 같다. 어쩌면 사진가들이 사진을 찍을 당시 양가감정을 갖고 있었을 수도 있고, 돌이켜보아 양가감정을 갖게 되었을 수도 있다. 그리고 심리적인 설명을 자초하는 어떤 방식으로 가학적인 장면을 즐겼을 수도 있다. 이러한 행동을 이해하는 데 심리학이 중요하다는 점에는 이의를 제기하지 않겠지만,

심리학이 고문을 개인의 병리적 행위로만 축소하는 데 사용되어서는 안 된다고 생각한다. 우리는 이들 사진에서 분명히 집단적인 장면을 마주하고 있기 때문에 집단행동의 심리학 같은 것이 필요하며, 더 나아가 이 경우에는 전쟁의 규범들이 폭력과 손상가능성에 대한 도덕적으로 중요한 관계들을 어떻게 무력화했는지에 대한 설명이 더 필요하다. 그리고 우리도 특별한 정치 상황에 처해 있기 때문에, 행위를 개인의 심리로만 축소하려는 모든 노력은 우리를 사건 이해의 인과적 매트릭스로 여겨지는 개인이나 인물에 대한 개념과 관련된 익숙한 문제로 되돌릴 것이다. 사진의 구조적·공간적 역학을 고찰하는 것은 이러한 사건에서 전쟁의 규범들이 어떻게 작동하는지를 이해하기 위한 대안적 출발점, 나아가 개인들이 이러한 규범들에 의해 어떻게 수용되고 그 규범들을 어떻게 수용하는지를 이해하기 위한 대안적 출발점을 제공한다.

사진가는 고문에 연루된 사람들과 그 승리의 여파에 관련된 사람들이 서서 포즈를 취하는 프레임을 통해 장면의 시각적 이미지를 기록하고 있다. 사진을 찍는 자와 찍히는 자와의 관계는 프레임을 통해 이루어진다. 프레임은 그 관계를 허용하고 조율하며 중재한다. 아부 그라이브의 사진가들이 그들이 찍은 사진에 대해 국방부의 허가를 받지 않았더라도, 그들이 취한 관점도 마땅히 일종의 임베디드 보도로 간주할 수 있다. 결국, 소위 적에 대한 그들의 관점은 특이한 것이 아니라 널리 공유된 것이었기 때문에 여기서 무언가 잘못되었다는 생각은 거의 들지 않았던 것 같다. 우리는 이 사진가들이 이슬람 문화 관행과 규범을 심하게 훼손하는 특정 실천을 반복하고 강화할 뿐만 아니라, 널리 공유된 전쟁에 대한 사회적 규범에 순응하고 더욱이 이를 정확히 표현한다고 볼 수 있을까?

그렇다면 미국의 교도소 감독을 위해 계약을 맺은 민간 기업에서 적극적으로 채용한 군인과 보안 요원들은 어떤 규범들을 따라 그렇게 행동했을까? 그리고 여기서 문제가 되고 있는 문화적 및 정치적 텍스트의 기초를 형성하는, 카메라의 능동적 프레이밍에는 어떤 규범들이 존재하는가? 사진이 사건을 묘사할 뿐만 아니라 그 사건을 기반으로 하고 또 강화한다면, 즉 사진이 사건을 반복하고 존속시킨다고 말할 수 있다면, 사진은 엄밀히 말해 사건의 사후가 아니라 그것의 생산, 가독성, 불법성, 현실로서의 바로 그 지위에 결정적인 것이 된다. 아마도 카메라는 "오, 잘됐네, 카메라가 왔으니 고문을 시작해서 우리의 행위를 사진에 담아 기념하자!"라는 축제의 잔혹행위를 약속하는 것일지도 모른다. 그렇다면 사진은 행위가 이루어지는 순간을 포착하는 동시에 이미 그 행위를 유도하고, 프레이밍 하고, 조율하는 작업을 하고 있는 것이다.

어떤 의미에서 이 작업은 프레임 자체의 작용을 통해 작용하는 현실을 에워싼 규범의 작동을 이해하는 것인데, 우리는 아직 이 프레임, 이 프레임들이 어디에서 왔으며 어떤 종류의 작용을 수행하는지를 이해하지 못했다. 사진작가가 한 명 이상이고, 공개된 사진에서 그들의 동기를 명확히 파악할 수 없다는 점을 감안할 때, 우리는 장면을 다른 방식으로 읽을 수밖에 없다. 우리는 사진가가 사건을 포착하거나 기록하고 있다고 어느 정도 자신 있게 말할 수 있지만, 이는 단지 암묵적인 청중의 문제를 제기할 뿐이다. 사진가인 그 또는 그녀는 고문하는 자들에게 이미지를 재생해 주어 그들이 자신들의 행동이 디지털 카메라에 비춰지는 것을 즐기고 자신들의 특별한 성취를 빠르게 전파할 수 있게 사건을 녹화하는 것일 수 있다. 또한 사진은 정당한 처벌이 이루어졌다는 증거로 간주되는, 일종의 증거로 이해될 수도 있다. 사진을 찍는다는 것은 하나의 행위로서, 항상 사건 이전에 있는 것도 아니고 항상 사건 이후에 있는 것도 아니다. 사진은 사건이 계속

될 것이라는 일종의 보증이며, 실제로 사건의 시간성 차원에서 애매성을 만들어내는 바로 그 연속이다. 그때 그런 행동이 일어났는가? 그 행동이 계속 일어나고 있는가? 사진은 그 사건을 미래로 존속시키는가?

현장을 사진으로 찍는다는 것은 시각적 반영과 기록을 제공함으로써 어떤 의미에서 그것에 역사의 지위를 부여하는, 현장에 기여하는 하나의 방법이라고 할 수 있다. 사진이 현장에 기여하는가 아니면 실제로 사진가가 현장에 기여하는가? 이들이 현장에 영향을 주는가? 현장에 개입하는가? 사진은 개입과 관련이 있지만, 사진을 찍는다는 것은 개입하는 것과는 다르다. 함께 묶인 몸, 살해된 개인들, 강제 구강성교, 비인간적 비하 행위의 사진들이 있는데, 이 사진들은 방해받지 않고 촬영되었다. 시야가 선명하다. 시야를 가로막기 위해 카메라 앞으로 돌진하는 사람도 보이지 않는다. 범죄에 가담했다는 이유로 촬영자에게 족쇄를 채우고 감옥에 던져 넣는 사람도 없다. 이것은 명백히 카메라 앞에서 벌어진, 심지어 카메라를 위한 고문이다. 고문당하는 사람들의 얼굴이 주로 가려져 있음에도 불구하고 고문하는 자들은 자신의 얼굴이 확실히 드러나도록 수시로 카메라를 향해 돌아서는 것이 중심적인 행동이다. 카메라 자체는 재갈이 물리지 않고 결박되지 않아서 그 현장의 박해자들을 둘러싸고 지지하는 안전지대를 점유하고 참조한다. 우리는 얼마나 많은 고문이, 미국이 무엇을 할 수 있는지를 보여주는 방법으로, 그것의 군사적 승리의 표시로, 추정되는 적의 완전한 타락을 가져올 수 있는 그것의 능력을 발휘하면서, 카메라를 위해 의식적으로 수행되었는지 알지 못한다. 이는 미국이 문명의 충돌을 이기기 위한 일환이며, 우리가 볼 수 있듯이, 그 자체로 자신의 야만성을 너무나 아름답게 제거했던 우리의 문명화 사명에 표면상의 야만인들을 복종시키려는 노력의 일환이다. 그러나 사진이 그 장면을 잠재적으로 신문과 미디어에 전달한다는 점에서 고문은 어떤 의미에서 카메라를 위한for 것이다. 그것은 처음부터 전달되기 위한 것이었다. 사진 자체의 관점은 잘 보이고, 여자든 남자든 사진을 찍는 사람은 고문하는 자들이 그에게 베푸는 미소로 언급된다. 마치 "내 사진을 찍어주어서 고맙다. 내 승리를 기념해 주어서 고맙다"라고 말하는 것 같다. 그리고 그 사진들이 아직 고문을 당할지도 모를 사람들에게 경고와 위협으로 사용되었는지에는 의문이 있다. 사진에 묘사된 자들의 굴욕감과 수치심, 특히 성적 수치심을 가족들이 보게 될 것이라는 위협으로 그들을 협박하는 데 그 사진들이 사용되었다는 것은 분명하다.

사진은 묘사한다. 그것에는 재현적 기능과 참조적 기능이 있다. 하지만 적어도 두 가지 질문이 뒤따른다. 첫 번째는 단순히 참조하는 것 외에 참조적 기능이 하는 작업과 관련된다. 즉, 참조적 기능은 어떤 다른 기능을 수행하는가? 그것은 어떤 다른 효과를 만들어내는가? 두 번째는 아래에서 다루겠지만, 재현되는 것의 범위와 관련된다. 사진이 현실을 재현한다면 어떤 현실이 재현되는 것일까? 그리고 이 경우 프레임은 현실이라고 불리게 될 것을 어떻게 에워싸고 있을까?

전쟁범죄를 전쟁 수행 안에서 식별해야 한다면 "전쟁 사업" 자체는 표면적으로는 전쟁범죄가 아닌 다른 것이다(이러한 틀 안에서는 "전쟁 범죄"에 대해 이야기할 수 없다). 하지만 전쟁범죄가 전쟁을 정당화해 주는 바로 그 규범들의 제정에 해당한다면 어떻게 될까? 아부 그라이브 사진들은 분명 참조적인데, 그 사진들은 어떤 방식으로 전쟁의 규범들을 기록했으며 또한 어떻게 이라크 전쟁의 시각적 상징이 되었는지 알 수 있을까? 전쟁 사업이 온 사방에 편재하는 카메라의 지배를 받을 때, 시간과 공간은 무작위로 연대기에 실리고 기록될 수 있으며, 미래와 외부의 관점이 그 장면 자체에 내재하게 된다. 그러나 카메라의 효과는 카메라가 확보한 연대기가 아닌 다른 시간적 궤적을 따라 작동한다. 시각적 아카이브는 순환한다. 카메라의 날짜 기능은 사건이 발생한 시점을 정확하게 지정할 수 있지만, 이미지의 무한한 순환 가능성으로 인해 사건은 계속 발생할 수 있으며 실제로 이러한 이미지 덕분에 사건은 발생을 멈추지 않았다.

이미지의 확산은 이해하기 어려웠지만, 그것은 행위의 확산, 사진의 광란과 일치하는 것 같았다. 고문 장면들에는 우리가 반드시 고찰해야 할 어떤 특정 쾌락뿐만 아니라 사진을 찍는 행위 자체에 관련된 쾌락 또는 아마도 강박이 있다. 그렇지 않다면 왜 그렇게 많은 사진이 있을까? 강간의 역사에 관한 책을 출간한 버크벡 대학Birkbeck College의 역사학자 조아나 버크Joanna Bourke는 2003년 5월 7일 ≪가디언≫에 "포르노그래피로서의 고문"이라는 제목의 글을 기고했다.[18] 버크는 이 장면에서 배우로서의 카메라 역할을 설명하기 위해 '포르노그래피'를 설명적 범주로 사용했다. 버크는 사진가에게서 환희를 느낀다고 예리하게 서술하지만, 사진의 이미지가 없기 때문에 그녀는 사진, 사진의 수, 촬영 상황을 고려하여 결론을 도출한다.

> 사진을 찍는 사람들은 그들 희생자의 성기를 보며 즐거워한다. 여기에는 도덕적 혼란도 없다. 사진가들은 자신이 전쟁 범죄를 기록하고 있다는 사실조차 인식하지 못하는 듯하다. 특별히 도덕적으로 왜곡된 것을 기록하고 있다는 암시도 없다. 카메라 뒤에 있는 사람들의 경우 포르노의 미학이 그들을 비난으로부터 보호해 준다.[19]

그래서 내가 이상할 수도 있지만, 내가 이해하는 바에 따르면, 버크 씨에게는 미안하지만, 사진들의 문제는 한 사람이 다른 사람의 성기를 보고 즐거워하고 있다는 것이 아니다. 우리 모두가 가끔씩 그렇게 하고 그 즐거움에 특별히 문제가 되는 것은 없으며, 그것이 바로 즐거운 시간을 보내는 데 필요한 것일 수도 있다고 가정해 보자. 그러나 분명히 반대할 수 있는 것은 다른 사람을 수치스럽게 하고 비하하기 위해 강압을 사용하거나 성적 행위를 착취하는 것이다. 물론 이 둘을 구분하는 것은 매우 중요한데, 왜냐하면 첫 번째 이의는 교환의 성행위가 문제라고 보는 반면, 두 번째 이의는 성행위의 강압적 성격에 문제가 있다고 보기 때문이다. 이러한 애매함은 부시 대통령이 사진 몇 장을 본 후 상원 회의장에서 나왔을 때 더욱 심화되었다. 그는 그의 반응을 묻는 질문에 '역겹다'고 대답했는데, 그가 남색sodomy과 동성 간의 구강성교 행위를 말하는 것인지 아니면 신체적으로 강압적이며 심리적으로 비하적인 고문 자체의 조건과 효과를 말하는 것인지 불분명했다.[20] 실제로 그가 '역겹다'고 생각한 것이 동성애 행위였다면 그는 고문에 대한 요점을 분명히 놓치면서 자신의 성적 혐오와 도덕주의를 윤리적 반대의 자리에 놓은 것이다. 그러나 역겨운 것이 고문이었다면 그는 왜 **잘못이라거나 반대할 만하다거나 범죄적**이라는 단어가 아니라 그 단어를 사용했을까? '역겨운disgusting'이라는 단어는 애매함을 그대로 유지하면서 의심스럽게 얽힌 두 문제를 남긴다. 한편으로는 동성애 행위와 다른 한편으로는 타인에 대한 신체적 및 성적 고문의 문제이다.

어떤 면에서 이 사진들을 포르노그래피라고 비난하는 것도 비슷한 범주의 실수를 저지르는 것처럼 보이다. 사진가의 심리에 대한 버크의 추측이 흥미롭고, 여기에는 의심할 여지없이 잔인함과 쾌락이 혼합되어 있는 것이 사실이다.[21] 그렇다면 우리는 이 문제를 어떻게 판결할 수 있을까? 사진과 고문의 문제에 비판적으로 접근하기 위해서는 어째서 우리가 이러한 정동적 성향이 작동하는 동기라고 믿을 준비가 되어 있는지 물어볼 필요가 있지 않을까? 자신이 전쟁 범죄를 기록하고 있다는 사진가의 인식은 사진 자체의 면에서 그 안에 어떻게 나타날 것인가? 기록된 것의 일부가 강간과 고문임을 긍정하는 것과 재현의 수단이 포르노그래피라고 말하는 것은 별개의 문제이다. 내가 우려하는 것은 포르노그래피에서 강간으로 가는 상투적인 미끄러짐이 검토되지 않은 형태로 여기에 다시 나타나는 것이다. 바로, 포르노그래피는 강간을 동기부여하거나 선동하고, 강간과 인과적으로 연결되어 있으며(포르노를 본 사람은 결국 강간을 하게 된다), 강간의 경우 몸의 수준에서 일어나는 일이 포르노그래피의 경우 재현의 수준에서 일어난다는 관점이다.[22]

사진을 찍을 당시에 사진이 도덕적 탐구, 정치적 폭로 또는 법적 수사의 도구로 개입하고 있다는 것은 말이 안된다. 사진에 찍힌 군인과 보안 요원들은 분명히 카메라를 편안하게 다루고 있으며 실제로 카메라에 맞춰 놀고 있다. 그리고 나는 승리주의적 요소가 있을 수 있다고 제안했지만 버크 자신은 사진이 '기념품'의 역할을 한다고 주장한다. 그녀는 또한 카메라를 위해for 학대가 행해졌다고 주장하는데, 내가 잠정적으로 공유하는 이 논제는, 그녀를 내가 동의하지 않는 결론으로 나아가게 한다. 그녀의 주장은 카메라에 의해by 학대가 행해진다는 것이고, 이로써 그녀는 이미지가 포르노그래피이며, 사진가와 그 이미지의 소비자에게 고통을 보는 쾌락을 제공한다는 결론에 이른다. 이 사려 깊은 논쟁의 한가운데서 드러나는 것은 포르노그래피가 근본적으로 인간과 동물의 고통과 고문을 보고 갖게 되는 어떤 시각적 쾌락으로 정의된다는 추정이다. 이 시점에서 쾌락이 보는 것에 있으며 묘사된 고통에서 취해진 쾌락이라면, 고문은 카메라의 효과이며 카메라가, 아니 오히려 그것의 포르노그래피적 시선이 고통의 장면 자체의 원인이다. 사실상 카메라가 고문자가 되는 것이다. 버크가 어떤 때는 '사진 속의 가해자'를 언급하지만, 다른 때는 사진과 사진가가 가해자들인 것처럼 보이기도 한다.[23] 둘 다 모두 중요한 의미에서 맞을 수 있다. 그러나 그녀가 도발적인 글의 말미에 "이 포르노그래피의 이미지들이 전쟁에 관한 인도주의적 수사에 남아 있는 작은 힘을 벗겨냈다"[24]고 쓸 때 윤리적 문제는 더 어려워진다. 나는 이 이미지들이 전쟁에 대한 인도주의적 정당성을 거짓으로 만든다는 의미로, 이 말을 했다고 본다. 어떤 사람들에게는 맞는 말일 수 있지만, 그녀는 왜 그것이 맞는지 정확히 말하지 않는다. 여기서 문제는 고문, 강간, 굴욕, 살인 등 이미지들이 묘사하는 것이 아니라 소위 이미지 자체의 포르노그래피로 보인다. 여기서 포르노그래피는 인간의 비하를 보는 데서 그리고 그 비하의 에로틱화eroticization에서 얻는 쾌락으로 정의된다.

이러한 포르노그래피 정의는 사진에서 관련된 장면의 구체적인 잔인성을 제거한다. 남성을 고문하는 여성, 이라크 여성(무슬림 여성)에게 가슴을 드러내도록 강요하는 남성과 여성, 이라크 남성(무슬림 남성)에게 동성애 행위를 하거나 자위행위를 하도록 강요하는 남성 및 여성의 사례들이 있다. 고문하는 자는 이것이 고문당하는 자에게 수치심을 야기하리라는 것을 알고 있다. 사진은 수치심을 강화하고, 그 행위를 강요당한 자에게 그 행위의 영상을 보여주며, 그 행위를 유포하여 공개적으로 대중이 다 알게 하고 망신을 주겠다고 협박한다. 한편으로 미군들은 누드, 동성애, 자위에 대한 무슬림의 금기를 악용하여 이러한 사람들의 온전성을 그대로 유지하는 문화적 구조를 무너뜨리려는 것으로 보이다. 반면에 그 군인들은 매우 뚜렷한 방식으로 공격성과 혼합된 에로틱한 수치심과 두려움이라는 자신만의 감정을 가지고 있다. 예를 들어, 1차와 2차 걸프전에서 미군이 이라크를 향해 발사한 미사일에는 어째서 "네 엉덩이를 들어라up your ass"라는 문구가 적혀 있었을까? 이 시나리오에서 이라크인들을 폭격하고, 불구로 만들고, 죽이는 것은 남색으로 비유되는데, 이는 폭격을 당한 사람들에게 남색이라는 표면적인 수치심을 안겨주기 위한 것이다. 하지만 미사일을 '사정'하는 폭탄투하자들에 대해서는 무심코 무엇을 말하고 있을까? 결국, 남색 행위를 저지르는 데는 두 사람이 필요하다는 것이며 이는 군인들이 능동적이고 관통하는 자세로, 즉 상위에 있다고 해도 동성애자가 되는 자세로, 환상의 장면에서 자신의 자리를 확보한다는 것을 시사한다. 하지만 이 행위가 살인으로 묘사된다는 것은, 성의 수치심을 악용하고 그것의 쾌락을 원초적인 가학 형태로 전환시키는 공격적인 회로에 그것이 완전히 포섭되어 있음을 시사한다. 미국 교도관들이 수감자들에게 남색 행위를 강요함으로써 이러한 환상을 이어간다는 것은 동성애가 인격의 말살과 동일시된다는 것을 시사한다. 비록 이러한 경우에 고문이 그 말살에 책임이 있다는 것이 분명하더라도 그렇다. 역설적이게도 이는 동성애 행위에 대한 이슬람의 금기가 미군 내 동성애 공포증과 완벽하게 조화를 이루는 상황일 수 있다. 강제된 동성애 행위를 포함하고 그 강압을 통해 인격을 말살하려는 고문 현장은 고문하는 사람과 고문당하는 사람 모두에게 동성애는 한 사람의 존재 파괴에 해당한다는 것을 가정한다. 따라서 동성애 행위를 강요하는 것은 그 파괴를 폭력적으로 강요하는 것으로 보일 수 있다. 물론 문제는 미군들이 다른 사람들에게 그 행위를 강요함으로써 이 진실을 표면화하려 한다는 점이다. 그러나 목격자, 사진가, 고문 장면을 연출하는 자들도 모두 그 쾌락의 당사자이며, 자신들이 강제로 연출한 이 장면을 몇 번이고 보라고 요구할 때 자신들도 타락하는 바로 그 쾌락을 드러내고 있다. 더욱이 고문하는 자가 비록 동성애를 비하한다 해도, 고문하는 자가 오직 삽입하는 '상위' 역으로 행동하고 삽입성이 고문당하는 자의 몸에 위치되도록 강압적으로 요구하는 자이어야 하는, 어떤 동성애 방식에 연루되어야만 행동할 수 있다. 실제로 강제 삽입은 삽입성을 어떤 다른 곳에 영구적으로 '배정'하는 방식이다.

사진들과 사진에 묘사된 장면에 이런 종류의 쾌락이 작용하고 있다는 버크의 말은 분명히 맞지만, 우리가 사진의 '포르노그래피'가 책임이 있다고 주장한다면 오류를 범하는 것이다. 결국 설명되어야 할 부분은 사진의 흥분, 이미지의 확산, 묘사된 행위와 그 묘사가 이루어지는 수단 사이의 관계이다. 광란과 흥분이 있는 것처럼 보이지만 보고 찍는 행위의 성애화 sexualization도 분명히 존재하는데, 이는 묘사된 장면의 성애화와 동시에 작용하지만 별개의 것이다. 그러나 여기서 문제가 되는 것은 성애화된 바라봄의 실천이 아니라, 시각적 아이콘으로서의 그 장면의 지속과 반복에 대한 그것의 투자와 맞물려 있는 사진의 도덕적 무관심이다. 하지만 카메라의 기술이나 디지털화, 포르노그래피의 시선이 결국 이러한 행위에 책임이 있다고 말하지는 말자. 고문이 카메라의 존재로 인해 선동되고 카메라를 예상하며 계속되었을 수도 있다. 그러나 그렇다고 해서 카메라나 '포르노그래피'가 고문의 원인이라고 단정할 수는 없다. 결국 포르노그래피에는 비폭력인 버전도 많고 기껏해야 '바닐라vanilla'에 불과한 여러 장르가 있으며, 그것의 최악의 범죄는 혁신적인 음모를 제공하지 못하는 것 같다.

이 모든 것은 카메라와 윤리적 반응성 사이의 관계에 대하여 중요한 의문을 제기한다. 이러한 이미지들이 도덕적 분노를 동반하지 않은 채 유포되고, 즐겨지고, 소비되고, 소통되었다는 것은 분명해 보인다. 이 특별한 악의 평범화banalization of evil가 어떻게 일어났는지, 어째서 이 사진들이 경각심을 일으키지 못했거나 너무 늦게 경각심을 일으켰는지, 어째서 전쟁과 감옥이라는 시나리오 밖에 있는 사람들에게만 경각심을 불러일으켰는지는 의심할 여지없이 중요한 질문이 될 것이다. 그 장면에서 벌어지는 인간의 고통에 대해 가증스러운 사진이 단번에 경각심을 불러일으킬 것이라고 기대할 수도 있지만, 사진에는 이런 종류의 마술 같은 도덕적 대리인이 없다. 마찬가지로, 비록 사진이 야만성을 선동하는 기능을 한다고 해도 사진과 고문하는 자를 동일시할 수 없다. 사진은 여러 가지 방식으로 기능했다. 교도소 내 잔인성에 대한 선동, 수감자들에게 수치심을 주는 위협, 전쟁 범죄의 기록, 고문의 근본적인 용납불가성에 대한 증언, 인터넷에 공개되거나 갤러리와 공공장소를 포함한 미국 내 박물관에 전시되는 기록 및 다큐멘터리 작품으로서, 그 방식은 다양했다.[25] 사진은 분명히 원래 현장을 벗어나 여행했거나, 사진가의 손을 떠났거나, 사진가 자신에게 등을 돌렸고, 심지어는 그의 쾌락을 격파했을지도 모른다. 그것은 장면의 반복을 요구하는 시선과는 다른 시선을 불러일으켰다. 따라서 우리는 사진은 고문하지도 구원하지도 않지만, 담론적으로 그것이 어떻게 프레임되며 어떤 형태의 미디어를 통해 보여지는지에 따라 근본적으로 다른 방향으로 도구화될 수 있다는 점을 받아들여야 할 것이다.

이 사진들에서 볼 수 있는 한 가지 현실은 규칙이 무시되거나 위반되는 현실이다. 따라서 이 사진들은 부분적으로 특정 불법을 등록하는 방식으로 기능한다. 예를 들어 아부 그라이브에서 정책을 개발하는 데 사용되었던 규칙들이 원래 관타나모를 위해 개발되었다는 사실은 무엇을 의미하는가? 관타나모에서 미국은 제네바 협약에 구속되지 않는다고 주장했으며, 이라크에서는 제네바 협약에 법적으로 구속되어 있음에도 이라크 포로 처우에서 제네바 협약이 규정한 기준을 위반했다는 것이 분명하다. 미국이 캠프 델타Camp Depta의 수감자들이 제네바 협약에 따른 보호를 받을 자격이 없다고 주장했던 법적 움직임은 그 수감자들이 인간 이하의 존재라는 기대를 시행하는 움직임이다. 그들은 국가의 적으로 간주되지만 인간을 구성하는 문명적·인종적 규범의 측면에서도 개념화할 수 없는 존재이다. 이런 의미에서 인간 이하로서 그들의 지위는 고문에 의해 전제될 뿐만 아니라 고문에 의해 다시 시행된다. 그리고 여기서 우리는 아도르노Adorno가 경고했듯이, 문명의 이름으로 행해지는 폭력은 자기 자신의 폭력을 그 폭력이 가해지는 타자의 야만적인 인간이하성subhumanity을 전제함으로써 '정당화' 할 때 그 자체의 야만성을 드러낸다는 사실을 알아야만 한다.[26]

물론 프레임에 대한 비판은 추정된 보는 자가 제1세계적 맥락에서 '여기'가 아닌 프레임 '바깥'에 있으며, 묘사되는 사람들은 이름도 없고 알려지지 않은 채로 남아 있다는 문제에 부딪힌다. 이런 식으로 내가 따라온 비평은 시각적 차이점의 이쪽에 머무르면서 제1세계의 시각적 소비에 대한 제1세계적 비평을 제공하거나, 그러한 고문을 자행하거나 허용하고 있는 정부를 가진 사람들에게 격분과 정보에 입각한 반응을 요구할 제1세계적 윤리와 정치를 제공한다. 그리고 2006년 2월과 3월에 ≪살롱Salon≫이 1000장이 넘는 방대한 양의 사진을 공개할 때 그것이 전쟁범죄 희생자들의 사생활 보호를 위해 국제법에 의해 제약 받았다는 사실로 인해 문제는 더욱 복잡해졌다. ≪살롱≫이 입수하여 공개한 자료는 일부 누락된 이미지가 있더라도 국방부와 법적 공방의 대상이 되었던 자료와 동일하며 그 수가 방대하다. 미 육군 범죄 수사사령부에서 유출된 파일들에는 1,325개의 이미지와 93개의 동영상이 포함되어 있는데, 이것이 고문의 총합을 나타내는 것은 분명 아니다. 2006년 조안 월시Joan Walsh 기자가 지적한 것처럼 "아부 그라이브에서 촬영된 이 사진 뭉치는 미국이 4년이 넘는 기간 동안 테러와의 글로벌 전쟁에서 사용한 체계적인 전술의 한 단면일 뿐이다".[27]

≪살롱≫은 미군이 아부 그라이브의 다양한 고문 장면을 식별하는 데 사용한 "캡션"들을 조사했는데, 여기에는 이름 철자가 틀렸거나 시간과 장

소에 대한 불분명한 설명이 포함 되어 있어 재구성해야 하는 것으로 보인다. 이미지만으로는 사건의 '실재reality'가 즉각적으로 명확하지 않았고, 고문 자체의 진화와 체계적인 성격을 이해하기 위해서는 "타임라인"을 소급해서 파악해야 했다. 희생자의 "인간성"을 재구성하거나 실제로 복원하는 문제는 고문 행위의 일부로 얼굴이 가려지지 않은 경우 희생자의 사생활을 보호하기 위해 의도적으로 얼굴을 흐리게 해야 한다는 사실로 인해 더욱 어려워졌다. 우리에게 남은 것은 대부분 얼굴도 없고 이름도 없는 사람들의 사진뿐이다. 그러나 우리는 그럼에도 불구하고 가려진 얼굴과 부재한 이름은 비록 그것이 가시 영역 안에서의 공백일지라도, 바로 인간성의 표식에 대한 시각적 흔적으로 기능한다고 말할 수 있을까? 다시 말해, 이것은 규범을 통해 등록된 표식이 아니라 규범적으로 인간적인 것의 폐기에 따른 파편들에 의해 등록된 표식이다. 다시 말해, 고문당한 인간들은 시각적, 신체적, 또는 사회적으로 인정할 수 있는 정체성에 쉽게 부합하지 않으며, 그들의 폐색과 삭제는 그들의 고통과 인간성에 대한 지속적인 기호sign가 된다.[28]

요점은 '인간'을 이해하기 위한 이상화된 규범의 한 집합을 다른 것으로 대체하는 것이 아니라, 인간의 삶, 즉 인간의 동물성이 그 인간의 규범을 넘어서고 저항할 때 규범이 그 경우를 파괴하는 사례들을 파악하는 것이다. 우리가 이러한 맥락에서 '인간성'에 대해 말할 때, 우리는 인간이라는 규범을 혼란에 빠뜨리거나 그렇지 않으면 그 폭력에서 벗어나고자 하는, 인간이 무엇인지에 대한 중복 또는 흔적을 가리킨다. '인간'이 자신의 사례들을 정렬하려고 할 때, 규범과 그것이 조직하고자 하는 삶들 사이에 어떤 통약불가능성incommensurability이 출현한다. 우리는 그 간극에 이름을 붙일 수 있을까? 그리고 이름을 붙여야 하는가? 이것은 인정의 규범들에 의해 아직 정렬되지 않은 삶이 포착되는 장면이 아닐까.

희생자의 이름들은 캡션에 포함되어 있지 않지만 가해자의 이름들은 포함되어 있다. 이름이 없는 것이 아쉬운가? 그렇다 그리고 아니다. 이름들은 우리가 알 수 있기도 하고 아니기도 하다. 우리는 우리의 인간화 규범이 이름과 얼굴을 요구한다고 생각할 수 있지만, 어쩌면 '얼굴'은 정확하게 그 가리개를 통해 또는 그 가리개로서, 나중에 그것이 가려지는 수단에서 그리고 그 수단을 통해 우리에게 작용하는지도 모른다. 이런 의미에서 얼굴과 이름은 우리가 알 수 있는 것이 아니며, 이러한 인지적 한계를 긍정하는 것은 사진의 시각적 통제를 벗어난 인간성을 긍정하는 한 방식이다. 희생자를 더 노출시키는 것은 범죄를 반복하는 것일 수 있다. 그래서 과제는 고문하는 자의 행위에 대한 완전한 문서화 그리고 스캔들을 폭로하고 유포하고 출판한 사람들에 대한 완전한 문서화인데, 이 모든 일이 담론적 또는 시각적 수단을 통한 희생자의 '노출'을 강화하지 않고 행해져야 하는 문서화로 보인다.

브라이언 월리스Brian Wallis가 기획한 전시의 일환으로 국제사진센터International Center for Photography에서 이 사진들이 전시되었을 때, 사진가들은 사진에 대한 크레딧을 받지 못했고, 처음 사진을 게시하기로 동의한 언론사들이 크레딧을 받았다. 중요한 것은 사진을 공개함으로써 이 사진들이 정밀조사의 대상으로서 공공영역에 들어오게 되었다는 점이다. 사진가에게는 이에 대한 공로가 주어지지 않는다. 실제로 사진가는 비록 사진에 찍히지는 않았지만 그나 그녀의 명백한 공모를 노출하면서 공개된 장면의 일부로 남아 있다. 이런 의미에서 사진의 출판과 수용의 역사에 대한 캡션과 논평을 곁들인 사진 전시는 사진 자체의 원래 장면을 형성했던 승리주의적이고 가학적인 교환의 폐쇄회로를 폭로하고 이에 맞서는 방식이 된다. 이제 그 장면은 대상이 되며, 우리는 프레임의 지시를 받는 것이 아니라 새로운 비평적 역량을 가지고 그 장면을 향해 나아간다.

우리는 이 사진들을 보고 충격을 받지만, 결국 우리에게 알려주는 것은 충격이 아니다. 『타인의 고통에 관하여』의 마지막 장에서 손택은 사진에 대한 자신의 초기 비평에 반박하고자 한다. 손택은 평소의 냉철한 이성주의와는 사뭇 다른 감정적이고 거의 격앙된 외침으로 논평한다. "잔혹한 이미지들이 우리를 사로잡도록 내버려두자."[29] 이전에 그녀가 사진의 힘을 우리를 계속 사로잡는 효과를 그저 깊게 하는 것으로 축소했다면(서사는 우리를 이해하게 만드는 힘이 있는 반면), 이제는 바로 사진의 이 사로잡음을 통해 어떤 이해가 이루어져야 할 것으로 보인다. 우리는 사진을 보고 우리에게 전이적으로 전달되는 이미지를 놓지 못한다. 그것은 인간 삶의 연약함과 필멸성, 정치 현장에서 판돈이 된 죽음에 대한 이해에 우리를 가까워지게 한다. 그녀가 『사진에 관하여』에서 "사진은 자신의 파멸로 향하는 삶의 순수, 취약성을 나타내며, 사진과 죽음 사이의 이러한 연결고리가 모든 인물 사진에 깃들어 있다"[30]라고 썼을 때 그녀는 이미 이를 알고 있었던 것 같다.

어쩌면 손택은 그 글을 쓰는 순간 롤랑 바르트의 영향을 받았을 지도 모른다. 사진 이미지가 앞선 미래future anterior시제에서 얼굴, 삶을 캐스팅 하는 특별한 능력을 가지고 있다고 주장한 사람이 바로 『밝은 방Camera Lucida』에서 롤랑 바르트Roland Barthes였기 때문이다.[31] 사진은 현재의 순간을 전달하기보다는 "이것이 있었을 것이다"이라는 시간의 관점, 즉 파토스pathos를 전달한다. 사진은 시각적 연대기로 작동한다. 즉, 사진은 "더 이상 없는 것을 반드시 말하지는 않지만, 있었던 것은 확실히 말한다."[32] 그러나 모든 인물 사진은 적어도 두 가지 시간적 방식으로, 즉 있었던 것what has been에 대한 연대기와 있었을 것what will have been에 대한 미래지향적 확실성으로 말한다. 바르트는 감옥에서 교수형을 기다리고 있는 페인Lewis Payne의 사진에 대해 유명한 글을 남겼다. "그는 죽을 것이다. 나는 동시에 읽는다. **이것은 앞으로도 그럴 것이고 지금까지도 그래왔다**This will and this has been. 나는 공포에 떨며 죽음이 걸린 앞선 미래를 관찰 한다(**누구의 죽음이 걸려있나**dont le mort est l'enjeu). 사진은 나에게 자세pose의 절대적 과거를 전해줌으로써(무정시제aorist)* 미래의 죽음을 말해준다."[33] 그러나 이러한 특성은 법정에서 명백하게 사형선고를 받은 자들이나 이미 죽은 자들에게만 국한되지 않는다. 바르트에게 "모든 사진은 이러한 파국"이며, 삶의 절대적 과거성에 대한 관점을 설정하고 요청하기 때문이다.[34]

이 '절대적 과거성'이라는 특성은 어떤 조건에서 멜랑콜리melancholy의 힘에 대항하고 더 분명한 형태의 애도를 열어주는가? 삶이 과거가 아닌, 살고 있는 존재에게 부여되는 이 '절대적 과거성'이라는 특성이 바로 애도가능성의 특성인가? 삶이 있었다는 것을 확인하는 것, 삶 그 자체 안에 삶이 있었다고 확인하는 것은, 삶이 애도가능한 삶이라는 것을 강조하는 것이다. 이런 의미에서 사진은 앞선 미래와의 관계를 통해 애도가능성을 확립한다. 이러한 통찰이 "잔혹한 이미지들이 우리를 사로잡도록 내버려두자"[35]고 한 손택의 명령과 관련이 없는지 궁금해하는 것은 당연하다. 그녀의 명령은 우리가 사로잡혀지는 것을 거부할 수 있는 조건, 또는 사로잡힘이 우리에게 닿지 않는 조건이 있다는 것을 암시한다. 우리가 사로잡히지 않는다면 상실이 없고, 상실된 생명도 없었다. 그러나 우리가 사진 한 장에 흔들리거나 괴로움에 '사로잡힌다면' 그것은 사진이 그것이 기록한 삶보

* 언제 발생했는지 표시하지 않고 어떤 일이 단순히 발생하였다는 것을 알리는 문법적 시제 _옮긴이

다 오래 살아가면서 부분적으로 우리에게 작용하기 때문이다. 즉, 사진은 그 상실이 상실로 인정될 때를 미리 설정하기 때문이다. 따라서 사진은 '시제'를 통해 삶의 애도가능성과 연결되며, 그 애도가능성을 예상하고 수행한다. 이런 식으로 우리는 타인의 고통이나 죽음에 미리 사로잡힐 수 있다. 아니면 나중에 슬픔에 대한 견제가 풀릴 때 사로잡힐 수 있다. 사진은 단지 정동의 등록으로만 배타적으로 작동하는 것이 아니라 특정 승인 방식을 도입함으로써 작동한다. 그것은 삶의 애도가능성을 '논증'한다. 사진의 격정은 정동적이며 동시에 해석적이다. 우리가 격정에 사로잡힐 수 있다면, 우리는 상실이 있었다는 것을, 따라서 삶이 있었다는 것을 승인할 수 있다. 이는 인식, 이해의 초기 순간이지만 잠재적 판단이기도 하며, 우리에게 사진 자체가 도입한 시간성을 통해 소급적으로 발견되는 것, 즉 삶의 전제조건으로서 애도가능성을 생각할 것을 요구한다. "누군가 살았을 것이다"는 현재에서 말하지만, 그것은 다가올 시간과 상실을 언급한다. 따라서 과거를 예견하는 것은 애도가능성을 알 수 있는 인간의 삶의 전제 조건으로 확립하는 사진의 독특한 능력을 뒷받침한다. 격정에 사로잡힌다는 것은 바로 그 삶을 정확히 알기 전에 그 삶을 이해하는apprehend 것이다.

손택 자신의 주장은 덜 야심 차다. 그녀는 사진이 "기성 권력이 내놓은 대량의 고통에 대한 합리화에 대해 … 주의를 기울이고 성찰하고 … 조사할 수 있게 하는 초대"가 될 수 있다고 썼다.[36] 국제사진센터에서 기획된 아부 그라이브 사진 전시회가 바로 그 역할을 한 것 같다. 그러나 손택이 9/11 테러에 관한 글과 『타인의 고통에 관하여』라는 글에서 표현한 점점 커가는 분노와 격노에 대해 내가 가장 흥미롭게 생각하는 것은, 사진이 그녀에게 분노를 느끼게 했지만 또한 그 감정을 효과적인 정치적 행동으로 전환하는 방법을 자신에게 보여주지 못했다는 이유로, 사진에 계속 비판의 시선을 겨누었다는 것이다. 그녀는 과거에, 사진은 분노를 지휘하지 않으면서 분노를 일으키기에 우리의 도덕적 감정을 자극하는 동시에 우리의 정치적 마비도 확인시켜준다는 이유로, 사진에 도덕적 비난을 퍼붓고 반대했던 적이 있음을 인정한다. 그리고 이러한 좌절조차도 그녀를 좌절하게 만드는데, 왜냐하면 이조차도 제1세계의 지식인으로서 할 수 있는 일에 대한 죄책감과 자기애적 집착으로 보이고 그래서 타인의 고통에 관심을 기울이는 데 다시 실패하는 것 같아 보이기 때문이다. 이러한 고민 끝에 손택이 타인의 고통에 반응하는 이 문제를 공식화할 수 있게 해준 것은 제프 월Jeff wall의 박물관 작품이며, 그래서 우리는 이 작품이 그녀가 박물관 세계를 성찰과 숙고의 여지를 찾을 가능성이 큰 높은 세계로 통합하는 데 관련이 있다고 추측할 수 있다. 이 지점에서 우리는 그녀가 사진과 전쟁이라는 정치적 급박에서 그녀가 소중히 여기는 사유와 글쓰기를 위한 시간과 공간을 제공하는 박물관 전시로 전환하는 것을 볼 수 있다. 그녀는 지식인으로서 자신의 위치를 확인하면서도 어떻게 이 작품이 우리가 전쟁에 대해 더 신중하게 성찰하도록 도울 수 있는지 보여준다. 이러한 맥락에서 손택은 고문당한 사람들이 뒤를 돌아볼 수 있으며 또 보는지, 그리고 그들이 우리를 바라볼 때 무엇을 보는지 묻는다. 그녀는 아부 그라이브에서 찍은 사진들을 '우리'의 사진이라고 말해 비난받았고, 일부 비평가들은 이것이 역설적으로 그리고 고통스럽게 타인의 고통에 대한 성찰을 대신하는 일종의 자기 집착이라고 지적하기도 했다. 그러나 그녀가 질문한 것은 "이 행정부가 추진하는 정책들의 성격과 이를 수행하기 위해 배치된 계층 구조가 그러한 [고문]행위를 가능하게 하는지였다. 이런 관점에서 보면 사진은 바로 우리이다".[37]

아마도 그녀는, 우리는 사진을 보면서 보고 있는 우리 자신을 본다는 것,

우리가 삶이 궁핍해지고 비참해지고 때로는 명백히 구타당해 죽게 되는 프레임을 제공하는 그 규범을 공유하는 만큼 우리가 사진가라는 것을 말하고 있었을 것이다. 손택이 보기에 죽은 자들은 우리에게 깊은 관심이 없다. 그들은 우리의 시선을 바라지 않는다. 가려진 머리, 외면한 시선, 흐릿한 눈에서 비롯되는 시각적 소비주의에 대한 이러한 거부, 우리에 대한 이러한 무관심은 미디어 소비에서 사진의 역할에 대한 자기비판을 수행한다. 우리는 보고 싶지만, 죽은 자는 우리가 보든 말든 상관하지 않는다는 것을 사진은 분명히 말해주고 있다. 손택에게 이것은 사진의 윤리적 힘이다. 보고자 하는 우리 욕망의 종국적인 자기애를 반사하며 그 자기애적 요구를 만족시키지 않으려는 힘이다.

그녀의 말이 맞을 수도 있지만, 어쩌면 우리가 무엇을 보는지를 볼 수 없는 우리의 무능력도 중요한 문제일 수 있다. 우리가 보는 것을 가리는 프레임을 보는 법을 배우는 것은 결코 쉬운 일이 아니다. 그리고 전쟁 중에 시각 문화에 중요한 역할이 있다면 그것은 바로 비인간화하는 규범들을 수행하는 강제적인 프레임, 즉 지각가능한 것과 실제로 지각가능해질 수 있는 것을 제한하는 프레임을 정확하게 주제화하는 것이다. 초점을 맞추기 위해서는 제한이 필요하고 선택 없이는 볼 수 없지만, 같이 살아가도록 요청받는 이 제한들은 우리가 듣고, 읽고, 보고, 느끼고, 알 수 있는 것에 제약을 가하며, 따라서 전쟁에 대한 감각적 이해와 전쟁에 대한 감각적 반대의 조건을 모두 약화시키는 작용을 한다. 보는 가운데서 이러한 '보지 않음not seeing', 보는 것의 조건인 이 '보지 않음'은 시각적 규범이 되었다. 이 규범이 계속 국가적 규범인 규범이고 고문 현장의 사진 프레임에 의해 수행된 규범이다. 이 경우는 이미지가 생산된 현장 바깥으로 유통되면서 부인의 메커니즘이 깨졌고, 그 여파로 애도와 분노가 퍼졌다.

3장

성 정치, 고문, 세속의 시간

이 시기에 성 정치를 고려하고 싶다고 말하는 것은 즉각적인 문제를 제기한다. 왜냐하면 어떤 시간을 말하는 것인지, 어디에서 그 시간이 포착되었는지, 그리고 지금이 어떤 시간인지에 대한 문제에 대해 누구를 위한 합의가 도출될 수 있는지를 알지 못한 채 '이 시기'를 언급할 수 없다는 것이 분명해 보이기 때문이다. 문제가 단지 지금이 어떤 시기인지에 대한 서로 다른 해석의 문제가 아니라면, 우리는 이미 이 시기에 작용하는 하나 이상의 시간을 가진 것으로 보이며, 시간의 문제는 내가 지금 이러한 문제를 고려하려는 모든 노력에 영향을 미칠 것으로 보인다. 성 정치와 문화 정치에 대해 더욱 폭넓게 이야기하려고 할 때 시간에 대한 성찰로 시작하는 것이 이상하게 보일 수도 있을 것이다. 하지만 나는 성 정치 안에서 논쟁이 프레임 되는 방식에는 이미 시간의 문제, 특히 진보의 문제, 그리고 시간 속에서 자유의 미래를 펼친다는 것이 무엇을 의미하는지에 대한 특정 개념이 스며들어 있다고 제안하고 싶다. 단 하나의 시간은 없다는 것, 지금이 어떤 시간인지에 대한 질문은 이미 우리를 분열시키고 있으며, 어떤 역사들이 형성된 것으로 밝혀졌는지, 그것들이 다른 역사와 어떻게 교차하거나 교차하지 않는지, 따라서 시간성이 공간적 선을 따라 어떻게 조직 되는지에 대한 질문과 관련이 있다.

나는 여기서 문화적 전체주의cultural wholism에 의존하는 문화적 차이의 버전으로 돌아가자고, 다시 말해 문화는 개별적이고 자기 동일적인 통일체, 단일하고 구별적인 것으로 간주해야 한다고 제안하는 게 아니다. 사실상 나는 그러한 어떤 복귀에도 반대한다. 문제는 서로 다른 문화들이 서로 전쟁을 벌이고 있다거나, 서로 다른 시간의 양식들이 있는데, 이들 각각은 자기-충족적이라고 여겨지며, 서로 다르고 차별화된 문화적 위치에서 명료하게 표현된다거나 서로 혼돈스럽고 잔인하게 접촉하게 된다는 것이 아니다. 물론 이는 어느 정도는 타당한 설명일 수 있지만 중요한 점, 즉 헤게모니적 진보 개념들은 자신들이 자기 정당화를 목적으로 만들어낸 전-근대적 시간성에 맞서 스스로를 정의한다는 점을 놓칠 수 있다. 정치적으로 "우리는 지금 어떤 시기에 있는가?" "우리 모두는 같은 시기에 있는가?" 그리고 구체적으로 "근대mordernity에 도달한 사람은 누구이고 그렇지 않은 사람은 누구인가?"라는 질문은 모두 매우 심각한 정치적 논쟁의 한 가운데서 제기된다. 단순한 문화주의에 의존해서는 이러한 질문들에 답할 수 없다.

나는 성 정치가 이 논쟁의 가장자리에서 작동하는 것이 아니라 그 한가운데에 있다고 본다. 그리고 새롭거나 급진적인 성적 자유에 대한 주장들이 유럽과 근대성의 영역을 성적 급진주의가 일어날 수 있고 실제로 일어나는 특권적 장소로 정의하려는 바로 그 관점에 의해 전유되는 경우가 많다는 견해를 가지고 있다. 더구나 이 관점은 주로 국가권력 내부에서 발화되는 관점이라고 생각한다. 항상 그런 것은 아니지만, 이러한 급진적 자유의 특권적 장소가 새로운 이민자 공동체와 관련된 추정적 정통성으로부터 보호되어야 한다는 주장도 종종 제기된다. 이 주장에는 이 장의 뒷부분에서 고려할 수 많는 전제들이 포함되어 있기 때문에 일단은 그대로 놔두겠다. 그러나 우리는 애초에, 이는 유럽과 그 국가기구를 자유와 근대성의 화신으로 만들려는 시간적 궤적 안에서 성소수자와 새로운 이민자 공동체에 대한 독특한 개념들을 생산하려고 하는 국가 담론이 규칙적으로 만들어내는, 의심스러운 공식이라는 점을 기억해야 한다.

내가 보기에 문제는, 서로 다른 문화적 위치들에 서로 다른 시간성이 존재하고, 따라서 우리는 단순히 우리의 문화적 틀을 확장하여 내부적으로 더 복잡하고 포용력 있게 만들 필요가 있다는 것이 아니다. 이러한 형태의 다원주의는 소위 이 '공동체들' 각각에 대한 뚜렷이 다른 별개의 전체론적 프레이밍을 받아들이고, 그 다음에 그들 사이의 긴장이 어떻게 극복될 수 있을지에 대하여 억지 질문을 제기한다. 오히려 문제는, 소수 공동체들의 공간적 경계를 비롯한 관련 지정학적 공간에 대한 특정 개념들이 진보적 근대성에 대한 이러한 이야기에 의해 제한된다는 것이다. 즉, '이 시기'가 무엇일 수 있고 무엇이어야 하는지에 대한 특정 개념들도 그것이 일어나는 '곳where'을 에두르고 제한하는 것에 근거하여 유사하게 해석된다는 점이 문제이다. 분명히 밝힐 점은, 내가 '전진'에 대한 모든 개념에 반대하는 것은 아니며, 모든 버전의 '진보'에 반대하는 것도 아니지만, 진보와 '지금'의 시간에 대한 발터 베냐민의 생생한 재사고에서, 빗나가지 않았다면, 깊은 영향을 받았고, 이것이 내가 성 정치에 대한 고찰하고자 하는 내용의 일부라는 것이다. 내가 말하고 싶은 것은, **지금** 성 정치에 대한 고찰, 물론 그 지금이 이 경우지만, 지금이라는 시간에 대한 비판적 고찰 없이 성 정치에 대한 고찰은 있을 수 없다는 것이 내 논제일 것이다. 나의 주장은 이런 방식으로 시간성과 정치의 문제를 통해 생각하는 것이 다원주의와 교차성intersectionality 주장을 모두 피할 수 있는, 문화적 차이에 대한 다른 접근 방식을 열 수 있다는 것이다.

요점은 단지, 구조적으로 인종차별적이지는 않더라도 다양한 종류의 정치적 낙관주의에 영향을 미치는, 일부 진보적 서사들의 시간적·공간적 전제들을 염두에 두는 것이 아니다. 요점은 오히려, '지금' 무엇이 일어나고 있는가에 대한 우리의 이해는 세계의 관련 국경들을 상상하는 데 가해지는 특정 지정학적 제한과 얽혀 있으며, 심지어 (국경을 넘는 것과 넘지 않는 것, 그리고 넘거나 넘지 못하는 수단과 메커니즘 같은) 국경 문제를 현대의 정치적 삶에 대한 모든 이해의 핵심으로 삼을 경우 우리의 시간 개념에 무슨 일이 일어나는지를 이해하기 거부하는 것과도 얽혀 있음을 보여주는 것이다. 성 정치의 현대판 지도는 성 정치의 시대를 분열적인 성좌constellation로 정의하는 논쟁과 적대감으로 얽혀 있다고 말하고 싶다. 진보의 이야기는 그 성좌에서 한 가닥에 불과하며, 그럴 만한 이유로 위기에 처해 있다.[1]

나의 관심은 역사에 대한 특정 세속적 개념들과 현대 정치에서 "진보적" 입장이 무엇을 의미하는지에 대한 특정 세속적 개념들이, 시간을 통해 출현한다고 이해되고 그 구조상 시간적으로 진보하는, 자유 개념에 어떻게 의존하는지에 초점을 맞추는 것이다.[2] 자유와 시간적 진보 사이의 이러한 고리는 전문가와 공공 정책 담당자가 근대성 또는 실제로 세속주의 같은 개념들을 언급할 때 종종 연동되는 것이기도 하다. 나는 이것이 그들이 의미하는 전부라고 말하고 싶지는 않다. 그러나 자유에 대한 특정 개념화가 특정 강압 관행의 근거와 도구로 정확하게 호출되고 있으며, 이는 전통적으로 스스로를 진보적 성 정치를 옹호한다고 이해해 온 우리를 다소 심각한 구속에 처하게 만든다고 말하고 싶다.

이러한 맥락에서 나는 성 정치와 반이슬람 관행 모두와 관련된 몇몇 정치적 논쟁의 현장을 지적하고자 하는데, 이것이 시사하는 바는 '자유'의 진보에 관한 특정 이념들이 인종차별과 종교 차별에 반대하는 투쟁과 진보적인 성 정치 사이에 정치적 분열을 조장한다는 것이다. 이러한 재-성좌에 따르는 문제 중 하나는 '자유'라는 개념의 특정 버전과 배포가 편견과 강압의 도구로 사용될 수 있다는 것이다. 이는 미국의 주권과 폭력을 재확인하는 이슬람에 대한 문화적 공격에 여성의 성적 자유나 레즈비언과 게이의 표현과 결사의 자유가 도구적으로 활용될 때 가장 끔찍하게 일어난다. 우리가 진보의 서사에서 자유와 그 의미를 다시 생각해야 할까, 아니면 그러한 서사적 제약을 벗어나 자유를 재위치시켜야 할까? 나의 요점은 규범으로서의 자유를 포기하자는 것이 아니라 자유의 용도에 대해 묻는 것이며, 현재 강압적인 도구화에 저항하려면 그리고 급진적인 민주주의 정치에 유용한 다른 의미를 가지려면 어떻게 자유가 재고되어야 하는지를 생각해 보자는 것이다.

예를 들어 네덜란드에서는 신규 이민 신청자들에게 두 남성이 키스하는 사진을 보고 해당 사진이 불쾌감을 주는지, 개인의 자유를 표현하는 것으로 이해되는지, 동성애자의 표현의 자유를 중시하는 민주주의 국가에서 살 의향이 있는지에 대해 보고하도록 요구한다.[3] 이 정책을 지지하는 사람들은 동성애를 수용하는 것이 근대성을 수용하는 것과 같다고 주장한다. 이러한 사례에서 우리는 근대성이 어떻게 성적 자유와 연결되어 정의되는지 볼 수 있으며, 특히 동성애자의 성적 자유가 어떻게 전근대적인 것으로 간주되는 것과는 반대로 문화적으로 진보된 입장을 보여주는 것으로 이해되는지를 볼 수 있다. 네덜란드 정부는 근대적이라고 추정되는 계층의 사람들을 위해 특별한 조치를 취한 것으로 보인다. 시험이 면제되는 것으로 추정되는 현대인은 다음과 같다. 즉, 유럽연합 국적자, 연간 4만 5000유로 이상의 소득을 올리는 망명 신청자와 숙련 노동자, 미국·호주·뉴질랜드·캐

나다·일본·스위스 시민권자로서, 동성애 혐오를 찾아볼 수 없는 곳의 시민이거나 인상적인 소득 수준의 이입이 동성애 혐오 이입의 위험성보다 우선시되는 경우이다.[4]

물론 네덜란드에서는 이러한 움직임이 한동안 계속되어 왔다. 동성애 정치와 문화적 및 정치적 근대성과의 동일시는 2002년 겨울 급진적 환경주의자의 총격으로 사망한 동성애자이자 명백한 반이슬람 정치인인 핌 포투인Pim Fortuyn의 모습으로 유럽 정치에서 상징적으로 드러났다. 비슷한 갈등은 성적 자유가 아니라 정치적 및 예술적 자유의 원칙을 옹호하게 된 테오 반 고흐Theo van Gogh의 작품과 죽음에서도 극화되었다. 물론 나는 그러한 자유에 찬성하지만 이제 나는 또한 내가 얻고자 투쟁해 왔고 지금도 투쟁하고 있는 이러한 자유가, 받아들일 수 있는 이민자의 입국을 위한 전제 조건으로 기능하는 특정 문화적인, 특별한 의미에서는 세속적인, 기반을 구축하기 위해 도구화되고 있는지도 질문해야 할 것 같다. 다음에서 나는 이러한 문화적 기반이 무엇인지, 그것이 어떻게 초월적 조건이자 목적론적 목표로 기능하는지, 그리고 이것이 우리가 세속적인 것과 종교적인 것 간에 만들 수 있는 단순한 구분들을 어떻게 복잡하게 하는지 자세히 설명할 것이다.

현재 사례에서는 시민권의 전제 조건으로 간주되는 일련의 문화적 규범들이 구체화되고 있다. 우리는 그러한 규범들이 항상 존재하며, 젠더나 성적 지향에 관계없이 모든 사람의 완전한 시민적, 문화적 참여에는 그러한 규범들이 필요하다는 견해를 받아들일 수 있다. 그러나 문제는 이러한 규범들이 다른 종류의 배제에 영향을 미치는 특별한 종교적 및 문화적 전제 조건들을 강화하기 위해 차별적으로 또한 도구적으로 구체화되는지 여부이다. 이러한 문화적 기반을 거부할 자유는 없다. 왜냐하면 그것은 작용하는 자유 개념의 기초이자 심지어 추정적인 전제 조건이며, 자유는 일련의 그래픽 이미지, 즉 자유가 무엇일 수 있으며 무엇이어야 하는지를 상징하게 되는 인물들, 생생한 이미지들을 통해 명시되기 때문이다. 따라서 특정 문화적 규범들을 강제적으로 채택하는 것이 스스로를 자유의 화신으로 정의하는 정치체polity에 진입하기 위한 전제 조건이 된다는, 어떤 역설이 뒤따른다. 네덜란드 정부는 레즈비언과 게이의 성적 자유를 옹호하기 위해 시민 교육에 관여하고 있는가? 그리고 벨기에와의 국경에 집결하여 비유럽인을 차단하기 위해 유럽 전역에 **방역선**cordon sanitaire을 구축해야 한다고 주장하는 블람스 블록Vlaams Blok(현재 블람스 벨랑 Vlaams Belang)과 같은 우익 백인 우월주의자들에게도 이 시험을 부과할 것인가? 레즈비언과 게이들이 무슬림 소수자들의 가시적 관행에 불쾌감을 느끼지 않게 하기 위해 시험들을 시행하고 있는가? 시민 통합 시험이 다양한 네덜란드 인구집단의 종교적 및 성적 규범들에 대한 문화적 이해를 증진하기 위한 광범위한 노력의 일환이고, 이를 위한 새로운 교육법과 공공 예술 프로젝트에 대한 자금 지원이 포함된다면, 우리는 문화적 '통합integration'을 다른 의미로 이해할 수 있을 것이다. 그러나 그것이 강압적으로 시행된다면 우리는 그렇게 이해할 수 없다. 그럼에도 이 경우 이런 질문이 제기된다. 이 시험이 관용을 시험하는 수단인가, 아니면 네덜란드에 입국할 수 있기 위해 자신의 전통적인 종교적 신념과 관습을 버리도록 요구하는 국가의 광범위한 강압적 노력의 일환으로서 종교적 소수자에 대한 공격을 의미하는가? 그 시험은 내가 기뻐해야 할 나의 자유에 대한 자유주의적 방어인가? 아니면 여기서 나의 자유는 강압의 도구로, 바로 그 프로젝트를 뒷받침하는 폭력을 심문하지 않는 방식으로 유럽을 하얗고 순수하게 '세속적'으로 유지하려는 것으로 사용되고 있는가? 물론 나는 공공장소에서 키스할 수 있기를 원한다. 오해하지는 말자. 하지만 모든 사람이 시민권을 취득하기 전에 공공장소에서 키스하는 것을 반드시 시청하고 승인해야 한다고 주장하고 싶은가? 나는 아니라고 생각한다.

정치체의 전제조건이 문화적 동질성 또는 문화적 다원주의 모델을 요구한다면, 어느 쪽이든 해결책은 내부적으로 자기충족적이고 자립적이라고 이해되는 일련의 문화적 규범에의 동화로 여겨진다. 이러한 규범들은 충돌하지도, 논쟁의 여지가 있지도, 다른 규범들과 접촉하지도, 여러 규범이 지속적으로 수렴하거나 수렴하지 못하는 분야에서 경합하지도 혼란을 일으키지도 않는다. 전제되고 있는 가정은, 문화는 시간적으로 역동적인 논쟁의 열린 장이 아니라 규범들의 균일하고 구속력 있는 토대라는 것, 그리고 이 토대는 오직 그것이 균일하거나 통합된 경우에만 기능하며, 소위 근대성이라는 것이 출현하고 정착되기 위해서는 강제로라도 요구되는 필요물이라는 것이다. 물론, 이미 우리는 근대성에 대한 이 매우 특정한 의미는 논쟁에 대한 면역을 수반하고, 독단적인 근거를 통해 유지된다는 것을 알 수 있으며, 특수한 세속적 구성물에 속하는 일종의 독단주의가 우리에게 이미 들어와 있다는 것도 알 수 있다. 이러한 틀 안에서 넓게 해석된 개인 표현의 자유는 문화적 차이에 대한 유동적이고 논쟁적인 이해를 억압하는 것에 의존하며, 이 문제는 국가 폭력이 이슬람 이민자에 대한 국가 정책들을 합리화하기 위해 배제 정책을 적용하면서 문화적 동질성에 어떻게 투자하는지를 명확하게 보여준다.[5]

근대성이라는 개념이 너무 일반적이라고 생각하기 때문에 나는 근대성 이론을 다루지 않는다. 내가 보기에 그러한 이론들은 대부분 너무 광범위하고 개략적이어서 유용하지 않으며, 다른 학제의 사람들이 그 이론들로 의미하는 바도 매우 다르다. 나는 단지 여기서 그러한 이론이 이러한 주장에서 기능하는 방식을 언급할 뿐이며, 나의 의견을 그러한 종류의 용도로 제한한다. 근대성의 담론적 용도를 추적하는 것은 이론을 제시하는 것 이상의 의미가 있다. 이런 점에서 근대성 개념은 문화적 다양성의 기표로도 역동적 또는 비판적으로 유동하는 규범 체계의 기표로도 기능하지 않으며, 문화 접촉, 번역, 융합 또는 발산의 모델로도 전혀 기능하지 않는 듯하다.

예술적 표현과 성적 자유가 모두 이러한 발전적 버전의 근대성에 대한 궁극적 표지로 이해되고 특정 형태의 세속주의가 지지하는 권리로 간주되는 한, 우리는 성적 자유를 위한 투쟁을 인종차별주의와 반이슬람 정서 및 행동에 대한 투쟁과 분절시켜야 한다는 요구를 받게 된다. 물론 이러한 논리에 반하는 기존의 연합들을 지적할 수는 있지만, 방금 설명한 것과 같은 틀 안에서 이러한 노력들 간의 연대는 아마 없을 것이다. 사실, 이 관점에 따르면 성적 표현을 위한 투쟁은 (우리가 자유주의적 틀 안에 머물러야 한다면) 종교적 표현의 권리를 제한하고 압류하는 것에 달려 있으며, 이는 자유주의적 권리 담론 자체에 이율배반을 낳는다. 그러나 내가 보기에는 좀 더 근본적인 일이 일어나고 있는 것 같아 보인다. 즉 자유주의적 자유는 이제, '근대성'이라 불리우고 또한 증가하는 자유에 대한 특정 진보적 설명에 기대는, 패권문화hegemonic culture에 의존하는 것으로 이해되고 있다는 것이다. 자유주의적 자유의 전제 조건으로 작용하는 이러한 '문화'의 무비판적 영역은 결국 문화적 및 종교적 혐오와 경멸의 형태를 승인하는 문화적 근거가 된다.

나의 요점은 성적 자유와 종교적 자유를 맞바꾸자는 것이 아니라, 동성애 혐오와 인종차별주의를 자유주의의 이러한 이율배반을 넘어서는 방식으로 분석하려는 정치적 분석은 있을 수 없다고 가정하는 틀에 의문을 제기하는 것이다. 걸린 문제는 이러한 투쟁들 사이에 융합이나 연대가 있을 수 있는지, 동성애 혐오에 맞서는 투쟁이 문화적 및 종교적 인종차별주의에 맞서는 투쟁과 꼭 모순되어야 하는지 여부이다. 이러한 상호 배제의 틀이 유지된다면, 즉 내가 시사했듯이 제한적인 진보 개념과 결부된 개인의 자유에 대한 제한적 개념에서 도출된 그 틀이 유지된다면, 성적 진보주의자와 종교적 소수자 사이에는 폭력과 배제의 만남 외에는 문화적 접점이 없는 것처럼 보일 수 있다. 그러나 우리가 개인의 자유에 대한 자유주의적 개념 대신 국가 폭력에 대한 비판과 그것의 강압적 메커니즘에 대한 정교한 설명에 초점을 맞춘다면, 우리는 근대성뿐만 아니라 우리가 살고 있는 '지금'이라는 시대에 대해 또 다른 의미를 내포하는 대안적인 정치적 틀에 도달할 수 있을 것이다.

토머스 프리드먼Thomas Friedman은 ≪뉴욕타임스≫에서 이슬람이 아직 근대성을 달성하지 못했다고 주장하면서, 이슬람이 어린애 같은 문화 발전 상태에 있으며 자신과 같은 비평가들이 성인기의 규범을 더 적절하게 대표한다고 내비쳤다.[6] 이런 의미에서 이슬람은 이 시대나 우리 시대의 것이 아니라 이 시대에 시대착오적으로 등장한 다른 시대의 것으로 간주된다. 그러나 이러한 관점이 바로, 이 시대가 단선적으로 전개되는 하나의 시간이나 하나의 이야기가 아니라는 생각에 대한 거부이며, 이 시대는 언제나 함께 생각되는 것은 아니었던 역사들의 융합이며, 그리고 그 융합 또는 결여가 우리 시대에서 결정적이라고 할 수 있는 일련의 난제를 제시한다는 생각에 대한 거부가 아닌가?

성 정치에 대한 문제가 반-이민 정책들과 다소 불행한 방식으로 수렴하고 있는 프랑스에서도 비슷한 역학 관계가 발견된다. 물론 큰 차이점도 있다. 현대 프랑스에서 새로운 이민자 공동체에 공개적으로 맞서는 문화는 성 정치에 대한 논쟁을 구성하는 규범적 이상들에 선택적으로만 의존한다. 예를 들어, 프랑스의 지배적인 의견은 새로운 성 정치를 통해 확장된 계약의 권리들을 활용하는 동시에, 그 권리들이 부계친족관계와 그것이 지닌 남성주의적 국민성 규범과의 연결을 방해할 위협이 될 때에는 그 계약의 권리 자체를 제한한다. '문화'와 '**라이시테**laícité'(프랑스의 세속주의, 정교분리 사상)에 대한 관념들은 서로 다르게 작동하며, 우리는 표면상 진보적인 특정 종류의 성 정치가 자유의 세속적 실현의 논리적 정점으로 어떻게 다시 승인되는지, 그러면서 동시에 바로 그 동일한 세속적 자유에 대한 개념이 어떻게 북아프리카, 터키, 중동에서 온 민족 및 종교 공동체들이 시민적 및 법적 구성원으로서 완전한 권리를 획득할 가능성을 배제하거나 최소화하는 규범으로 작동하는지를 볼 수 있다. 실제로 상황은 이러한 분석이 제시하는 것보다 훨씬 더 복잡하다. 왜냐하면 상징적인 법 개념과 결부된 문화 관념은 자유로운 결사에 참여할 자유를 확립하는 것으로 간주되지만, 레즈비언과 게이 사람들이 아이를 입양하거나 생식 기술에 접근할 자유를 제한하는 데 호출됨으로써, 계약의 권리는 승인하지만 친족관계 규범에 대한 도전은 거부한다. 젠더에 관계없이 두 사람이 맺을 수 있는 법적 파트너십인 **시민연대협약**(PACS pacte civil de solidarité, 팍스)의 입법적 승리를 보장한 주장은 자신의 의지에 따라 계약을 맺을 수 있는 그러한 권리의 확장에 기반하고 있다.[7] 그럼에도 불구하고 일단 그 자유의 문화적 전제 조건들이 폐지되면 법은 문화적 완전성을 유지하거나 심지어 명령하기 위해 개입한다.

예를 들어, 프랑스 저널과 신문에 실린 다양한 의견에 근거하여, 게이와 레즈비언의 양육이 정신병적 아이를 만들 위험이 있다는 것은 널리 알려진 믿음이라고 성급히 결론내릴 수 있다. 애초에 프랑스 공화당원들 사이에서 PACS에 대한 특별한 지지는 입양에 대한 권리나 이성애 규범 밖의 양육 구조에 대한 권리를 인정하지 않는 것에 달려 있었다. 신문과 대중 담론 전반에서 사회적 심리학자들은 미혼모 양육도 포함될 레즈비언 또는 게이 양육은 ① 아이가 성적 차이를 알고 이해하기 위해 ② 문화 세계에서 방향을 잡기 위해 필요로 하는 바로 그 틀을 약화시킬 위험이 있다고 주장한다. 여기에는 아버지가 없는 아이는 그 문화에서 남성성을 이해하지 못할 것이며, 남자 아이인 경우에는 자신의 남성성을 구현하거나 통합할 방법을 갖지 못할 것이라는 가정이 전제되어 있다. 이 주장은 많은 것을 전제하지만, 그중에서도 가장 중요한 것은 아버지 제도institution of fatherhood가 남성성을 재생산하는 유일한 또는 주요한 문화적 도구라는 생각이다. 우리가 남아가 남성성을 재생산해야 한다는 문제가 있는 규범적 주장을 받아들인다고 해도(그리고 이 가정에 의문을 제기할 만한 충분한 이유들이 있지만), 어느 아이든 다양한 문화적 수단을 통해 구현되고 전달되는 다양한 남성성을 접할 수 있다. 장 라플랑슈Jean Laplanche 가 오이디푸스 삼형제에 대한 정신분석학적 대안을 공식화하려는 노력의 일환으로 제시한 '성인 세계'는 다양한 방향에서 아이들에게 문화적 표식들을 각인시키며, 아이는 남아이든 여아이든 이러한 규범들을 깊이 헤아리고 평가해 봐야 한다. 그러나 프랑스에서는 '르 르페르le repère'라 불리는 '지향 틀framework of orientation'이라는 개념이 아버지에 의해 고유하게 물려지는 것으로 이해된다. 그리고 이 상징적 기능은 아버지가 두 명이거나, 아버지가 간헐적으로 존재하거나, 아버지가 전혀 존재하지 않는 경우 명백하게 위협받거나 심지어 파괴된다. 이 싸움은 문제의 쟁점을 잘못 해석하기 때문에 이러한 조건으로 이 싸움에 휘말리지 않도록 노력해야 한다. 물론 이 싸움에 휘말리게 된다면, 남성성은 다른 젠더의 부모에 의해서도 구현되고 소통될 수 있다고 반박할 수 있다. 하지만 만약 내가 그렇게 주장한다면 나는 부모가 젠더의 소통과 재생산을 위한 유일한 문화적 장소이며 장소이여야 한다는 전제를 허용하는 것이고, 그것은 어리석은 허용이 될 것이다. 결국, 남성성에 대한 하나의 구체화된 참조가 없으면 문화적 지향 같은 것도 있을 수 없다는 생각을 왜 받아들이는가? 이러한 입장은 남성성과 아버지성을 탈구되고, 가변적이며, 다양하게 중요한 문화적 실천의 집합으로 재고하기보다는 아버지의 단일 남성성을 문화의 초월적 조건으로 만든다. 이 논쟁을 이해하려면 프랑스에서 부계 혈통은 민법에서 친자관계의 권리를 통해 보호된다는 점을 기억하는 것이 중요하다. 이성애 결혼이 재생산에 대한 그 독점권을 유지한다면, 이는 바로 생물학적 아버지를 국가 문화의 대표자로 특권을 부여함으로써 그렇게 하는 것이다.[8]

따라서 성 정치에 관한 논쟁들은 언제나 새로운 이민자 공동체의 정치와 결부되는 데, 기본적인 법적 권한의 할당을 미리 좌우하는 문화에 대한 근본적 관념들에 둘 다 의존하기 때문이다. 만약 우리가 이러한 문화 관념을 세속적인 것으로 이해한다면, 우리는 이러한 문화 관념이 그로부터 형성되고 그에 의해 계속 전달되는 전통을 이해하기에 충분한 어휘를 가지고 있지 않거나, 그러한 전통이 계속 유지되는 힘에 대한 이해가 부족할 수 있다. 여기에서 분명해지는 점은 국가 문화의 가부장적 조건을 만들어내는 심리 발달이론들이 시민권의 실체적 권리를 전제하는 '성인기의 규범'을 구성한다는 것이다. 이런 식으로 2006년 프랑스 사회당French Socialist Party 대선 후보였던 세골렌 로얄Ségolène Royal은 성공한 니콜라 사르코지Nicolas Sarkozy 후보와 함께 2005년 **방리유**banlieues/**빈민촌**에서 일어난 폭동인 **레 에뮈테**les émeutes가 새로운 이민자 공동체로 대표되는 가족구조 악화의 직접적인 결과였다고 주장할 수 있었다.[9] 이러한 맥락에서도 어린애 같음이라는 주제가 다시 등장하고, 이슬람 소수자들의 정치적 표현을 심리-문화적 발달의 실패로 이해하도록 우리를 불러들인다. 이러한 종류의 주장들은 토머스 프리드먼이 세속적 근대성과 관련하여 명시한 부모/자녀 관계와 유사하다. 여기서 '부모'는 완전히 발달한 성인으로 간주되며, 시대착오적인 이슬람은 발달이 좌절되어 영구적으로 고통받는 아이로 간주된다. 가족 정치, 심지어 가족의 이성애적 정렬조차도 프랑스 문화를 근대성의 최전선에 세우는 시간적 순서를 확보하는 기능을 한다. 이 버전의 근대성은 이상한 상황을 수반한다. 즉, 다루기 어려운 발달 법칙은 자발적인 자유에 한계를 설정하지만 계약 형태는 자유를 거의 무한대로 확장하는 상황이다. 다시 말해, 계약은 동의하는 성인이라면 누구와도 맺을 수 있고, 이는 PACS의 법적 성취가 이성애자 커플과 레즈비언·게이 커플 모두에게 비교적 규범화되었다는 것을 의미한다. 그러나 이러한 파트너십은, 정의상, 계약 형식에 선행하고 제한하는 친족관계와 엄격하게 분리되어야 한다. 이러한 친족관계의 규범들은 **상징적 질서**l'ordre symbolique라는 용어로 지칭되며, 이는 실제로 공공 담론에서 기능한다. 그리고 보호되어야 하는 것은 이 상징적 질서로서, 이 질서가 계약 관계들의 포화상태에 면역이 되어야만 하는 것처럼 그것은 계약 관계들을 승인한다. 그러한 질서가 명백하게 세속적인지 여부는 내가 보기에는 또 다른 질문이며 열린 질문이지만, 그 질서가 주로 가톨릭의 신학적 개념을 어느 정도까지 전달하고 유지하는지를 묻는 데에는 많은 이유가 있다. 이는 예를 들어, 가톨릭에 근거해서 상징적 질서는 신학적으로 유래했으며 또한 심리-사회적 발달의 전제 조건이라고 주장한 인류학자 프랑수아즈 에리티에 Françoise Héritier의 연구에서 명확하게 드러난다.

동성부모 양육gay parenting에 대한 법적 인정을 승인하지 않으려는 것은 반이슬람 국가 정책과 함께 작동하여 이성애적 규범성을 인종차별적인 문화 개념에 계속 묶어두는 문화 질서를 지원한다. 이 질서는 전반적으로 가부장적이고 국가주의적인 것이라 생각되며, 가부장적이며 결혼적인 가족의 기반을 유지하지 못하는 새로운 이민자 공동체에서 작동한다고 이해되는 그러한 친족 관계에 의해, 다르긴 하지만, 똑같이 위협받는다. 이는 다시 문화의 이해가능한 매개 변수와 그 문화 안에서 "앎 방향의 정립 knowing orientation" 가능성을 만들어낸다. 물론 **방리유**의 부재하는 아버지에 대한 이러한 비판에서 가장 특이한 점은 그것이 사회주의자들과 그들의 우익 적들 모두에게서 발견될 수 있다는 것뿐만 아니라, 현대 이민법 자체가 친족관계의 유대를 특정 방식들로 재구축하는 데 부분적인 책임이 있다는 것을 인식하지 못한다는 것이다. 결국 프랑스 정부는 자녀와 부모를 분리하고, 가족이 재결합하는 것을 막으면서, 새로운 이민자 공동체에게 계속 부적절한 사회 서비스를 해왔다. 실제로 일부 비평가들은 사회 서비스가 국가 자체를 약화시킨다고 주장하는 데까지 나갔다.

이러한 견해들은 정신분석학자 미셸 슈나이더Michel Schneider가 명확히 표명했는데, 그는 문화 현안들에 대한 의견을 제시하면서 국가가 (그 자체가 국가의 모성적 변형으로 간주되는) 복지 혜택을 통해서가 아니라 법과 규율의 시행, 처벌과 투옥이라는 타협 없는 방식을 통해 부재한 아버지를 대신해야 한다고 공개적으로 주장했다.[10] 그의 견해에 따르면 이것이 시민권의 문화적 기반, 즉 특정 자유 개념을 행사하는 데 필요한 문화적 기반을 확보하는 유일한 방법이다. 따라서 극단적인 계급 격차를 만들어내는 국가 정책, 고용 관행에 만연한 인종차별, 어린이를 이슬람 조직으로부터 구하기 위해 가족을 분리하려는 노력, 인종화된 빈곤의 심화 장소로서 **방리유**를 격리하려는 노력은 이러한 설명들을 통해 면죄부를 받고 눈에 띄지 않게 된다. 2005년에 일어난 것과 같은 반인종차별주의 시위들은 사람이 아닌 재산을 겨냥했지만, 그럼에도 불구하고 그 시위들은 가족 구조상 확고한 부권이 결여된 청년들의 폭력적이고 무-관계적인 행위로 널리 해석되었다.[11] 가족과 문화에는 어떤 금지적인 "노no"가 없었으며 따라서 국가는 그러한 상황에서 보상적인 부권의 역할을 해야 한다고 주장된다. 그리고 국가가 방리유에서 가족과 학교를 규제하기 위해 여러 이유를 개발한다는 것은 국가가 생물정치 및 친족제도와 관련하여 자기의 권력을 모든 수준에서 통합하고 강화함으로써 그러한 반란에 대응한다는 추가적인 증거이다. 우리는 따라서 기본적으로 계약에 기초한 자유 개념에 대한 권한은 계약을 아주 멀리, 즉 계약주의 자체의 문화적 전제조건을 방해하는 지점까지 확장할 수 있는 그러한 자유에 의해 제한된다고 결론 내릴 수 있다. 다시 말해, 부계혈통과 시민권에서 따라오는 규범을 지지하지 않는 가족 형성이나 친족관계 안에 있는 혼란은, 아버지의 이미지로, 즉 그 실종된 성인, 폭력에 기반한 성숙을 의미하는 그 문화적 페티시인 아버지로 국가 폭력을 강화하는 국가 금지와 규제를 합리화한다.

문화를 이성애자 가족이 지지하는 것으로 정의하는 규칙들은 시민권 취득의 전제조건을 설정하는 규칙들이기도 하다. 프랑스에서는 이러한 규칙들이 라이시테의 기초를 형성하고 또한 외부로부터의 문화적 침입으로부터 남성의 권리를 보호하기 위한 국가 개입의 근거를 제공하지만, 그것들은 공통된 신학적 근거를 바탕으로 동성부모 양육 및 이슬람 종교 관행을 비난하는 교황의 주장과 유사한 방식으로 기능한다. 두 경우 모두에 가족 및 친족관계의 영역과, 실제로, 인정가능성 영역에서 계약 관계를 제한하는, 문화적으로 특정한 규칙이나 법률들이 존재한다. 이러한 평행성은 문화를 세속적 근대성의 일부로 보는 개념의 지위에 대한 질문을 제기하며, 특히 상징적 질서가 결국 세속적 개념인지 여부(그리고 만약 그렇다면 이것은 세속주의의 불순함에 대해 우리에게 무엇을 말해주는지)에 대한 질문을 제기한다. 특히 이는 문화를 구성하는 구속력 있고 균일한 일련의 규칙으로 이해되는 상징적 질서가 친족 관계를 지배하는 신학적 규범들과 제휴하여 기능하는지 여부에 대한 질문을 제기한다. 흥미롭게도 이러한 견해는 이성애 가정이 젠더를 그것의 자연스러운 자리, 즉 신성한 질서를 새기는 자연스러운 자리에 고정시키는 것이라는 교황의 확신과 크게 다르지 않다.[12] 프랑스에서는 "문화"라는 개념이 바로 남성성과 여성성의 명백한 차이로 이해되는 성차의 보편적 필요성을 전달하는 것인 반면, 현대 가톨릭 신학에서는 가족이 별개의 두 성을 요구할 뿐만 아니라, 성차를 문화적 및 신학적 필요성으로서 구현하고 재생산할 의무가 있음을 발견한다.

라칭거Ratzinger는 교황이 되기 전인 2004년에 "교회와 세상에서 남녀의 협력에 관하여 가톨릭교회 주교들에게 보내는 편지"에서 여성 문제에 대한 두 가지 접근 방식을 고찰했다.[13] 첫 번째는 남성과 반대의 관계를 유지해야 한다고 주장했다. 두 번째는 젠더를 가변적인 사회적 기능으로 간주하는 새로운 젠더정치와 관련된 것으로 보인다. 라칭거는 이 두 번째 페미니즘의 특징을 다음과 같은 언어로 묘사한다.

> 한 성별 또는 다른 성별의 지배를 피하기 위해 그들의 차이를 역사적 및 문화적 조건화의 단순한 결과로 간주하여 부정하는 경향이 있다. 이러한 관점에서 성별이라고 하는 신체적 차이는 최소화되고, 젠더라고 하는 순전히 문화적 요소가 최대한 강조되어 가장 중요한 것으로 간주된다. 성차 또는 그 이중성을 모호하게 만드는 것은 여러 수준에서 엄청난 귀결을 초래한다. 생물학적 결정론으로부터의 해방을 통해 여성 평등에 대한 전망을 촉진하려는 의도로 만들어진 이 인간 이론은 실제로는, 예를 들어, 어머니와 아버지라는 자연스러운

두 부모 구조의 가족에 의문을 제기하고 다형적 섹슈얼리티polymorphous sexuality라는 새로운 모델에서 동성애와 이성애를 사실상 동등하게 만드는 이데올로기를 고무시켰다.[14]

그는 한 걸음 더 나아가 여성 문제에 대한 두 번째 접근 방식은 다음과 같은 동기에 뿌리를 두고 있다고 말한다.

생물학적 조건화로부터 자유로워지려는 인간의 시도. 이 관점에 따르면, 인간 본성 자체는 특징들을 절대적 방식으로 갖지 않는다. 모든 사람은 자신의 본질적 구성과 관련된 모든 사전 결정에서 자유롭기 때문에 자신이 원하는 대로 자신을 구성할 수 있고 또 구성해야 한다.[15]

프랑스에서, 부계로 정의된 이성애 가족이 문화 자체를 담지한다는 관점은 이성애 혈통이 없는 아이는 인지적 지향성이 없을 뿐만 아니라 시민권의 문화적 및 인지적 전제 조건에서 배제된다는 개념을 통해 명확하게 전달된다. 이는 프랑스가 동성부모 양육을 합법화하려는 모든 노력에 반대하면서 PACS의 통과를 통해 계약권을 확대할 수 있었던 이유를 부분적으로 설명해 준다. 이는 새로운 이민자 공동체에는 강력한 부성적 인물이 부족하다는 확신, 완전한 시민권을 가지려면 부성적 법의 구체화에 복종해야 한다는 확신과 연결된다. 일부 프랑스 정치인들에게 이러한 분석은 강력한 아버지가 없다고 인식되는 가족에 대해 국가가 규제에 나서야 한다는 결론으로 이어진다. 이는 실제로 새로운 이민 정책, 즉 기존의 가족을 파괴하더라도 아버지와 그 상징적 가족에 유리하게 작용하는 이민 정책을 통해 부모와 자녀를 강제 분리하는 결과를 초래했다.

교황이 게이와 레즈비언 섹슈얼리티와 비-이성애적 양육 방식에 반대할 때 문화의 자연법을 언급했다면, 이슬람을 간접적으로 비난할 때에는 문명을 언급했다. 물론 2006년 말에 교황은 이슬람에 대한 다음과 같은 비난이 담긴 문서를 공개적으로 인용했다. "무함마드Mohammed가 가져온 새로운 것이 무엇인지 보여주십시오, 그러면 당신은 그가 설교한 신앙을 칼로 퍼뜨리라는 명령과 같은 악하고 비인간적인 것들만 발견하게 될 것입니다."[16] 라칭거는 이 발언이 자신의 것이 아니며 단지 인용한 것이라고 주장했지만, 그의 연설을 자세히 살펴보면 그가 인용하고 거리를 둔 다음 이를 동원하여 현재 문명을 위협하는 이슬람에 대해 경고한 것이 분명해진다. 물론 이 놀라운 선언에 접근하는 방법은 여러 가지가 있는데, 가장 분명한 방법은 기독교가 수세기 동안 자신의 신앙을 전파하기 위해 행한 유혈 사태를 지적하는 것이다. 하지만 '비인간inhuman'이라는 단어를 간단히 언급하고 싶다. 왜냐하면 그것은 '악'과 결합되어 있고 교황이 인간의 문화적 토대에 대해 어떻게 생각하는지를 우리가 이미 고찰했기 때문이다.

게다가 코란Qur'an에서 칼은 신앙을 강요하는 수단으로는 금지되어 있기 때문에, 이 시나리오에서 칼은 감정전달의 용어가 된다. 강제 개종을 위해 칼이 사용되었을 때 그것이 기독교의 것이 아니라면 누구의 것이겠는가? 칼은 현대적 의미에서 선택되는 무기가 아니기 때문에 신화적 시대, 부족주의적 의고주의archaism를 증언하며 판타지의 연결고리가 된다. 더 길게 이야기할 수도 있지만 여기서는 '칼'이라는 단어가 허용하는 역사의 놀라운 반전, 그리고 유대-기독교 문화에 의해서만 지지된다고 추정되는 인간과 그 문화에서 벗어난 '비인간'과 '악'을 구별하는 엄청난 이데올로기적 힘을 지적하고자 한다. 우리 아브네리Ur Avnery가 지적한 것처럼 이슬람은 유대인에게 강요된 적이 없으며, 스페인이 가톨릭에 정복당하고 무슬림이

권력을 빼앗겼을 때 종교재판은 무슬림과 유대인 모두에게 불리하게 작용했고, 세파르디 유대인들은 50세대 동안 아랍 국가에서 환대를 받았다는 사실을 기억하자.[17]

교황이 인간보다 못한 자들이 휘두르는 이 '칼'을 언급할 때, 경멸과 부인의 선언과 깊은 동맹을 드러내는, 터무니없는 이 이상한 명제 안에 어떤 역사의 전복, 전략, 전위가 응축되어 있는지 궁금해해야 한다. 실제로 이슬람에 대한 교황의 일련의 선언은 이러한 부인과 배척을 노골적으로 드러내고 있다. 교황은 마치 이렇게 말하는 것 같다: "내가 말했고, 내가 말하지 않았고, 내가 인용 했고, 다른 사람들이 말했고, 그래서 권위가 있다; 이것은 그들의 공격성이며, 나에게는 공격성이 없지만 그들의 공격성을 통해 순환되는 나의 공격성이다." 내가 이슬람의 공격성이라고 명명하는 것은 기독교가 지닌 공격성의 모습이다. 이 지점에서 두 모습은 수렴하며 이슬람과 기독교의 구별을 고집하는 능력은 허물어진다. 물론 교황이 강조하려 하고, 확실히 하려 하고, 의심의 여지없이 확립하고자 하는 것은 바로 그 차이점이다. 그러나 교황의 언어는 인용을 인정하면서도 부인하는 이상한 방식으로 시작하면서 그의 주장을 엎는다. 이 역설은 사회적, 심지어 정신분석적 가치를 지니고 있지만, 발전과 문명적 진보에 대한 특정 생각에서 비롯된 것으로 보인다(여기서 우리는 문화와 문명을 여러 가지 이유로 구별해야 하지만, 문명이 교회 권위를 시민 법원으로 대체한 데서 유래했음에도 불구하고 현재로선 종교적 이상과 세속적 이상을 묶는 혼합주의syncretism에 담론적으로 영향을 미치며 기능한다는 점에 주목해야 한다).

이제 우리가 순수하게 세속적인 저항에 대한 사례를 만들려고 하는 것은 위에서 설명한 종류의 논증들과 관련될 수 있다. 그러나 나는 세속주의에 대한 우리의 관념들이 아직은 종교적 내용을 담고 있지 않다고도 확신할 수 없으며, 우리가 이 입장들 중 어느 입장으로도 섞인 것이 없는 순수한 세속주의를 불러일으키고 있다고 확신하지 못하겠다. (세속주의는 그것이 스스로를 구별하고자 하는 바로 그 종교적 전통 안에 있는 그것의 함의에 의해서만 정의될 수 있을 것이다. 그러나 이는 내가 이 맥락에서 몸짓만 취할 수 있는 더 넓은 질문일 것이다). 잠정적으로 나는, 세속주의에는 다양한 형태가 있으며, 그중 상당수가 절대주의와 독단주의의 형태를 포함하고 있는데, 이들 역시 종교적 도그마에 의존하기에 확실히 문제가 된다고 제안하고 싶다. 실제로 비판적 관점은 종교적 사고와 세속적 사고의 구분을 완벽하게 마련해 주지는 않는다.

프랑스의 사례에서 문화에 대한 관념, 즉 스스로를 '세속적인 것'으로 이해하는 문화 개념은 교황의 주장과 분명히 맞닿아 있다. 비록 교황이 종교적 근거를 바탕으로 주장한다 해도, 교황의 견해에 반대하는 종교적 반대자들이 분명히 존재하며, 이는 우리가 세속주의를 비판의 유일한 출처로 이해하거나 종교를 독단주의의 유일한 출처로 이해해서는 안 된다는 것을 시사하는 상황이다. 종교가 가치의 명료화를 위한 핵심 매트릭스로 기능한다면, 그리고 이러한 글로벌 상황에 처한 대부분의 사람들이 그러한 문제에 대한 사고의 지침으로 종교를 찾는다면, 각각의 모든 경우에 종교가 극복되어야 한다고 주장하는 것은 정치적 오류를 범하는 게 될 것이다. 종교는 단순히 신념의 집합이나 독단적인 견해의 집합이 아니라, 최종 형태가 아직 결정되지 않은 주체 형성의 매트릭스이자 가치의 명료화와 논쟁을 위한 담론적 매트릭스이며 논쟁의 장이라는 점을 고려해야 한다. 마찬가지로 세속주의를 마치 하나의 단일체처럼 받아들이는 것은 옳지 않다. 왜냐하면 세속주의의 다양성은 종종 그것들이 특정 종교적 유산과 맺는 단절의 성격에서 그 정의를 받아들이기 때문이다. 그러나 때때로 세속주의는, 자신의 표면상 포스트종교적인 주장들을 미성숙하게 그러나 지속적으로 알리고 지지하는 종교적 전통을 거부함으로써 그 정의를 얻기도 한다. 예를 들면, 세속적인 유대인의 모순되지 않는 지위가 이 점을 명확하게 보여준다고 생각한다. 또한 다른 예로는, 표면상 세속적인 틀 안에서 종교적 소수자를 차별적으로 대우하는 것에서도 이 점이 작동하는 것을 볼 수 있는데, 프랑스의 **라이시테**가 바로 교회 당국이 국가 문제에 개입하는 것을 정확히 반대하는 것으로 정의되기 때문이다. 공립학교에서 여학생의 히잡 착용을 금지해야 하는지에 대한 논쟁은 이러한 역설을 해소하는 것처럼 보였다. (히잡은 여성이 남성보다 열등하다는 생각의 전달에 지나지 않는다거나 히잡은 '근본주의'와의 동맹을 의미한다거나 하는) 세속인들의 생각은 이슬람의 종교 관습에 대한 무지하고 혐오스러운 관점들을 공고히 하기 위해 호출되었고, 이 시점에서 **라이시테**는 문화적 차이를 협상하거나 허용하는 것이 아니라 문화적 차이를 배제하고 거부하는 일련의 문화적 추정들을 공고히 하는 방식이 되어버렸다.

이 장의 서두를 이 시대의 성 정치에 대한 사고의 시간적 틀로서의 세속적 진보가 지닌 함의를 고민하면서 시작했다면 지금은 제기하고 싶은 것이 있다. 즉, 문제가 되는 것은 미래를 내다보는 그 어떤 방식이나 모든 방식이 아니라 (나는 그런 것들을 지지하고, 기대한다!), 발달development에 대한 어떤 생각으로서 거기서 세속주의는 순차적으로 종교를 계승하는 것이 아니라 문화와 문명에 관한 주제의 일부로서 종교를 소생시킨다. 한편으로, 우리가 프랑스에서 목격하고 있는 세속주의는 문화를 정의하는 바로 그 용어들로 소생하는 종교적 내용을 비난하고 능가한다. 교황 권위의 경우, 우리는 추정상 시간을 초월하고 구속력 있으며, 문화적인 동시에 신학적인 어떤 틀에 대한 다른 의지를 보는데, 이는 한 영역이 다른 영역에 변함없이 영향을 미친다는 것을 시사한다. 이들은 네덜란드 시민 통합의 개념과 완전히 동일하지는 않지만, 아마도 더 살펴볼 가치가 있는 유사점, 심지어 유령의 울림도 있을 수 있다. 물론 문제는 진보 그 자체도 아니고 미래도 확실히 아니다. 문제는 발달과 관련된 특정한 서사들로서, 거기에서는 배타적이고 박해적인 특정 규범들이 문화의 전제 조건이자 동시에 목적론이 되고 있다. 따라서 이러한 경우들에서 초월적인 조건과 목적론으로 프레임된 문화는 그 자신의 시간적 사고가능성의 틀 밖에 있는 것에 대해 괴물 같은 유령을 만들어낼 수밖에 없다. 그 자체의 목적론 바깥에는 미래에 대한 파멸적이고 불길한 느낌이 존재하며, 초월적 조건 아래에는 이미 정치적 현재에서 터져 나온 비정상적인 시대착오가 도사리고 있으며, 세속적 틀 안에서 일반적인 경종을 울리고 있다.

이 글을 쓰는 이유는 현재 미국이 전파하는 이슬람 담론에 대한 비판적 이해와 정치적 반대에 도달하기 위함이다. 이는 또 다른 담론인 문명화 사명civilizing mission에 대한 담론으로 이어지지만, 여기서는 그 논리를 설명하거나 내가 이 글에서 파악하고자 했던 발달의 다른 패턴과의 공명을 추적하기에는 지면이 충분하지 않다. 그러나 미국이 세속적 관점과 비세속적 관점의 교차가 수반되는 것을 자신의 문명적 사명civilizational mission으로 삼고 있다는 점은 간단히 언급할 가치가 있을 것이다. 결국 부시 대통령은 자신이 신의 인도를 받았다고 말했으며, 어떤 이유에서든 이는 범죄는 아니더라도 그는 자신의 초법적인 행동을 합리화하기 위해 때때로 이런 종류의 담론을 동원했다. 세속적 프레임과 문명적 사명 모두 그 자체로 모호하게 세속적일 뿐이지만, 아직 자유주의 국가의 세속적 조건에 들어가지 못해서 전근대적이라 간주되고, 그들의 종교 개념도 항상 유치하고, 광신적이며, 명백하게 비이성적이고 원시적인 금기에 따라 구조화된 것으로 묘사되는 사람들에게는 민주주의 개념들을 가져올 수 있는 진보된 입장들로 그려지는 것처럼 보인다. 새뮤얼 헌팅턴Samuel Huntington이 설명한 문명적 사명 그 자체가 자칭 종교적 이상과 세속적 이상의 혼합이다. 헌팅턴은 그가 다소 거칠게 "서구"라고 부르는 것을 대표하는 미국이 근대화를 겪으면서 종교적 입장들을 초월하고 수용하며 더 진보적이고 결국 더 합리적인 세속적 원칙들에 도달한 것으로 간주되며 따라서 미국이 민주적 심의와 자치 능력이 더 뛰어나다는 개념을 제시한다.[18] 그렇지만 헌팅턴이 옹호하는 민주주의의 이상들은 유대 기독교 전통의 가치를 표현하는 것들이기도 하며, 이는 다른 모든 종교적 전통들은 문명과 미래에 대한 그것의 "선교적" 자격을 구성하는 근대화의 궤도를 벗어났다는 것을 시사하는 견해이다.

최근과 현재의 전쟁에서 파괴된 이슬람 인구집단이 인간 이하less than human로 간주되거나 인간의 출현을 위한 문화적 조건들의 "밖"에 있다고 간주된다면, 그들은 문화적 유아기 아니면 우리가 알고 있는 시간 밖의 시간에 속하는 것이다. 두 경우 모두 그들은 아직 합리적 인간이라는 개념에 도달하지 못한 것으로 간주된다. 이러한 관점에 따르면 그러한 인구집단, 그들의 기반시설, 주택, 종교 및 공동체 제도의 파괴는 인간을 위협하는 것의 파괴는 되지만 인간 자체의 파괴는 아니다. 또한 "서구"를 인간에 대한 패러다임적 원리를 구체화하는 자리에 위치시키는 것은 바로 진보적 역사라는 이 특별한 자만심이다. 그 인간은 가치 있는 인간들로서, 그들의 삶은 보호할 가치가 있고, 그들의 삶은 위태로우며 그리고 상실했을 때 공개적으로 애도할 가치가 있다.

마지막으로 고문에 대한 마지막 논의를 통해 시간성의 문제와 문화적 차이에 대한 재고로 돌아가 보겠다. 먼저 미국이 고문 프로토콜을 고안할 때 부실한 인류학적 자료에 의존했다는 점을 말하고 싶다. 미 국방부는

1970년대에 『아랍의 정신The Arab Mind』이라는 텍스트를 선정했는데, 이 텍스트는 그러한 정신이 있으며, 아랍계 사람들의 종교적 신념과 특정 성적 취약성과 관련하여 일반적인 방식으로 특징될 수 있다고 가정했다. 이 텍스트는 문화인류학의 한 형태를 지지했는데, 문화를 자기충족적이고 고유한 것으로 취급하고, 문화적 및 사회적 구성체들의 전 지구적 혼합을 거부하며, 스스로를 도덕적 판단을 넘어 보다 일반적으로 문화적 관용에 봉사하는 것으로 간주한다.[19] 나는 아랍인의 삶을 '아랍의 정신'으로 대폭 환원시킨 것이 미군에게 그리고 제프리 밀러 장군의 지시에 따라 제정된 고문 프로토콜에 준비된 대상을 만들어냈다고 제안하고 싶다. 물론 "아랍의 정신"은 없다. 지리적 복잡성과 전 세계적인 구성으로 인해 아랍 세계 전역에 동일한 공포와 불안이 존재한다고 볼 수가 없다. 그래서 텍스트는 조작할 수 있는 대상을 구축해야 했다. 이런 정신으로 정보를 추출하기 위한 전략들이 고안되었고, 이 전략들이 우리에게 시각적으로 드러난 다양한 고문 현장과 어떤 미디어 형식에도 표현되지 않은 다른 고문 현장에도 적용되었다.

이러한 고문 계획을 고안한 사람들은 이슬람 내에서 형성된 인구집단의 특정 취약성을 이해하려 하면서, 동시에 그들의 계획을 종교적 편견이나 증오의 한 형태인 일종의 성적 표적화로 발전시켰다. 그러나 우리가 기억해야 할 것은 이슬람이라는 주체도 고문을 통해 구성되었으며, 인류학 텍스트와 프로토콜 역시 군대의 담론 안에서 그 주체를 생산하는 과정의 일부였다는 것이다. 여기서 조심하고 싶어서 다시 한 번 공식화하자면, 고문은 단순히 아부 그라이브와 관타나모 수감자들의 추정적 문화 형성에 근거하여 그들에게 수치와 모욕을 주는 방법을 찾기 위한 노력이 아니었다는 것이다. 고문은 또한 아랍인 주체와 아랍의 정신을 강압적으로 생산하기 위한 방법이기도 했다. 즉, 수감자들의 복잡한 문화적 형성과 상관없이 인류학적 텍스트가 서술한 문화적 환원을 구현하도록 강요당했다는 뜻이다. 그 인류학적 텍스트가 그것의 주제와 인식론적으로 특권적인 관계가 없다는 것을 기억하자. 그 텍스트는 아랍인 주체의 생산을 강요하는 프로젝트의 일부이며, 우리는 그 이유를 물어야 할 것이다.

이러한 관점은 주류 미디어에서 벌어진 이 문제에 대한 주된 논쟁에서 고려되지 않았다. 자유주의적 틀 안에서 이 문제에 접근하는 방식은 크게 두 가지가 있다. 첫 번째는 문화적 권리와 문화적 침해에 근거한 논거를 제시한다. 이 주장은 조직적으로 연출된 성적 및 신체적 굴욕 장면이 아랍 인구집단들의 특정 성적 취약성을 악용한다고 주장한다. 두 번째 입장은 고문행위는 대상이나 가해자에 상관없이 명백히 잘못된 행위이며 처벌 대상이 될 수 있기 때문에, 고문은 문화와 상관없이 규범적 규탄이 필요하다는 입장이다. 문화적 권리를 강조하는 첫 번째 견해는 미국 언론인 시모어 허쉬Seymour Hersh가 지지한 견해로,[20] 고문 과정에서 적당함, 동성애에 대한 금기, 공개적인 노출 및 수치심과 관련된 위반 등 구체적인 문화적 침해가 발생했다고 주장한다. 또한 고문은 남성에게 여성 란제리를 입도록 강요하고 강제 노출을 통해 여성의 품위를 떨어뜨리면서 성차에 대한 사회 규정들을 무너뜨렸다는 것이다.

이 두 가지 틀은 고문을 이해하기 위해 모두 필요하지만 결국 불충분하다. 그렇다. 분명히 구체적인 문화적 위반이 있었고 이러한 고문 행위는 이름에 걸맞은 어느 규범적 틀에 따라도 분명히 잘못된 것이다. 그러나 성적 비하와 신체적 고문의 장면이 어떻게 문명화 사명의 일부이며 특히 고문 대상의 구성에 대해 절대적 통제권을 장악하려는 그 노력의 일부인지를 이해하려면 이 두 가지 관점을 더 큰 틀에 포함시켜야 한다. 우리가 아랍인 주체를 성적 및 사회적 취약성의 독특한 위치로 생산하는 데 무엇이 걸려 있는지를 묻는다면, 우리는 미군뿐만 아니라 더 일반적으로 전쟁 노력에 의해 어떤 주체의 위치가 걸려 있는지를 찾아야만 한다. 우리가 '특정 문화'에 대해 이야기하고 싶다면 미군의 특정 문화, 즉 강력한 남성중심주의와 동성애 혐오를 강조하는 문화부터 시작해서 왜 미군이 전쟁을 벌이는 대상인 이슬람 인구집단을 원시적 금기와 수치심의 장소로 주조해야 하는지를 묻는 것이 합리적일 것이다. 나는 이러한 맥락에서 군대를 성적으로 더 진보한 문화로 주조하는 문명 전쟁이 작동하고 있다고 제안하고 싶다. 군인들은 스스로를 성적으로 더 '진보되었다'고 여기는데, 왜냐하면 그들은 포르노그래피를 읽거나 그것을 포로들에게 받아들이게 하기 때문이며 고문하는 자들의 억제를 이용하고 무너뜨리면서 자기 자신의 억제를 극복하기 때문이다.

군대의 명시적 '우월성'은 군사적 대상들이나 이슬람의 성적 및 도덕적 규정들을 상대로 전쟁을 수행하는 능력이 아니라 고문 프로토콜을 제정하여 아랍인 주체를 강압적으로 구성할 수 있는 능력에 있다. 요점은 단순히 규정들을 무너뜨리는 것이 아니라 강압적으로 그런 규정들을 무너뜨릴 때 무너질 수 있는 주체를 구성하는 것이다. 그래서 우리는 질문을 던져야 한다고 생각한다. 그런 조건에서 어떤 주체가 무너지지 않을 것인가? 고문하는 자는 고문당하는 자의 급진적 투과성이 희생되어 불투과성을 획득한 자로서의 자세를 취할 수 있지만, 그 자세가 모든 육체적 삶을 관통하는 근본적 투과성을 부정할 수는 없다. 더 구체적으로 말하자면, 군대가 이러한 규례를 무너뜨리는 것은 그 자체로 지배 행위이지만, 이는 또한 무법적이면서 강압적인 자유, 문명화 사명을 대표하고 실행하게 된 자유를 행사하고 예시하는 방식이기도 하다. 결국 헌팅턴의 아바타들과 소위 '아랍의 정신'

이론가들에 따르면 이슬람을 그 '내면'에 지닌 문명은 존재할 수 없다. 그렇지만 우리가 문명화 사명으로 재현되고 있는 것을 자세히 들여다보면, 그것은 동성애 혐오와 여성 혐오의 관행들로 이루어져 있다. 따라서 우리는 고문 행위를 동성애 수치심을 이유로 구성되고 또한 표적이 된 인구집단에 맞서는 동성애 혐오 제도의 행동으로 이해해야 한다. 그리고 여성의 역할이 명예와 수치심의 규정에 속박되어 표면상 서구의 여성들이 그렇듯 '평등'하지 않은 인구집단에 맞서는 여성 혐오 제도의 행위로 이해해야 한다. 이런 점에서 아프가니스탄에서 미군이 '승리'의 표시로 배포한 히잡 없는 여성 사진들은 아부 그라이브와 관타나모에서 미군이 저지른 디지털 캡쳐와 강제 성폭력을 예고하는 것으로 볼 수 있다.

더 나아가, 우리는 여기서 진보에 대한 특정 문화적 추정들이 무분별한 파괴에 관여할 수 있는 면허와 연관되어 있음을 볼 수 있다. 보다 구체적으로, 이러한 암묵적 합리화 방식에는 현대의 성 정치에서 작동하는 '자유'라는 규범의 조잡한 배치와 착취가 있다. 여기서 '자유'는 강압의 수단일 뿐만 아니라 '고문의 희열'이라 부를 수 있는 것이기도 하다. 이것이 어떤 종류의 자유인지 묻는다면, 그것은 강압적인 동시에 법으로부터 자유로운 자유이며, 국가권력과 그것의 폭력 메커니즘을 법 너머의 것으로 설정하는 논리의 연장선상에 있는 자유이다. 이것은 우리가 문제의 권리를 모든 법적 책임으로부터 자유로울 권리로 이해하지 않는 한, 권리 담론에 속할 수 없는 자유이다.

고문 장면들에는 적어도 두 가지 상반된 경향이 작용하고 있다. 한편으로 이라크 포로들은 동성애, 노출, 자위, 나체와 관련하여 특정 금지와 억제를 구현하는 것으로 이해될 정도로 전근대적이라고 간주된다. 군대는 이 점을 지적하기 위해 나쁜 문화적 본질주의에 의존할 뿐만 아니라, 고문이 그 나쁜 문화적 본질주의의 논지를 시험하고 비준하는 방식이 된다. 사실 나는 더 나아가, 고문은 이런 점에서 근대화의 한 기법으로 이해될 수 있다고 주장하고 싶다. 고문당하는 자들을 모범적인 근대적 주체로 변화시키려는 주체 형성의 규율 체계와 달리, 이런 종류의 고문은 고문당하는 자들의 지위를 주체 형성의 바깥에 있는 영구적이고, 비천하고, 비정상적인 존재로 드러내려고 한다. 만약 이들이 어떤 종류의 주체라면, 그들은 인간을 보호하는 문명의 궤적 밖에 있으며, 이는 문명의 수호자들에게 그들을 더 폭력적으로 배제할 수 있는 '권리'를 준다. 그러나 이것들은 강압적인 근대화 기법이기 때문에 세속적 근대 특유의 야만성 문제도 걸려 있다. 이와 관련하여 우리는 군대가 고문 행위에서 수행한 문명 사명이 이슬람과의 전쟁을 합리화할 진보적인 서사를 복잡하게 만든다는 것을 볼 수 있다. 우리는 또한 성적 굴욕에 대한 항복을 강요하기 위한 성적 자유의 위치 '배치'를 축약된 형태로 볼 수 있으며, 이 시점에서 이 역사적 버전의 근대적인 세속화 프로젝트가 지닌 '강압적' 차원을 아주 생생하게 확인할 수 있다. 나는 고문 행위를 비정상적인 개인의 행위로 보지 않으며 미군이 완전히 의식적이고 전략적인 목표를 가지고 행한 행위로도 보지 않는다는 점을 분명히 하고 싶다. 오히려 나는 이러한 굴욕과 고문 행위의 강압적 성격을 문명 사명에서 이미 작동하고 있는 강압, 특히 이슬람을 비참하고 후진적이며 파멸을 예고하는 것으로 따라서 인간의 문화 자체 안에서 종속되거나 그로부터 배제를 요구하는 것으로 묘사하는 문화 질서의 강제적 주입에서 이미 작동하고 있는 강압을 명시적으로 드러내는 것으로 이해한다. 이러한 논리는 이슬람에 대한 교황의 수사를 특징짓는 부인과 배제와 크게 다르지 않다. 만약 이슬람이 정의상 폭력적이며 그럼에도 불구하고 억제 규칙들에 얽매여 있다고 파악된다면, 폭력적인 정도에 따라 새로운 규율 규칙이 필요하며, 규칙에 얽매인 정도에 따라 근대성만이 가져올 수 있는 해방이 필요할 것이다.

나는 누군가의 이민 권리를 거부하는 것이 그 사람에게 성적 고문을 가하는 것과 같다고 주장하는 것이 아니다. 현재로서 넓게 말하자면, 유럽-미국의 일반적인 규범에서 이슬람 공동체를 엄격하게 배제하는 것은 이슬람이 문화, 심지어 인간화의 일반적 규범에도 위협이 된다는 확신에 근거한다고 말하고 있다. 그리고 어떤 집단이 인간화와 시민권의 문화적 조건에 위협이 될 때 그들의 고문과 죽음을 뒷받침하는 근거가 확보된다. 그들이 더 이상 인간이나 시민으로 개념화될 수 없다는 이유에서이다. 성 고문의 경우에는 성적 자유라는 개념의 해로운 배치가 작동하고 있다: "우리는 그 자유를 구현하지만, 당신은 그렇지 않다. 그러므로 우리는 당신을 자유롭게 강요하며 우리의 자유를 행사할 수 있다. 그리고 당신은 우리에게 당신의 부자유함을 드러낼 것이며 그 광경은 당신에 대한 우리의 공격에 대해 시각적 정당화 역할을 할 것이다." 물론 이것은 ≪뉴욕타임스≫ 1면에 실렸던 아프가니스탄 여성들의 공개와는 다르지만, 공통된 전제가 작동하고 있는 것은 아닐까? 이러한 맥락에서 페미니즘과 성적 자유를 위한 투쟁이, 끔찍하게도, 현재 진행 중인 문명 사명의 '징표'가 되었을까? 우리가 동성애에 대한 금기를 통해 종교적으로 형성된 인구집단들에 작용하는 군대 내 동성애 혐오증을 설명하지 못한다면 우리가 고문을 이해하는 것을 시작이라도 할 수 있을까??

그렇다면 고문의 현장에 있는 폭력적인 동성애 혐오와 여성 혐오가 고문 희생자의 추정적인 동성애 혐오와 여성 혐오를 악용하는 것은 어떤 종류의 만남인가? 우리가 관용이나 문화적 권리 또는 특정 문화적 침해라는 틀 안에서조차 후자에 초점을 맞춘다면, 고문 현장에서 작동하는 그 정확한 착취를 놓치게 된다. 고문 현장에 있는 동성애 혐오와 여성 혐오는 고문 당한 인구집단의 탓으로 돌릴 수 있을, 즉 실제로 이슬람 자체의 특정한 책임이나 후진성으로 이해할 수 있을 동성애 혐오와 여성 혐오보다 더 핵심적인 것처럼 보인다. 이슬람과 여성의 지위 사이의 관계가 무엇이든, 그 관계는 복잡하고 역사적으로 변화하며, 급속히 단순화될 수 없다는 명제에서 출발해야만 한다(영어권 독자들에게는 수아드 조셉 Suad Joseph이 편집한 『이슬람 문화 속의 여성Women in Islamic Cultures』이 좋은 출발점이 될 수 있다고 생각한다 이미 브릴Brill에서 4권으로 출간되었다).

고문 현장에서 문제가 되는 것은 이러한 전쟁들의 맥락에서 공식화된, 문명화의 논제에 속하는 폭력과 섹슈얼리티의 결합이다. 결국 미국은 명시적으로 '후진적'이거나 전-근대적인 이슬람 타자Other에게 문명을 가져다주고 있다. 그리고 그것이 가져다주는 가장 분명한 것은 문명의 도구이자 표지인 고문이다. 이것들은 전쟁에서의 비정상적인 순간들이 아니라 현재 전쟁의 맥락에서 작동하는 미국 제국주의적 문화의 잔인하고 스펙터클한 논리이다. 고문 현장들은 야만에 대항하는 문명의 이름으로 행해지며, 그래서 우리는 문제의 '문명화civilization'가 최악의 형태의 독단적이고 제한적인 종교보다 더 계몽적이지도 비판적이지도 않은 모호한 세속 정치의 일부라는 것을 알 수 있다. 사실, 그들 사이의 역사적·수사적·논리적 동맹은 우리가 생각하는 것보다 훨씬 더 깊을 수 있다. 여기서 문제가 되는 야만성은 문명 사명의 야만성으로서, 모든 반제국주의 정치, 특히 페미니스트와 퀴어 정치는 매번 이에 반대해야 한다. 왜냐하면 요점은 국가의 강압에 반대하는 정치를 확립하는 것, 그리고 특정 근대성을 보존한다는 명목으로 행해지는 폭력, 나아가 문화적 동질성 또는 통합에 대한 자만이 어떻게 자유에 가장 심각한 위협이 되는지를 볼 수 있는 틀을 구축하는 것이기 때문이다. 고문 현장이 특정 자유 개념의 전형이라면, 그것은 바로 법을 부과하고 강압을 행사하고자 모든 법으로부터 자유롭고 모든 제약으로부터 자유로운 개념이다. 성패가 걸린 서로 경쟁하는 자유 개념들이 있다는 것도 분명하지만, 강압과 폭력으로부터 보호받을 수 있는 자유가 시야에서 사라져버린 의미 있는 것들 중 하나라는 점에 주목할 필요가 있다. 또한 문화적으로 사고할 수 있는 것의 기원이자 끝으로 스스로를 폭력적으로 임명한 저 목적론의 밖에서, 시간을, 이 시대를, 생각할 수 있는 능력도 마찬가지로 주목할 필요가 있다. 문화적 규범에 대한 우리의 생각을 전 지구적 프레임 안에서 경쟁과 역동성에 개방하는 정치적 틀의 가능성은, 인종차별주의, 국가주의, 종교적 소수자에 대한 박해에 대항하는 연합 투쟁의 맥락에서 성적 자유를 다시-포용하는 정치를 생각할 수 있는 한 방법이 될 수 있을 것이다.

그러나 나는 우리가 그러한 투쟁들을 하나의 통일된 틀 안에 모아야 할 필요가 있는지 전혀 확신하지 못한다. 세속적이든 종교적이든 정치의 전제 조건으로 하나의 통일된 문화적 틀을 주장하는 것은 정치적 논쟁에서 그러한 틀을 배제하는 것이 될 것이다. 내가 적어도 예비적인 형태로 이를 보여주었기를 희망한다. 마르크스Marx의 주장대로 우리들 분석의 출발점이 역사적 현재여야 한다면, 그 현재에 대한 어떤 복잡한 서술을 위해서라도 시간성이 어떻게 충돌하고 수렴하는지를 이해하는 새로운 방식이 필요할 것 같다. 나는 이것이 문제의 대립을 동등한 권리 주장으로 증류시켜버리는 통일된 틀에 저항하는 것, 그리고 인간 번영에 대한 정의로운 관점이 무엇으로 구성되는지를 미리 결정하는 발전적 서사를 거부하는 것을 의미한다고 생각한다. 이슬람이 근대적인 다양한 방식을 보여주는 것도 항상 가능하며, 또한 중요한 것은 특정 세속적 이상들이 이슬람 관행들을 통한 전승과 정교화가 없었다면 어떻게 발전할 수 없었을지도 항상 보여줄 수 있다. 그러나 요점은 우리 모두가 근대적임을 보여주는 것이 아니다. 근대가 지속적이고 전개되는 시간 개념을 통해 스스로를 구성하고자 한다면, 그리고 우리들 개인의 자유 중 일부가 지속적이고 전개되는 실현이라는 개념 안에서 개념화된다면, 아마도 우리는 "인류는 발전하지 않는다. 존재하지조차 않는다"[21]라는 니체의 『권력에의 의지The Will to Power』의 말을 기억하는 것이 좋을 것이다.

아마도 더 두드러진 것은 발터 베냐민이 그의 『역사철학 테제Theses on the Philosophy of History』 13번째에서, "인류의 역사적 진보라는 개념은 동질적이고 공허한 시간을 통한 진보라는 개념에서 벗어날 수 없다. 그러한 진보 개념에 대한 비판은 진보 개념 자체에 대한 모든 비판의 기초가 되어야 한다"[22]고 주장한 것이다. 그는 후속 테제에서 "자신들이 역사의 연속성을 폭파시킬 것이라는 인식은 혁명 계급이 행동하는 순간에 나타나는 특징"이라고 지적한다."[23] 과거가 어떻게 번쩍이고, 과거가 과거가 아니라 어떻게 현재에서 계속되는지를 이해하는 역사가는 '지금의 시간'을 "메시아적 시간의 파편들이 가득한" 것으로 이해하는 사람이다.[24] 여기서 베냐민 강조하는 비세속적인 언급은 다가올 이상적인 미래에 기대는 것이 아니라 과거가 현재에 미치는 방해적인 힘, 그것의 동질화 효과를 통해 모든 질적 차이를 지우는 힘에 기대고 있다. 자신의 시대의 '성좌'는 바로 다중적 시간성들의 어렵고 방해적인 장면으로서, 문화적 다원주의나 자유주의적 권리 담론으로 환원될 수 없는 장면이다. 베냐민은 이 테제들의 마지막 줄에서 "매 순간이 메시아가 들어올 수 있는 좁은 문이었다"라고 말한다. 즉, 현재에 대한 정치적 책임이 바로 '지금' 존재하는 역사적 조건이다. 베냐민이 혁명적 행동을 파업으로, 강압적인 국가권력에 대한 거부로 이해한 것은 우연이 아니다. 국가권력은 그 자체를 궁극적인 근대적 성취로 정당화하기 위해 역사적 진보에 대해 당연시되는 특정 개념에 의존한다. 이러한 근대성 주장들에서 '지금의 시간now time'을 분리하는 것은 국가권력, 국가권력의 정당성 효과, 국가권력의 강압적 수단을 무비판적으로 지지하는 시간적 틀을 약화시키는 것이다. 국가 폭력과 국가가 문화적 차이가 있는 주체를 구성하기 위해 행사하는 권력에 대한 비판이 없다면, 자유에 대한 우리의 주장들은 국가에 의해 전유될 위험이 있으며, 이로 인해 우리는 우리의 다른 모든 헌신을 잃게 될 수 있다. 우리는 오직 국가 폭력에 대한 이러한 비판을 통해서만 이미 존재하는 동맹들과 그리고 다른 소수자들과의 접촉 지점을 찾고 인정할 수 있는 기회를 갖게 된다. 이를 통해 우리는 강압이 우리를 어떻게 분열시키며 폭력 자체에 대한 비판에서 관심을 돌리게 하는지를 체계적으로 고찰할 수 있다.

세속적이든 종교적이든, 비판적 관점들 가운데 있는 인식론적 전환을 받아들여야만 우리 중 그 어느 누구라도 정치의 시간과 장소를 재고할 수 있을 것이다. 자유가 우리가 바라는 이상 중 하나라면, 국가가 자기-정당화라는 이름으로 자유라는 수사를 얼마나 쉽게 활용할 수 있는지를 기억하는 것이 중요할 것이다. 국가의 강압적인 힘이 인류를 보호하겠다는 그 주장을 거짓으로 만든다. 그러면 우리는 자유를, 심지어 강압으로 부터의 자유를, 소수자들 간 연대의 조건으로 재고할 수 있으며, 전쟁에 대한 일반적 비판의 맥락 안에서 성 정치를 공식화하는 것이 얼마나 필요한지도 인식할 수 있을 것이다.

4장

규범이라는 이름으로 무-생각

최근의 한 대담에서[1] 영국의 사회학자 체탄 바트Chetan Bhatt는 "사회학, 문화 이론 또는 문화 연구에서 많은 사람들이 '자아', '타자', 주체, 정체성, 문화를 이해하거나 서술하기 위한 이론적 이해성의 (논쟁의 여지가 여전히 있는) 영역을 진리라고 가정한다"[2]고 언급했다. 그리고 다음과 같이 덧붙였다: "나는 이러한 개념들이 유럽 아메리카Euro America 밖에 있는 삶의 세계들에서 일어나는 대규모 변화, 즉 우리가 '정체성'이라고 부르는 것의 빠른 해체 및 재포장을 설명할 수 있는 확장적인 역량을 반드시 갖고 있는지 더 이상 확신할 수 없다 …" 바트의 말이 맞다면, 다문화주의의 틀이든 인권의 틀이든 우리가 기대어 나아가는 바로 그 틀은 현재에서 작동하는 삶의 방식과 일치할 수도 있고 그렇지 않을 수도 있는 특정한 종류의 주체들을 전제하고 있다. (우리가 이 둘을 분하기 위해 노력해야 할 것이지만) 자유주의와 다문화적 틀에 의해 추정되는 주체들은 특정 종류의 문화적 정체성에 속하는 것으로 특징지어지는데, 이 문화적 정체성도 민족, 계급, 인종, 종교, 섹슈얼리티, 젠더를 포함하는 범주 목록에 따라 단일적으로 또는 다중적으로 결정된다고 다양하게 인식된다. 이러한 주체들이 법에서 재현될 수 있는지 여부와 어떻게 될 수 있는지, 그리고 무엇이 그 주체들에 대한 충분한 문화적 및 제도적 인정으로 간주될 수 있는지에 대하여 끊임없는 질문이 존재한다. 우리는 다양한 주체들을 재현하거나 인정하는 가장 좋은 방법을 항상 아는 것이 아닌데도, 마치 우리가 그 주체가 무엇을 의미하는지 아는 것처럼 그러한 규범적 질문을 던진다. 실제로 대부분의 경우 이러한 질문을 하는 '우리'는 이 문제를 규범적인 문제로, 즉 인정recognition과 재현representation이 자리 잡을 수 있도록 정치적 삶을 어떻게 가장 잘 배치할 수 있는지에 대한 문제라고 가정한다. 그리고 이것이, 가장 핵심적은 아니지만, 물어야 할 핵심적인 규범적 질문임에도 불구하고, 우리가 인정과 재현이 문제가 되는 주체의 존재론을 고려하지 않는다면 우리는 대답에 접근할 수 없다. 게다가, 이러한 존재론에 대한 모든 탐구는 우리에게 규범적인 것이 작동하는 또 다른 수준을, 인정할 만하고 재현할 만한 가치가 있는 인간이라는 생각을 만들어내는 규범들을 통해 고찰할 것을 요구한다. 즉, 인정받을 자격이 있는 주체와 아닌 주체를 구분하는 작동하는 힘의 차이를 우리가 이해하지 못한다면, 우리는 그러한 주체를 어떻게 가장 잘 재현하거나 인정할 것인가에 관하여 더 통상적으로 이해되는 규범적 질문을 물을 수도 답할 수도 없다. 다시 말해, 나중에 규범적 논쟁의 추정적 '근거'가 되는 그 주체를 생산하는 규범은 무엇인가?

문제는 단순히 '존재론적'인 것만이 아니다. 왜냐하면 주체가 취하는 형태만이 아니라 주체에게 가능한 범주들에 부합하지 않는 삶-세계들도 역사적 및 지정학적 움직임에 비추어 출현하기 때문이다. 내가 그들이 '출현'한다고 썼지만 물론 이는 당연한 것으로 받아들여서는 안 된다. 왜냐하면 이러한 새로운 구성물들은 그 출현의 가능성을 확립하는 프레임들이 있을 때만 '출현'할 수 있기 때문이다. 따라서 질문은 이것이다. 그러한 프레임들이 존재하며, 존재한다면 어떻게 작동하는가? 바트가 제안한 주체와 정체성 개념에 대한 도전에 비추어 어떤 인정이 가능할지 생각해 볼 것은 제안하는, 자유주의와 다문화주의에 대한 변형들이 있다. 이러한 입장 중 일부는 인정의 교리를 연합적 주체들에까지 확장하고자 한다. 예를 들어 사회학자 타리크 모두드Tariq Modood가 시민권 개념을 제안할 때, 이 개념은 주체에 기반한 관점이나 주장들에 의존하기보다는 "성 정치와 종교적 다문화주의 간의 연합 가능성"의 결과로 발생하는 상호-주체적인 교류에 의존한다. 그의 견해에 따르면 시민권은 "대화와 재협상"으로 특징지어지는 역동적이고 수정 가능한 것으로 이해되어야 한다. 실질적인 시민권 개념은 참여자들을 중요한 방식으로 재구성하는 대화의 방식을 의미한다. 모두드는 "시민 포용civic inclusion에 들어가지 않는 한 가지는 기존의 시민권 개념, '게임의 규칙들'을 무비판적으로 받아들이고 새로운 진입자나 새로운 동등자(기존 하위자)를 일방적으로 '끼워 맞추는 것'"이라고 분명히 말한다. 그런 다음 그는 자신의 발언에 다음과 같은 중요한 내용을 추가했다. "시민이 된다는 것은 단지 시민이 되었다는 것 못지않게, 인정될 권리만이 아니라 인정 조건에 대해 논쟁할 권리도 갖는 것이다."[3]

시민이 되기를 요구하는 것도 쉬운 일이 아니지만, 시민권이 부여되는 조건에 대해 논쟁하는 것은 확실히 더 어려운 일이다. 이러한 관점에서 시민은 **그 자체로** 연합적 교환이다. 다시 말해, 단독으로 또는 다중적으로 결정되는 주체가 있는 것이 아니라, 역동적인 사회적 과정, 사회적 교환의 과정에서 진행 중일 뿐만 아니라 구성되고 재구성되는 주체가 있다. 주체는 시민으로서 특정한 지위를 가질 자격이 있을 뿐만 아니라, 이 지위는 사회적 상호작용의 과정에서 그 자체로 결정되고 수정된다. 우리는 사회 존재론의 이러한 대화적 형태가 모두 훌륭하더라도, 우리 모두를 법적 주체로 만드는 것은 법적 인정이라고 말할 수 있다. 비록 그렇게 말할 수도 있겠지만, 시민이 되기 위한, 아니 법 앞에 설 수 있는 주체가 되기 위한 법외적인 조건이 있다. 법 앞에 설 수 있다는 것은 출현의 영역에 진입했거나 그곳에 진입할 수 있는 위치에 있다는 것을 의미하며, 이는 출현할 수 있고 실제로 출현하는 주체를 조건화하고 조율하는 규범들이 존재한다는 것을 의미한다. 따라서 법 앞에 설 수 있도록 만들어진 주체는 법에 의해 완전히 결정되지 않으며, 이러한 법외적인 합법화 조건은 법 자체에 의해 암묵적으로 (비법률적으로) 전제된다.

그러면 우리는 주체에 대한 새로운 개념, 즉 '연합적coalitional'이라고 불릴 수 있을 개념을 공식화하고 싶은 유혹을 받을 수도 있다. 하지만 무엇이 연합의 구성 요소가 될 것인가? 단일한 주체 안에 여러 주체들이 있다고 말해야 할까, 아니면 서로 소통하는 '부분들'이 있다고 말해야 할까? 두 가지 대안 모두 주체에 대한 언어가 충분한지에 대한 의문을 제기한다. 관용이라는 규범적 목표를 추구하는 사람들이 제기하는 시나리오를 생각해 보자. 한 주체가 다른 주체에 대해 관용을 행사하거나 또는 서로 다른 두 주체가 상호적으로 관용을 행사하도록 요구되었다면, 이 두 주체는 처음부터 차별화된 것으로 간주된다. 하지만 무엇이 이러한 차별화를 설명할 수 있을까? 그리고 '차별화differntation'는 주체가 그러한 시나리오에 나타나도록 억압되고 재배치되어야 하는 바로 그 것이라면? 예를 들어, 일부 관용 담론에는 '동성애자'와 '무슬림'과 같은 서로 다른 두 종류의 주체가 있는데, 이들은 공공거래와 공공정책의 영역에서 서로를 관용하기도 하고 하지 않기도 한다. 웬디 브라운Wendy Brown이 설득력 있게 주장했듯이 관용은 약한 도구로서, 종종 관용의 대상이 되는 사람들에 대한 경멸을 전제한다.[4] 다른 사람들은 관용보다 더 강력하고 긍정적인 대안으로 인정을 선호한다

(덜 관용적인, 그래서 더 관용적인!). 그러나 이러한 시나리오들과 관련하여 인정이 어떻게 작동할 수 있는지 생각해 보면 인정은 그렇게 명석한 개념은 아니게 된다. 누가 인정을 부여하고 어떤 형태를 취하는지에 대한 질문 외에도, 정확히 무엇이 '인정'되는 것인지에 대해서도 질문해야 한다. 동성애자의 '동성애'인가? 아니면 무슬림의 종교적 신념인가? 우리의 규범적 틀들이, 단독으로 결정된 주체들의 이 표면상 규정적인 특징들이 인정의 마땅한 대상이라고 전제한다면, 인정은 미리 정해진 규범에 따라 주체를 정렬하고 규제하는 바로 그 실천의 일부가 된다. 인정이 '성적 주체', '문화적 주체', '종교적 주체' 등을 다시 확인하는 것이라면, 인정은 인정의 주체를 **만들거나 발견하는** 것인가 그리고 그러한 용어들을 근거로 인정의 현장에서 만들기와 발견을 구분할 수 있는 방법은 없는 것일까? 만약 '인정가능한' 바로 그 특징이 인정의 실패에 의존한다고 판명된다면 어떻게 될까?

차별화되지 않고는 어떤 주체도 출현할 수 없다는 사실은 몇 가지 결과를 낳는다. 첫 번째로, 주체는 다른 가능한 주체 형성, 즉 다수의 '내가 아닌 것들'을 배제함으로써만 독특한 존재가 된다. 두 번째로 주체는, 인간 주체의 규범에 의해 산출된 독특한 모습들에 부합하는 데 실패한 자신의 차원을 내던져 버리는 추방abjection의 과정을 통해 등장한다. 이러한 과정의 거부에는 일반적으로 인간이 아닌 동물의 삶과 관련하여 묘사되는 다양한 형태의 유령성과 괴물성이 포함된다. 어떤 의미에서 이 공식화는, 차이가 동일성 주장을 전제할 뿐만 아니라 결과적으로 동일성보다 더 근본적인 것으로 증명된다는 점에서, 일종의 (포스트)구조주의적인 뻔한 말이다. 라클라우Laclau와 무페Mouffe는 『헤게모니와 사회주의 전략Hegemony and Socialist Strategy』에서 이 개념에 대한 매우 중요한 재구성을 제안했는데, 여기서 차별화 조건은 모든 주체 형성에서 구성적 결핍의 표지이자 비-실체적인 연

대 개념에 기초가 되는 것처럼 보인다.[5]

이러한 일련의 형식적 통찰을 이 시대에서 인정의 차별적 작동에 대한 역사적으로 구체적인 분석으로 전환시킬 수 있는 방법이 있을까? 결국 주체가 항상 차별화된다면, 우리는 그것이 무엇을 의미하는지 정확하게 이해해야 한다. 우리는 차별화를 주체의 내부적 특징(주체는 내부적으로 차별화되며 상호 결정적인 여러 부분으로 구성된다)과 외부적 특징(주체는 추방이나 주체 지위의 상실 같은 공포뿐만 아니라 주체의 다른 형성물도 배제한다)으로 이해하는 경향이 있다. 그러나 차별화의 이 두 형태는 보이는 것만큼 뚜렷하지 않다. 왜냐하면 나의 분리성과 특수성을 구성하기 위해 내가 배제하는 것은 나 자신의 해체 가능성으로 내 안에 남아 있기 때문이다. 나의 부분들이나 나의 '정체성들' 사이에서 내가 만들 수도 있는 모든 내적 차별화는 그러한 차이들을 통합하는 어떤 방식에 의존하며, 따라서 이는 주체를 차이 자체의 근거로 재-설정한다. 결국 이 주체는 자기 밖에 있는 것을 상대로 자신을 정의함으로써 자신의 특수성을 획득하며, 따라서 외적인 차별화는 내적 차별화에 대한 설명에서도 핵심이라고 입증된다.

이러한 주장을 하기 위해 헤겔보다 더 멀리 갈 필요는 없지만, 표면상 문화적 갈등이 취하는 구체적 형태들과 일반적인 규범적 틀이 그 형태들을 전제하는 방식에 대해서는 고려해야 할 것이 더 있을 것이다. 문제가 되는 동성애자가 무슬림일 수도 있고 아닐 수도 있으며, 문제가 되는 무슬림 사람이 동성애를 혐오할 수도 있고 아닐 수도 있다. 그러나 문화적 갈등의 틀(동성애자 대 무슬림)이 우리가 이러한 정체성들을 생각하는 방식을 결정한다면, 무슬림은 그나 그녀의 표면상 동성애 혐오에 의해 정의되고, 동성애자는 그 틀에 따라 추정적으로 반-무슬림이거나 무슬림 동성애혐오를 두려워하는 사람으로 정의된다. 다시 말해, 두 입장들은 서로의 잠재적인 갈등 관계에 따라 정의되는데, 이 시점에서 그 둘의 사회적 수렴의 범주나 지점에 대해 알게 되는 것도 없다. 실제로 관용의 틀, 심지어 관용에 대한 금지명령조차도 그 요건에 따라 정체성을 명령하며 동성애와 종교적 삶의 복잡한 문화적 현실에 영향을 미친다.

그 결과 규범적 틀은 문제의 '주체들'에 대한 어떤 무지를 요구하고, 심지어 이러한 무지를 강력한 규범적 판단을 내릴 가능성에 필요한 것으로 합리화하기도 한다. 실제로, '동성애자'와 '무슬림'으로 지칭되는 문화적 현실을 '이해'하려면 어느 정도 노력이 필요하며, 특히 그들의 초국적 "삶-세계들"에서는 더욱 그렇다. 그래야만 유럽-미국의 내부, 외부, 주변부에서 (이러한 공간적 범주가 동시에 작동할 수 있다는 것을 이해하면서) 체탄 바트를 불러 낼 수 있다. 결국, 이 관계를 이해하려면 섹슈얼리티와 종교가 때로는 적대적으로, 때로는 그렇지 않은 채 서로에 대한 수단으로 작동하는 여러 가지 형태들을 고려해야 한다. 이슬람 내에 동성애를 금지하는 규칙들이 있다고 말하는 것은 사람들이 그러한 규칙이나 금기와 관련하여 어떻게 살고 있는지를 말하는 것이 아직 아니며, 또는 문제가 되는 특정 종교적 맥락과 관행에 따라 그러한 규칙과 금기의 강도나 중심성이 어떻게 달라지는지를 말하는 것이 아직 아니다. 특히 관심을 끄는 것은 명시적으로 금기시되는 성 관행들이 금기와 관련하여 또는 금기에 대한 상대적인 무관심 속에서 어떻게 발생하는지에 대한 분석일 것이다. 교리적 차원에서 금기가 있다고 말하는 것은 그 교리 내에서 금기가 어떤 기능을 하는지를 설명하는 것이 아직 아니며, 금기 자체뿐만 아니라 종교적으로 변형되었든 아니든 여러 다른 종류의 문화적 현실과 관련하여 성생활이 어떻게 수행되는지를 설명하는 것도 아직 아니다. 실제로, 종교와 섹슈얼리티 모두가 삶의 방식을 이끄는 추진력이 될 수 있다고 말하는 것조차도 그것들이 얼마나 큰 추진력인지, 어떤 방식으로 추진하는지 (또는 추진하지 못하는지), 그들이 (그리고 어떤 다른 원동력과 함께?) 추진하는 것이 정확히 무엇인지를 말하는 게 여전히 아니다. 다시 말해, 이분법적 틀은 종교와 섹슈얼리티가 둘 다 정체성을 독자적으로 그리고 철저하게 결정한다고 가정한다. (이것이 바로 별개이며 상반되는 두 가지 정체성이 존재하는 이유이다.) 이 틀은 적대감이 있더라도 그것이 모순이나 난국을 필연적 결론으로 수반하지 않는다는 점을 고려하지 못한다. 적대감은 역동적이고 생산적인 정치적 힘으로서 주체들 내부와 주체들 사이에서 존재할 수 있다. 마지막으로, 이러한 틀은 종교와 섹슈얼리티가 조직되는 복잡한 방식에 대해 묻지도 않는다. 왜냐하면 이 이분법적 틀은 복잡한 문화적 현실을 실제로 조사하기 전에 알아야 할 모든 것을 자신이 알고 있다고 가정하기 때문이다. 그것은 제한적으로 규범적인 모델에 의해 비준된 무-생각non-thinking의 한 형태이며, 지도가 분명히 거짓일지라도 판단을 확보할 수 있는 현실의 지도를 원하는 무-생각의 형태이다. 실제로, 그것은 도덕적 판단 자체를 특정한 문화적 특권과 '통찰력'의 표지로 뒷받침하기 위해 세계를 왜곡하는 판단의 한 형태로서, (아마도 비유럽인뿐만 아니라 모든 종류의 비교학자들을 포함하는) 무리를 막는 한 방법일 것이다. 그리고 그러한 주장들은 종종 '정치적 용기'라는 거짓된 주장과 함께 진행되는데, 이는 문화적 차이에 대해 보다 근거 있고 인내심 있고 복잡한 방식으로 생각하게 만드는 사람들에 저항하려는 의지로 이해된다. 다시 말해, 우리는 이해할 필요는 없고 항상 판단만 하면 된다! 하지만 내 요점은 판단을 마비시키거나 규범적 주장들을 훼손하려는 것이 아니라, 우리가 우리의 세계를 파악하고 평가하는 데 지적으로 개방적이고 포괄적인 방식으로 나아가려면 규범성에 대해 생각할 새로운 성좌들을 고안해야 한다고 주장하는 것이다.

물론 내가 홍보하지 않는 선택지들도 있다. 예를 들어, 우리가 다루고 있는 문제는 문화의 권리가 개인적 자유의 권리를 능가하겠다고 위협하는 문제가 아니다. 이 문제의 프레이밍은 개인과 추정된 문화에 대한 개념들 자체를 재고하는 것을 거부하기 때문이다. 이 맥락에서 종교를 공공 영역에서 배제하려는 세속 엘리트들의 노력은 특정 계급적 특권과 종교적 네트워크가 종종 취약한 인구집단이 필연적으로 의존하는 지원을 제공한다는 사실에 대한 무지에 뿌리를 두고 있을 수 있다는 점을 강조하는 것이 중요하다. 어떤 사람들은 그러한 권리의 침해가 그러한 공동체에 대한 실질적인 권리박탈로 이어지거나 실제로 공동체 자체의 근절로 이어진다는 이유로 종교 공동체의 결사의 권리를 주장했다.[6] 물론 이러한 프로젝트는 공동체를 찾아내고 안정적이고 독립적인 실체로 취급할 수 있어야 하며, 이는 집단 구성원 자격이 어떻게 결정되는지에 대한 복잡한 종류의 결정으로 이어질 것이다. 실제로 이러한 접근법의 장점은 집단 권리라는 개념을 통해 특정 개인주의를 보완한다는 점이다. 그러나 한계는 '그룹'이나 '공동체'가, 새로운 사회적 구성체들이 우리에게 그렇게 가정된 통일체를 넘어 또는 반대하도록 생각하길 요구하는 바로 그 순간에, 그것들이 통일된 주체로 기능한다는 것이다.

결사의 권리와 연합적인 시민권 개념을 고안하는 전략은 기존의 민주주의 규범들을 확장하는 것으로 이해될 수 있는데, 이 확장의 방식은 그 규범들을 더욱 포괄적으로 만들고 개인과 종교의 주장과 권리 사이의 '교착 상태'를 극복할 수 있는 방식들이어야 할 것이다. 의심할 여지없이, 이러한 전략에는 강점과 가능성이 있다. 나는 단지 다음 둘 간의 긴장에만 주목하고 싶다. ① 현대의 난국을 수용하고 극복하기 위해 시민권, 인정, 권리에 대한 기존의 규범적 개념들을 확장하는 것, 그리고 ② 자유주의와 다문화주의에서 파생된 규범적 담론들은 새로운 주체 형성과 새로운 형태의 사회적·정치적 적대감을 파악하는 작업에 부적절하다는 확신에 근거하여 제기된, 대안적 어휘의 요청.

현대 정치에서 사회적, 문화적 갈등이 차지하는 위치를 과소평가하고 싶지는 않지만, 다문화주의의 구조적 특징으로서 '난국'을 당연하게 받아들이는 것도 마찬가지로 꺼려진다. 예를 들어 종교적 소수자와 성적 소수자 사이의 특정 '교착 상태'라는 해석이 아무리 널리 퍼져 있다 하더라도 꺼려진다. 미국에는 수많은 게이와 레즈비언 종교 단체가 있으며, 그중 일부는 미국에서 결혼-찬성 의제 중 일부를 담당하고 있다.[7] 미국과 유럽 전역에는 그들의 연합적 노력에 영향을 미치는 성 정체성과 종교적 신념에 대한 갈등 없이 함께 활동하는 퀴어들과 '불법 외국인' 또는 서류미비자sans papiers의 연합이 이미 존재한다. 또한 섹슈얼리티와 종교 사이의 대립을 무색하게 만드는 무슬림 레즈비언과 게이들의 수많은 네트워크가 있다(베를린의 크로이츠베르크 바 SO36Kreuzberg bar, SO36을 예로 들 수 있다). HIV 감염 여부가 특정 개인이 이주하거나 적절한 의료 서비스를 받는 데 어떻게 악영향을 미쳤는지를 고려한다면, 우리는 정체성 융합을 특징으로 참정권 확보를 위해 투쟁하는 공동체가 이민 정치라는 명목 아래 어떻게 형성될 수 있는지 볼 수 있다. 다문화주의와 인정의 정치라는 용어가 주체를 단일한 정의적 속성으로 환원하거나 다중적으로 결정된 주체의 구성을 요구한다면, 우리는 아직 여러 역동적 결정을 횡단하면서 동시에 생기 있게 하는 새로운 전 지구적 네트워크가 제기하는 문화적 형이상학에 대한 도전에 직면하지 못했다고 생각한다.

이러한 네트워크들이 정치적 연합의 기반을 형성할 때, 이들은 '정체성' 또는 일반적으로 받아들여지는 인정 조건의 문제로 결속되기보다는 배제,

거부, 부분적 또는 완전히 유예된 시민권, 종속, 비하 등을 초래하는 특정 국가 및 기타 규제 정책에 대한 정치적 반대의 형태로 결속된다. 이런 의미에서 '연합'은 반드시 주체의 입장이나 주체의 입장들 간의 차이를 조정하는 데 기반하는 것이 아니다. 실제로 연합은 잠정적으로 겹치는 목표에 기반할 수 있을 뿐만 아니라, 이러한 목표가 무엇이어야 하는지 그리고 최대한 어떻게 잘 도달할 수 있는지를 놓고 적극적인 대립이 있을 수 있으며, 반드시 있어야만 할 것이다. 연합은 생기 있는 차이의 장이다. "다른 사람에게 영향을 받는 것"과 "다른 사람에게 영향을 주는 것"은 주체의 바로 그 사회적 존재론의 일부이며, 이 시점에서 '주체'는 분리된 별개의 실체가 아니라 능동적이고 전이적인 일련의 상호 관계라는 점에서 그렇다.

나는 소수자 정치를 연결하는 박탈의 모든 형태를 포괄하는 하나의 '통일된' 용어가 있다고 전혀 믿지 않으며, 정치적 동맹의 전략적 목적을 위해 그런 용어가 필요하다고 생각하지도 않는다. 필요한 것은, 소수자라는 범주가 시민과 비시민을 가르는 선을 횡단하기 때문에, 그러한 연합적 노력에 관계를 맺은 사람들이 '소수자'라는 범주를 통해 사고하는 일에 적극적으로 참여하는 것이다. 국가와 규제 권력, 그들이 어떻게 논쟁을 조율하고 조건을 조작하여 정치적 교착 상태를 만드는지에 초점을 맞춤으로써, 우리는 이원적 대립을 가정하거나 복잡한 구성에서 생기는 '갈등'을 규범적 틀의 강압적이고 조율적인 차원과 맞물리게 하는 방식으로 추출해 버리는 그런 틀을 넘어서게 된다. 권력의 문제를 중심으로 가져가면 논쟁의 조건이 바뀌고 실제로 정치적으로 더 반응할 수 있게 된다.

그렇다면 국가권력을 포함한 권력의 형태들은, 단일 또는 복수의 속성으로 자격을 갖추고 상호 배타적인 별개의 두 주체를 필요로 하는, 이원적 대립의 장면을 어떻게 조율하는가? 이러한 주체들을 당연시하는 것은 주체 형성 안에 있는 권력 그리고 이 형성에 대한 권력의 조율 효과를 포함하는, 권력의 작동 자체에 비판적 관심이 쏠리지 않게 하는 것이다. 결과적으로, 나는 보다 망라적이고 포괄적인 자유주의적 틀을 통해 이원적 갈등이 극복된다거나, 진보 자체에 대한 자만심이 자유주의를 수호하기 위한 투쟁에서 결정적인 쟁점이 되는, 진보적 역사에 대한 서사 형태에 대해 경고한다. 첫 번째 경우, 우리는 적대감을 해결하기 위해 보다 포괄적인 틀을 개발한다. 두 번째 경우, 우리는 세속적이고 진보적인 대안이 자유민주주의의 **필수조건**sine qua non이라고 주장하며, 그 대안의 필요성, 충분성, 궁극적 가치를 재고하거나 도전하려는 모든 노력에 대해 사실상의 전쟁을 선포한다. 첫 번째 경우는 변증법적, 실용주의적, 진보적인 역사 개념들을 특징으로 한다. 두 번째 경우는 '진보론자'를 갈등의 한 극으로 만들며, 신생 주체들에 대해 생각하려고 만든 대안 어휘들과 정치적 참정권을 위한 효과적 언어, 미디어, 관용어를 개발하려는 노력을 포함한 모든 비세속적이고 반진보주의적인 어휘들을 자유주의에 대한 위협으로 간주한다.

나는 종교적 소수자와 성소수자 간의 '아주 매끄러운' 동맹을 결코 상상하지 않는다. 기존의 동맹들이 존재하며, 그 동맹들이 어떻게 형성되는지 묻는 것이 합리적이다. 또한 그 동맹들은 그 안에 특정 분열과 실패, 지속적인 적대감을 담고 있을 것이라 가정하는 것도 합리적이다. "그 안에 담고 있다"는 말은 동맹이 그러한 적대감을 봉합하거나 해결한다는 뜻이 아니다. 오히려 라클라우Laclau와 무페Mouffe와 함께 나는 적대감이 동맹을 개방적이게 하며 조정이 목표라는 생각을 유예시킨다고 계속 주장하고 싶다. 동맹을 계속 유지할 수 있는 것은 동맹을 계속 유동적이게 하는 문제와는 다르다. 내가 보기에 동맹을 계속 유동적이게 하는 것은 동맹에 속한 사람에게 적용되는 엄격한 정체성 정의를 넘어가는 권력의 그러한 구성체들에 지속적으로 초점을 맞추는 것이다. 이 경우 동맹은 (입국 심사부터 명백한 고문에 이르는) 국가 강압의 방법들과 국가 강압이 필요하고 정당화되는 것처럼 보이는 존재론적 지평을 만들어내는 주체, 자연, 문화, 종교의 호출(및 환원)에 계속 초점을 맞추어야 할 것이다.

국가권력의 작동은 국가권력에 선행하고 능가하는 권력으로 포화된 존재론적 지평 내에서 이루어진다. 따라서 국가를 항상 그 작동의 중심에 놓는다면, 우리는 권력을 고려할 수 없다. 국가는 비-국가주의적인 권력의 작동에 의존하며, 그 자체로는 조직되지 않은 권력의 비축물이 없이는 기능할 수 없다. 특별히 새로운 것은 아니지만 더 나아가, 국가는 우선적으로 일련의 "존재론적으로 주어진 것들"을 설정함으로써 권력의 특정 작동들을 생산하고 전제한다. 주어진 이러한 것들은 바로 주체, 문화, 정체성, 종교에 대한 개념들로서 이들의 버전은 특정한 규범적 틀 내에서 논쟁의 여지도 없고 논쟁할 필요도 없게 남아 있다. 따라서 이러한 측면에서 '틀'에 대해 이야기할 때, 우리는 단순히 정치 분석에 우리가 도입하는 이론적 관점들에 대해 말하는 것이 아니라, 국가의 작동을 촉진하고 그 작동이 국가권력의 특정 영역을 넘어설 때조차 그 자체로 권력의 행사가 되게 하는 이해성의 방식들에 대해 말하는 것이다.

아마도 '난국'이 출현하는 가장 두드러진 지점은 소수자인 성적 주체와 소수자인 종교적 주체 사이가 아니라, 그러한 주체들을 상호 갈등 속에서 요구하고 생산하는 규범적 틀과 이 주체들이 저 추정적 적대감의 밖에 또는 다양한 관계 안에 존재하는지 또 어떻게 존재하는지를 묻는 비판적 관점의 사이일 것이다. 이는 저 규범적 틀이 종교적/성적 인구집단의 역사적 출현의 복잡성과 어느 쪽 정체성 형태로 환원될 수 없는 주체 형성의 복잡성을 이해하지 않으려고 하는 것에 어떻게 의존하며 어떻게 이를 유도하는지 고찰해야 함을 의미할 것이다. 한편으로는 이러한 환원들은, 비록 왜곡일지라도, 필요하다고 말할 수 있는데, 왜냐하면 이들은 이미 확립되어 있어서 알기 쉬운 틀 안에서 규범적 판단을 가능하게 만들기 때문이다. 따라서 인식론적 확실성과 확실한 판단에 대한 욕구는 기존의 인식론적 및 윤리적 규범을 확고히 하기 위해 필요하다고 여겨지는, 참일 수도 아닐 수도 있는, 일련의 존재론적 약속들을 만들어낸다. 다른 한편, 비평의 실천과 보다 적절한 역사적 이해를 제공하는 실천은 규범적 틀 자체에 의해 영향 받는 폭력에 초점을 맞춘다. 그리고 규범성에 대한 대안적 설명도 준비된 판단에 기반하기보다는 비판적 이해의 실천을 통해 도달할 수 있는 일종의 비교 평가적인 결론들에 기반한다. 그렇다면 경쟁적인 평가 체계들에 대해 비판적이고 비교적으로 생각하기 시작할 때 우리는 어떻게 판단과 평가의 정치에 다시 접근할 것인가?

이 마지막 질문을 다루기 위해 나는 1장에서 간략하게 살펴본 탈랄 아사드의 최근 저서 『자살폭탄 테러에 대하여On Suicide Bombing』로 돌아가 보겠다.[8] 이것은 놀라운 움직임처럼 보일 수 있는데, 아사드가 자신의 작업이 '논쟁'이 아니라 '이해understanding'를 위한 시도임을 분명히 하면서 어떤 종류의 폭력은 정당화되고 어떤 것은 아닌지의 문제에 대한 결정을 명시적으로 거부하고 있기 때문이다. 언뜻 보기에 아사드는, 자신들이 판단하는 문화적 관행에 대해 거의 알지 못하거나 정확히 알지 못할 때라도 도덕적 판단의 필요성을 주장하는 사람들과 직접적으로 충돌하는 관점을 제시하는 것처럼 보인다. 아사드는 이해에 찬성한다. 나는 그가 규범성이란 무엇인가에 대한 우리의 개념을 불안정하게 만들고 재구성하기 위해 그렇게 하고 있으며, 그런 방식으로 규범 이론에 뚜렷한 기여를 하고 있다고 생각한다.

아사드는 '서구의 공적 담론' 안에서 구성되고 정교화된 '자살폭탄 테러'에 대한 이해를 제공하려는 것임을 매우 분명하게 밝히고 있다. 그는 자살폭탄 테러 전술을 승인하지 않는다고 반복적으로 의미심장하게 강조하면서도, 자신이 도덕적 판단을 정교화하는 일을 하고 있지 않다고 말한다.[9] 그러나 그는 그의 분석을 위해 그러한 종류의 판단을 제쳐두고 다른 종류의 질문들을 던지고 추구하기를 원한다. 비슷한 맥락에서 그가 자살폭탄 테러범의 동기를 재구성하는 데는 관심이 없더라도, 그러한 연구가 주의를 끄는 결과를 제공할 수 있을 것이라는 데는 그도 동의할 것이라 생각한다. 너무 대략적인 말이지만 그가 자살폭탄 테러에 대한 '서구의' 공적 담론이라고 부르는 것의 분석에만 자신을 제한하고 있다는 점을 감안할 때, 우리는 이러한 자기 제한을 어떻게 이해해야 하는가? 그가 제공하고자 하는 현상에 대한 '이해'에는 규범적 판단들이 작용하고 있지 않다고 말하는 그의 말을 그대로 받아들여야 하는가? 나는 아사드의 명백한 주장들에 따르거나 반대해서 그의 저서에 들어 있는 규범적 질문들을 다시 소개하고자 한다. 하지만 이는 이 저서가 틀렸거나 잘못 이끌어졌다는 것을 증명하기 위한 것이 아니라, 단지 저자가 명시적으로 허용하는 것보다 여기에 더 강력한 규범적 입장, 즉 규범성에 대한 더 타당한 탐구가 있다는 것을 제안하기 위한 것이다.

그렇다면 내 질문 이렇다. 우리는 아사드가 제공하는 종류의 설명을 통해 규범성의 조건을 재고할 방법을 찾을 수 있을까? 처음에는 아사드에게 다음 질문에 그의 입장을 더 분명히 밝히라고 요구하는 것이 옳지는 않더라도 정당하다고 느낄 수 있다. 그가 자살폭탄 테러가 궁극적으로 정당한 형태의 폭력인지에 대한 결론을 내리지 않는 분석을 제시할 수 있을까? 우리가 이 질문을 너무 빨리 제기하면 우리는 그가 질문 자체에 대해 우리에게 말하려는 것을 이해할 기회를 놓칠 수 있다. 명확하게 말하자면, 그는 자살폭탄 테러에 대한 어떤 정당성도 제시하지 않으며, 자살폭탄 테러에 대한 규범적 논증들에 집착하지도 않는다. 내가 제안하고 싶은 것은, 그가 '찬성과 반대' 주장의 편에 서는 것은 이러한 종류의 사건을 생각하는 우리의 틀을 바꾸기 위해서, 또는 오히려 그러한 현상들이 특정 도덕적 및 문화적 틀에 의해 어떻게 포착되는지, 나아가 우리의 생각을 잡고 있는 그 틀을 강화할 목적으로 그러한 현상들이 어떻게 도구화되는지를 이해하기 위함이라는 것이다. 『자살폭탄 테러에 관하여』의 일본어판 서문에서 아사드는 이렇게 말한다.

> 나는 현대 전쟁의 테러를 무장 세력이 가하는 테러와 구별하려는 주장, 즉 '정당한' 전쟁에 대한 도덕적 우월성을 주장하며 테러리스트, 특히 자살폭탄 테러범의 행위를 유례없는 악으로 묘사하는 것이 주요 취지인 주장들을 검토한다. 나는 근본적인 차이는 단지 규모의 차이일 뿐이며, 이 기준에 따르면 국가가 주도하는 민간인들 파괴와 그들의 정상적인 삶의 붕괴는 테러리스트가 할 수 있는 어떤 것보다 훨씬 더 크다고 주장한다.[10]

아사드가 다른 종류의 평가적 주장의 가능성을 열기 위해 정당성 문제에서 거리를 두는 또 다른 사례는 정당한 전쟁에 대한 마이클 왈저Michael Walzer의 입장을 검토하는 데 있다.[11] 왈저에 따르면, 공동체를 방어하는 전쟁이 정당화되는 때는 ① 공동체가 소멸의 위협을 받거나 ② 공동체의 삶의 방식이 강압적으로 변화될 때이다. 왈저는 또한 국가가 전쟁을 해야만 하는 이유들을 검토하고 폭력을 행사할 수 있는 일련의 정당화 주장들을 탐구한다. 그는 가능한 정당화를 열거함으로써 어떤 정당화가 무엇인지에 대한 가정을 만들며, 정당화에 대해 토론이 타당한 영역을 미리 제한한다.

왈저의 요점은 어떤 형태의 폭력은 정당화되고 다른 형태는 아니라는 것이 아니다(이 역시 그가 주장할 것이긴 하다). 그의 요점은 우리가 우리를 그가 이미 범위를 정한 그런 종류의 폭력에 제한할 경우에만, 특정 형태의 폭력이 정당화되는지 여부에 대해 올바르게 토론할 수 있다는 것이다. 이는 정당한 전쟁을 목적으로 하는 국가 폭력, 즉 문제의 공동체가 이미 확립된 친숙한 인정의 규범에 따라 인정될 수 있을 때 그 '공동체'를 방어하는 폭력이다. 토론할 가치가 없고 그래서 우리가 정당화 이유를 제시할 것 같지 않은 다른 형태의 폭력도 있다는 것은 분명하다.

왈저가 '테러리즘'이라고 부르는 것이 그러한 사례 중 하나인데, 그는 이러한 현상을 설명하거나 정당화하려는 모든 노력에 대해 경고한다.[12] 우리가 알다시피 '테러리스트'는 반란군과 대반군단체, 국가 및 비국가 후원 폭력, 중동에서 보다 완전한 민주적 정부 형태를 요구하는 사람들, 그리고 심지어 미국 정부의 억압적 조치를 비판하는 사람들에게도 다양하고 광범위하게 적용될 수 있다. 이러한 의미론적 미끄러짐을 고려할 때, 이 용어가 전달하고자 하는 정확한 의미를 명확히 하는 것이 더욱 필요해 보인다. 우리가 무엇에 대해 말하는지 정확히 알지 못한다면 '테러리즘'이라는 용어와 관련하여 따라오는 강력한 규범적 판단을 어떻게 이해할 수 있을까? 왈저에게 '테러리스트 폭력'은 정당화된 폭력과 정당화되지 않은 폭력의 매개변수를 모두 벗어난다. 후자를 구별하기 위해서 우리는 문제의 폭력 형태가 왈저가 제시한 규범적 요건들에 부합하는지 여부를 고려해야 하지만, 그가 생각하는 소위 '테러리스트' 폭력은 이 논쟁의 범위에서 벗어난다. 따라서 왈저의 계획은 특정 종류의 폭력, 특히 단순히 '악'으로 간주되는 폭력의 이유를 고려하지 않으려하기 때문에 그가 '테러리스트 폭력'이라고 부르는 것은 합리적으로 논쟁될 수 있는 폭력 형태의 구성적 바깥을 형성한다. 그의 계획이 성찰과 논쟁의 바깥에 놓는 폭력의 형태는 명백하게 불합리하고 논쟁의 여지도 없다. 하지만 이것은 누구에게 참인가? 그리고 이것은 왈저 자신의 성찰을 위해 무비판적 전제조건을 형성하는 제한된 규범적 어휘의 종류에 대해 우리에게 무엇을 말해주는가?

아사드는 테러리즘에 대한 왈저의 비난은 그것에 대한 그의 정의에서 비롯된 것으로, 그 정의가 너무 포괄적임은 쉽게 입증될 수 있다고 지적한다. 왈저는 테러리즘의 악은 "무고한 사람들을 살해하는 것뿐만 아니라 일상생활에 대한 공포의 침입, 사적인 목적의 침해, 공공장소의 불안전함, 예방조치에 대한 끝없는 강압"에 있다고 말한다.[13] 이러한 모든 결과가 또한 국가가 후원하는 전쟁에서 나오지 않는다고 생각할 이유가 있는가? 아사드는 그러한 정의가 어떻게 규범적 힘을 실어 나르는지 그리고 정당화 없이도 어떻게 효과적으로 규범적 구분을 만들어내는지를 보여주기 위해, 왈저의 연구에서 테러리즘에 대한 약정적stipulative 정의에 초점을 맞춘다. 아사드는 이렇게 말한다.

> 나는 여기서 "특정 폭력 행위가 언제 악으로 비난받아야 하며, 정당화된 반폭력의 도덕적 한계는 무엇인가?"라는 질문에는 관심이 없다. 대신 다음 질문에 대해 생각해 보려고 한다: "죽음에 대해 특정한 정의를 채택하는 것은 전 세계의 군사 행위에 어떤 영향을 주는가?"[14]

아사드의 요점은 작동하는 그 정의들이 정당화 수단을 제한한다는 것이다. 따라서 국가 살인이 군사적 필요성에 의해 정당화된다면, 무고한 사람을 죽이고, 일상생활에 공포를 불러일으키고, 사적인 목적을 침해하고, 공공장소를 불안하게 만들고, 무한하게 강압적인 예방 조치를 취하는 등 모든 종류의 국가 살인이 이 규범에 의해 정당화될 수 있다. 실제로 우리는 지난 수십 년 동안 미국과 그 동맹국이 일으킨 대부분의 전쟁에 대해서는 물론, 이라크와 아프가니스탄의 전쟁과 그 전쟁들이 국내에 미치는 영향에 대해서도 이러한 모든 방식으로 생각해 볼 수 있다.

어쨌든 이는 저자가 명시적으로 허용하는 것보다 이런 종류의 질문에 더 강력한 규범적 차원이 있는지에 대한 질문으로 우리를 되돌린다. 아사드가 어떤 폭력의 형태가 정당화되는지 여부에 대한 질문을 제쳐둔다면, 그것은 그가 그 폭력에 대해 어떤 특별한 동정심이 있기 때문이 아니라 정당화가능성의 영역이 문제의 폭력 형태에 대한 정의에 의해 어떻게 선제적으로 제한되는지를 보여주고자 하는 데 관심이 있기 때문이다. 다시 말해, 우리는 정의를 순전히 어림짐작하는heuristic 것으로 그리고 판단의 문제에 선행하는 것으로 생각한다. 우리는 우리가 무엇을 이야기하고 있는지 알 수 있도록 현상을 정의한 다음, 그 현상을 판단에 맡긴다. 일반적으로 첫 번째 작업은 서술적이고 두 번째 작업은 규범적이다. 그러나 현상에 대한 바로 그 정의가 그것을 '악'으로 묘사한 서술을 포함한다면, 판단은 그 정의에 내재되어 있으며(우리는 사실상 알기 전에 판단하고 있는 것이다), 이 시점에서 서술적인 것과 규범적인 것의 구분이 혼란스러워진다. 게다가 우리는 정의가 올바른지 물어봐야 한다. 왜냐하면 정의는 어떤 서술적 참조도 없이, 발생하는 현상에 대한 개념적 정교화로 구성될 가능성도 있기 때문이다. 실제로 정의가 서술로 대체되었을 수도 있고, 실제로는 둘 다 판단일 수도 있으며, 어느 시점에서는 판단과 규범이 서술적인 것을 함께 선점했을 수도 있다. 우리는 우리가 알려고 하지 않는 세상을 판단하고, 그래서 우리의 판단은 그 세상을 알려고 하지 않는 하나의 수단이 된다.

요점은 현상에 대한 중립적인 서술을 고집하는 것이 아니라, '테러리즘'

과 같은 현상이 모호하고 지나치게 포괄적인 방식으로 어떻게 정의되는지를 생각해 보자는 것이다. 하지만 가장 중요한 것은, 우리가 현대 생활에서 나타나는 다양한 형태의 폭력을 찬찬히 검토하려 할 경우, 우리의 규범적 구분들은 어떻게 달라질 수 있으며, 우리는 폭력의 이러한 형태들을 어떻게 비교하고 대조할 것인가? 왈저가 주장하는 것처럼 그것들은 별개로 구별될 수 있을까? 그리고 그것들이 그렇게 별개로 구별되지 않는다면 무엇이 뒤따를 것인가? 우리는 판단의 새로운 기준과 새로운 형태를 고안해야만 하는가? 그리고 새로운 판단들이 나오려면 어떤 어휘 또는 어휘 집합을 사용할 수 있어야 하는가?

정당화된 폭력은 특정 종류의 국가(일반적으로 자유민주주의 원칙들을 구현하는 것으로 간주되는 국가들) 또는 특정 종류의 공동체(인구집단의 문화적 및 물질적 삶이 이미 가치 있고 자유민주주의에 의해 명시적으로 대표되는 공동체들)에 의해 수행될 것이라는 가정에서 우리가 시작한다면, 우리는 이미 정당화된 폭력으로 간주될 수 있는 것의 정의에 특정한 정치적 인구 현황을 구축한 셈이다. 다시 말해, 군사적 수단으로 방어할 가치가 있는 삶과 삶의 방식을 가진 인구집단의 종류에 대한 구체적 가정은 이 이미 만들어졌을 것이다. 그러나 우리가 바로 이러한 인구 현황적 구분을 비판적으로 분석하려 한다면, 정당화된 형태이건 아니건 폭력에 대한 우리의 개념이, 문화가 어떠해야 하는지, 공동체를 어떻게 이해해야 하는지, 국가가 어떻게 형성되는지, 그리고 누가 인정가능한 주체로 간주될 수 있는지에 대한 특정 선입견들을 어떻게 갖게 되었는지 물어야 한다. 여기서 우리는 현대의 전 세계적 갈등이 개념화되는 바로 그 용어 중 일부가 우리를 특정한 종류의 도덕적 반응과 규범적 결론에 마음이 내키도록 몰고 있음을 알 수 있다. 이 분석에서 얻은 것은 어떤 결론도 없어야 한다는 것이 아니라, 우리의 결론이 성격상 비교적이고 비판적인 서술과 이해의 분야에 기초할 필요가 있다는 것이다.

예를 들어 아사드가 '테러리즘'이 정의되는 방식에 대해 물을 때 그는 우리에게 몇 가지 질문들을 터놓은 것일 수 있지만, 그가 제기하는 질문들을 자세히 살펴본다면, 그 질문들은 오직 비교판단의 지평을 참조할 때만 의미가 있다는 것을 알 수 있다. 따라서 아사드 자신이 자신의 책은 "어떤 종류의 잔인함을 다른 잔인함에 반대되는 것으로 받아들이는 사례를 만들지 않으며" 단지 독자를 '교란'하고 "안일한 공공 담론"으로부터 어떤 비판적인 거리를 만들려고 한다고 주장하더라도, 실제로는 훨씬 더 많은 것이 걸려 있다.[15] 나는 우리가 단순히 기성의 도덕적 반응으로부터 '교란'과 '거리'의 상태에 머물 것을 요구받는 것이 아니라고 생각한다. '기성의' 것으로부터 거리를 두는 것은 정확히 비판적인 활동이다.

나아가 아사드가 이 시대에 우리가 죽음의 거래를 어떻게 생각해야 하는지, 국가가 후원하는 전쟁이 '테러리스트' 행위보다 일상생활을 더 많이 또는 덜 붕괴시키는지를 물을 때, 그는 우리가 일단 이러한 형태의 폭력들을 비교하면서 생각할 수 있게 되면, 즉 그 폭력들을 현재진행 중인 사망자 수의 스펙트럼의 일부로 이해하게 되면, 국가 폭력으로 인한 혼란과 침입이 '테러리스트' 범주에 해당하는 행위들에 인한 것보다 훨씬 심하다는 것을 알 것이라고 효과적으로 지적하고 있다. 이것이 사실이라면, 그리고 우리가 규모에 대한 이해를 통해서만 이러한 비교판단에 도달할 수 있다면, 아사드 작업의 중요한 프로젝트의 일부는 바로 이러한 폭력의 규모를 후속 판단들에 사용할 수 있도록 하는 것이다. 어떠한 비교 분석도 하기 전에 우리가 '국가 폭력'에 대한 우리의 이해를 정당화될 수 있는 폭력의 전제 조건으로 편향시키는 특정 인식론적 약속을 비준한다면 후속 판단은 이루어질 수 없다. 아사드의 분석이 왈저가 '테러리즘' 탓이라고 한 모든 '악한' 결과를 국가 폭력이 낳을 수 있고 실제로 낳고 있다는 것을 보여준다면, 그리고 더 나아가 우리가 그러한 결과가 정말 개탄스럽고 부당하다고 이해한다면, 폭력에 대한 모든 비난은 동일한 결과를 낳는 국가 폭력의 형태로 논리적으로 확장될 것이다.

아사드의 주장은 왈저와 같은 입장들에 내재된 자기모순이나 위선을 드러내려는 시도로 제시되지만, 나는 아사드 자신의 입장은 일상생활을 침해하고, 기반시설을 파괴하며, 용납할 수 없는 수준의 공포를 유발하고, 끊임없는 강압을 수반하는 폭력 형태들에 대한 정치적 반대에서 그 수사적 힘을 얻었다고 주장하고 싶다. 우리가 실제로 그러한 형태의 폭력에 반대한다는 전제하에서만 아사드의 연구가 우리에게 제공하는 비교판단의 규범적 중요성을 이해할 수 있다. 따라서 나는 아사드의 작업이 도덕적 판단이라는 어려운 작업을 회피하면서 단지 서술이나 이해를 위한 새로운 길을 열어주는 것이 아니라고 말하고 싶다. 오히려 아사드는 규범적 성향들이 '이해'의 영역을 제한하는 약정적 주장들에 어떻게 들어가는지를 폭로함으로써, 이러한 편협한 제한에 대한 비판을 개발할 수 있는 도구를 제공하고, 비교판단을 할 수 있는 새로운 틀을 제시한다. 이를 통해 우리는 정당화된 폭력은 국가의 고유한 특권이고 정당화되지 못한 폭력은 오직 불법적인 국가와 반란 운동만이 행사한다고 가정할 이유가 없다는 결론에 이른다. '반란'에 의해 자행된 폭력을 언급하는 것은, 비록 언급만으로 그 폭력이 정당화되는지 여부에 대한 의문을 해결 못하더라도, 이미 또 다른 틀을 불러일으키는 것이다. 미국의 경우에는 어제의 '테러리스트'가 내일의 '자유 투사'가 될 수 있고, 그 반대의 경우도 마찬가지이다(참고: 니카라과, 아프가니스탄). 요점은 냉소주의가 유일한 선택이라고 결론을 내리는 것이 아니라, 최종적으로 더 나은 판단을 내리기 위해 그러한 담론의 반전이 일어나는 조건과 용어들을 더 면밀히 고려해야 한다는 것이다.

아사드는 그의 저서를 마무리하면서 자신이 처음 시작했던 질문을 다시 제기한다: "왜 서구인들은 자살폭탄 테러에 대한 언어적 및 시각적 재현에 공포를 표출하며 반응하는가?"[16] 이 질문을 던지면서 그가 사실일 것으로 추정하는 것은 강력한 정동적 반응은 해석들에 의해 조건화되고 구조화된다는 것 그리고 이러한 해석들은 대부분 서구적이고 자유주의적인, 당연시 여겨지는 틀 안에서 형성된다는 것이다. 우리가 공포와 분노를 포함한 '도덕적 정동'을 우리 모두에게 존재한다고 추정되는 보편적 인간의 수많은 정서적 발산으로 간주할 때, 이러한 해석 구조들은 아직 시작 단계에 남는다. 사실 '공포'와 '분노'는 차별적으로 분배되어 있다. 그리고 주목할 만한 점은 이 차별적 분배가 놀라움과 공포의 다른 표명과 함께 어떻게 종종 눈에 띄지 않고 표시되지 않는지이다. 요점은 "공포"를 정동적 반응으로 보는 초기의 이해력에 이의를 제기하는 것이 아니라, 단연코 명확히 공포가 없는 다른 폭력과의 만남들과 대조적으로 공포가 지배적인 반응이 되는 그러한 경우들에 대해서만 묻는 것이다.[17] 특정 종류의 폭력에 직면하여 공포를 가능하게 하는 사회적 조건과 지배적인 해석의 틀은 무엇이며, 다른 종류에 직면하여 가능한 정동적 반응으로서 공포는 언제 어디에서 '배제되는가?'

아사드는 정체성의 자유주의적 구성요소에 대해 복잡한 논증을 제시하면서, 자살폭탄 테러는 자유주의적 주체를 하나로 묶는 것에 타격을 가한다고 말하며 이런 의미에서 "(자살 핵공격과 같은) 자살 테러는 자유주의에 속하는가?"라고 묻는다. "현대의 주체성을 하나로 묶어주는 긴장" 중 하나는 겉보기에 상반되는 두 가치와 관련되어 있다. "인간 생명에 대한 존경과 그것의 합법적인 파괴". 어떤 조건에서 저 존경이 우선시되는가? 그리고 어떤 조건에서 이 존경은 정당한 전쟁과 합법적인 폭력이라는 계율에 의존함으로써 폐기되는가? 아사드는 "물론 자유주의는 법의 프레임 밖에서 자유를 폭력적으로 행사하는 것에 반대한다. 하지만 법은 강압적인 폭력에 의해 설립되었고 이에 지속적으로 의존하고 있다"라고 말한다. 정치적 자유주의의 이 역설적인 토대는 아사드가 '서구'라고 부르는 곳의 "근대적 주체성을 지탱하는 긴장들"에서 잘 드러난다.[18]

사실 이러한 긴장들은 현대 주체성의 균열을 드러내지만, 특히 현대적인 것은 서로 갈라져서 정치적 주체성 수준에서 해리성 장애dissociative disorder 같은 것을 형성하는, 이 두 원칙 사이의 동요이다. 역설적이게도 아사드에게 주체를 하나로 묶어주는 것은, 그러한 변화의 이유와 이러한 뚜렷한 반응을 조건 짓는 암묵적 해석들을 전혀 고려하지 않고, 한 원칙(생명 존중)에서 다른 원칙(합법적인 생명 파괴)으로 갑자기 전환할 수 있는 능력이다. 우리가 명백히 설명할 수 없는 이 전환에 대해 알고자 하는 한 가지 이유는 이러한 전환이 허용할 수 있는 정치적 주체성에 도덕적 토대를 형성하는 것처럼 보이기 때문이다. 이는 불합리한 분열이 이 현대의 정치적 합리성의 기초에서 기능한다고 말하는 것이다.

나는 아사드가 우리에게 제공하는 것은 자신인 그 주체를 명시적으로 다루어야 할 정치적 문제로 만드는 특정 종류의 자유주의적 주체에 대한 비판이라고 제안하고 싶다. 우리가 이 주체를 정치의 근거로 삼을 수 있는 경우는 오직 그 주체의 형성 조건, 도덕적 반응, 평가적 주장들에 대해 잘 또는 신중하게 생각하지 않기로 동의한 경우이다. 이러한 문제들에 대한 '규범적' 논쟁의 과정에서 제기되는 근본적 주장들의 종류를 상기해 보자. 예를 들어, 무슬림이나 동성애자처럼 서로 도덕적으로 반대되는 입장에서 있는 '주체들'이 있으며, 그들은 서로 다른 '문화' 또는 서로 다른 '역사적 발전 시기'를 대표하며, 그들은 기존의 '문화' 개념이나 이해 가능한 '시대' 개념에 부합하지 않는다는 주장들이다. 이 틀에 대한 한 가지 대응은 서로 다른 구성들이 주체에 작용한다는 것, 그리고 대부분의 다문화주의 버전들이 주체의 형태가 무엇이어야 하는지를 자신들이 미리 알고 있다고 가정할 때 오류를 범한다고 주장하는 것이다. 특정 종류의 주체를 요구하는 다문화주의는 실제로 그 개념적 요구를 서술과 진단의 일부로 도입한다. 어떤 형태의 주체성, 삶의 세계에 대한 어떤 구성이 그러한 강제적 움직임에 의해 사라지거나 가려지는가?

체탄 바트와 같은 사회학자들은 새로운 전 지구적 주체 형성의 복잡하고 역동적인 성격에 주목한다. 이에는 동성애자와 무슬림 정체성의 교차, 법적으로 권리를 박탈당한 사람들 사이의 동맹 형성, 단일 정체성으로 환원되지 않는 역동적인 주체 위치의 이주적 구성 등이 포함된다. 바트의 개념화는 주체들에 대해 생각하기 위한 대안적 어휘를 생산하려는 시도인데, 아사드는 어떤 의미에서 이 문제를 정반대의 방향에서 다루고 있다. 아사드는 자유주의를 통해 도입된 정치적 주체를 출발점으로 삼아, 그것의 편협주의가 보편적 이성으로 둔갑하는 바로 그 순간에 그것의 도덕적 반응과 평가 체계가 얼마나 문화적으로 구체적이며 정치적으로 필연적인지를 보여준다. 종합해 보면 이러한 입장들은 주체의 특정한 형태 또는 동일성으로의 주체 환원을 규범적 틀의 당연한 특징으로 취급해서는 안 되는 두 가지 이유를 제시한다. 이는 시대착오의 위험과 지역주의를 보편성으로 강제하는 위험이다. 이러한 주장들은 규범적 추론의 기초를 파괴하지는 않지만, 그러한 형태의 추론이 어떻게 선제적으로 제한되어 왔는지에 대한 규범적 질문들을 제기한다. 주요한 점은 일반적인 규범적 틀의 입장에서 이러한 움직임에 반대하는 규범적 이유들이 있다는 것을 주장하는 것이다. 다시 말하지만, 요점은 규범성이 필요 없다는 것이 아니라, 주체에 대한 그러한 버전들에 내재된 내적 분열과 맹점을 무의식적으로 재생산하지 않도록 규범적인 탐구가 비판적이고 비교적인 형태를 취하여야 한다고 주장하는 것이다. 이러한 내적 분열은 어떤 생명은 보존할 만하고 다른 생명은 죽일 만하다는 부당한 판단의 정당화할 수 없는 근거(실제로, 모든 근거의 실패)가 된다. 이런 의미에서 아사드의 비판은 평등의 방패 아래에 있고 더 큰 평등주의를 향한다.

연합 자체가 주체를 역동적인 사회적 관계의 집합으로서 다시 생각해야 한다는 것이 나의 마지막 요점이다. 동맹을 동원하는 것은 꼭 확립되고 인정할 수 있는 주체들 사이에서만 형성되는 것은 아니며, 정체성주의 주장들identitarian claims의 중개에도 의존하지 않는다. 오히려 그 동원은 자의적인 폭력에 대한 비판, 공공 영역의 제한, 만연한 '문화' 개념들을 통해 제정된 권력의 차별화, 강압과 권리박탈에 저항하는 권리 주장의 도구화에 의해 유발될 수 있을 것이다. 우리가 기존의 틀을 확장할지 아니면 새로운 어휘들로 인해 중단되도록 할지 여부는, 부분적으로는, 우리가 과거와 미래를 현재의 비판적 관행을 위해 얼마나 잘 참조하는가에 따라 결정될 것이다.

우리가 서로 상반된 관점을 가진 별개의 주체를 가정하는 다문화주의의 이론적 영역을 당연시한다면, 문제에 대한 해결책은 양립가능성 또는 양립불가능성의 영역을 찾아내는 것이다. 우리는 모든 사람을 포함하도록 우리의 권리 개념을 확장하거나, 일종의 호혜적 관계와 미래의 조화를 가능하게 하는 보다 강력한 인정 개념을 구축하기 위해 노력한다. 그러나 바로 그 이론적 영역이 일련의 압류에 기반을 두고 있다(여기서 나는 압류를 통상적인 라캉적 의미에서 벗어나 사용한다). 결과적으로 우리는 현대 정치의 핵심에서 되풀이되는 어떤 균열이나 분열에 직면한다. 어떤 삶은 살 만하고, 보호될 만하고, 애도할 만한 가치가 있는 것으로 간주되고 다른 삶은 그렇지 않다면, 이렇게 삶을 차별화하는 방식은 정체성이나 심지어 주체의 문제로도 이해할 수 없다. 그것은 오히려 어떻게 권력이 주체가 가능해지는 장을 형성하는가, 또는 오히려 어떻게 주체가 불가능하게 되는가의 문제이다. 그리고 여기에는, 주체들이 이미 존재하며, 그들 이 공통의 공공 영역을 차지하고 있으며, 우리에게 그들을 하나로 모으기 위한 올바른 도구만 있다면 그들의 차이가 화해될 수 있다고 가정하는 정체성주의 투쟁의 틀을 당연하게 받아들이지 않는 비판적 사고의 실천이 포함된다. 내 생각에는 문제가 더 심각하며, 누가 '누구'로 간주되는지에 대한 질문을 침묵하게 하는 틀, 즉 애도가능한 삶을 제한하는 규범의 강제적 작용에 의문을 제기할 수 있는 일종의 분석이 필요하다.

5장

비폭력 주장

"원칙"이 모든 상황에 동일한 확신을 가지고 동일한 방식으로 적용될 수 있는 강력한 규칙을 의미한다면, 비폭력이 원칙이 될 수 있는지 매우 의심스럽다. 만약 비폭력 주장이 있거나 비폭력이 우리에게 주장을 제기한다면 그것은 다른 문제로 보인다. 그런 경우 비폭력은 말걸기 또는 호소로 온다. 그렇다면 적절한 질문은 다음과 같다. 우리는 어떤 조건에서 그러한 주장에 반응하는가? 주장이 도착했을 때 이를 수용할 수 있게 하는 것은 무엇인가? 또는 반대로 무엇이 그 주장을 도착할 수 있게 하는가?

주장에 반응할 수 있는 능력은 주장이 어떻게 형성되고 프레임되는지와 모든 관련이 있을 뿐만 아니라 감각의 성향 또는 수용성 자체의 조건과도 관련이 있다. 실제로 반응하는 사람은 특정 종류의 폭력을 종종 행사하는 규범들에 의해 강제로 만들어지는데, 규범들은 그 주체에게 특정 종류의 폭력에 대한 경향을 갖게 할 수도 있다. 따라서 폭력은 비폭력의 청원을 받은 사람에게 낯선 것이 아니다. 폭력은 처음부터 추정상 '바깥'에 있지 않다. 폭력과 비폭력은 전략이나 전술이 아니라 주체를 형성하고 주체의 구성적 가능성이 되며, 따라서 지속적인 투쟁이 된다. 이렇게 말하는 것은 비폭력이 단일 주체의 투쟁이라는 것을 암시하지만, 또한 주체에 작용하는 규범들은 본질적으로 사회적이며, 비폭력의 실천에 걸려 있는 유대는 사회적 유대라는 것도 암시한다. 따라서 비폭력을 위해 고군분투하는 단일의 '나one'는 자신의 사회적 존재론을 승인하는 과정에 있는 것이다. 이 주제에 대한 논쟁들은 우리가 개인의 실천과 집단행동의 문제를 쉽게 분리할 수 있다고 종종 가정하지만, 비폭력의 도전은 바로 그러한 이중 존재론의 추정에 대한 도전일 수도 있다. 결국 "나"는 사회적 규범의 작용을 통해, 그리고 항상 구성적인 사회적 유대와 관련하여 형성된다면, 개체성의 모든 형태는 사회적 결정이라는 결론에 도달하게 된다. 반대로 모든 집단은 다른 집단으로부터 제한될 뿐만 아니라 차별화된 집합assemblage으로 구성되는데, 이는 단일화singularization가 사회성의 본질적인 특징을 구성한다는 것을 전제로 한다.

그러나 이러한 논증들이 비폭력에 대한 비판적 고려에 매우 중요하더라도 이에 의존해서는 문제에 대한 명확한 답을 얻을 수 없다고 생각한다. 우리는 "누구에 대한 비폭력인가?", "무엇에 대한 비폭력인가?"를 물어야 한다. 예를 들어 사람에 대한 폭력, 지각 있는 존재에 대한 폭력, 소유물에 대한 폭력, 환경에 대한 폭력 등을 구분해야 한다. 게다가 다른 폭력에 대응하거나 저지하기 위한 폭력의 형태들도 있다. 즉 정당방위 전술뿐만 아니라 잔혹행위나 기근 또는 기타 인도주의적 위기에 맞서 싸우거나 민주 정치를 확립하기 위한 혁명적 노력이라는 명목으로 행해지는 폭력도 있다. 이 짧은 마지막 장에서 이러한 중요한 문제들의 구체성과 긴급성을 모두 다룰 수는 없지만, 비폭력 주장을 표명할 수 있는 가능성의 조건에 대해 좀 더 폭넓게 말할 수는 있을 것이다. 비폭력의 청원을 받은 주체는 누구이며,

그 주장은 어떤 프레임을 통해 타당하다고 인정되는가? 주장이 제기되면 여러 가지 결정이 내려질 수 있지만(청원은 받아들이고 주장에 반대할 수도 있다), 주장에 대한 반응성이 있다면 폭력을 당연한 사회적 사실로 받아들이는 것이 덜 쉬워질 것이라고 나는 확신한다.

최근 《디퍼런시즈differences》에서 의견 교환을 하는 중에 철학자 캐서린 밀스Catherine Mills는 나에게 명백한 역설을 생각해 보라고 했다.[1] 밀스는 주체가 형성되는 데에는 폭력이 존재하며, 주체를 수립하는 규범들은 정의상 폭력적이라는 점을 지적한다. 그런 다음 밀스는 그렇다면 어떻게 비폭력을 요구할 수 있냐고 묻는다. 우리는 일단 멈추고, 주체를 형성하는 것이 오직 규범뿐인지, 그리고 그 형성에 참여하는 규범이 반드시 폭력적인지를 물어볼 수 있다. 하지만 일단은 이 논제를 받아들이고 그 논제가 어디로 이어지는지를 보려고 한다.

우리는 적어도 부분적으로는 폭력을 통해 형성된다. 우리는 우리의 의지와 상관없이 젠더나 사회적 범주를 부여받으며, 이러한 범주들은 이해가능성 또는 인정가능성을 부여한다. 이는 또한 이해불가능성 또는 부분적 이해가능성의 사회적 위험이 무엇인지도 알려주는 것이다. 그러나 이것이 사실이고 나 또한 그렇게 생각하더라도, 우리의 형성에 작용하는 폭력과 일단 우리가 형성된 후 우리가 스스로 행하는 폭력 사이에 어떤 결정적인 단절이 일어날 수 있다고 주장할 수 있어야 한다. 사실, 누구든 폭력을 통해 형성된다는 바로 그 이유로, 그 형성에 있는 폭력을 반복하지 않아야 할 책임이 더욱 절실하고 중요할 수 있다. 우리는 권력의 매트릭스 안에서 형성될 것이다. 그러나 그렇다고 해서 우리가 평생 동안 그 매트릭스를 충성스럽게 또는 자동으로 재구성해야 한다는 의미는 아니다. 이를 이해하기 위해 우리는 형성된다는 것이 무엇인지, 특히 규범에 의해 형성된다는 것이 무엇인지, 그리고 그 형성이 단 한 번 과거에 일어나는지 아니면 시간의 흐름에 따라 발전하며 효과적인 방식으로 일어나는지 여부에 대해 잠시 생각해 보아야 한다. 이러한 규범들은 과거에 뿐만 아니라 시간이 지남에 따라 반복되는 방식으로 특정 종류의 주체를 확립(또는 해체)하는 데 생산적으로 작용한다. 규범은 한 번만 작용하는 것이 아니다. 실제로 그러한 규범들의 작용 개시를 말하는 것은 불가능하다. 그러나 우리는 종종 큰 관심을 가지고 허구적으로 그러한 개시를 가정할 수 있으며, 또한 특정 규범의 형성이 이루어졌다고 알려진 장소와 시간을 찾으려 할 수도 있다(물론 나는 그러한 연대기는 항상 악의적으로 구성될 수 있다고 장담한다). 예를 들어 젠더가 '태초에' 우리에게 작용한다고 해서 그런 다음 우리에게 작용을 멈추는 게 아니며, 그래서 일차적 각인들은 시간에 따라 시작되고 끝나는 것이 아니다. 오히려 그 일차적 각인들은 우리 삶의 시간성을, 규범의 지속적인 작용과, 현재에도 계속되는 과거의 작용과, 따라서 젠더 형성의 시작과 끝을 그 자체로 표시하는 것의 불가능성과 얽혀 있는 것으로 설정하는 것들이다. 우리는 별개의 두 시간적 사건을 언급할 필요가 없다. 즉, 주어진 시점에 주체들이 생산되는 규범적 조건들이 존재하고 그 후 다른 시점에 그러한 조건들이 '단절'된다고 주장할 필요가 없다. 주체의 규범적 생산은 반복 가능한 과정이다. 규범은 반복되며, 이러한 의미에서 규범은 '생산조건'으로 제한되는 맥락들과 끊임없이 '단절'되고 있다.

반복가능성iterability이라는 개념은 어째서 규범이 결정론적 방식으로 작용하지 않는지를 이해하는 데 매우 중요한다. 그리고 이는 어째서 수행성이 '구성'보다 더 유용한 용어인지에 대한 이유이기도 한다.[2] 규범의 '기원'을 설명할 수 있고 허구적 해석이 아닌 구체적 서술을 제공할 수 있다고 해도 그것이 무슨 소용이 있을까? 규범의 목표를 그것의 기원으로부터 도출할 수 없다면(예를 들어 니체가 법적 관습과 관련하여 분명히 말했듯이), 비록 규범들이 폭력에서 비롯되었다고 해서 규범의 운명이 언제나 그 근원에 있는 폭력을 반복하는 것이라는 결론이 나오지는 않을 것이다. 또한 규범이 계속해서 폭력을 행사하더라도 항상 같은 방식으로 폭력을 행사하지는 않을 가능성도 여전히 있을 것이다. 게다가, 기원에 있는 폭력이 시간이 지남에 따라 규범을 만들어내는 반복해서 행사되는 폭력과 동일하다는 것을 드러내야 할 것이다.

규범의 기원은 모든 미래에서 규범의 작동을 제약하는가? 그것은 시간성에 대한 어떤 통제를 확립하는 데 기능할 수 있을 것이다. 그런데 또 다른 시간성(또는 여러 시간성)이 그것의 반복 과정에서 등장할 수 있는가? 이것은 적어도 하나의 가능성, 즉 누구든 조율하거나 요구하려고 시도할 수 있는 어떤 것인가? 우리가 촉구하고 요구하는 것은 근본적으로 새로운 미래라는 이름으로 과거 전체를 갑자기 단절하는 것이 아니다. '단절'은 규범의 반복가능한 구조에 따른 일련의 중요한 변화에 지나지 않는다. 규범이 되풀이 반복가능하다고 말하는 것은 꼭 규범에 대한 구조주의적 설명을 받아들이는 것이 아니라, 포스트구조주의에서 계속되는 삶에 대해 무언가를 긍정하는 것이다. 그 삶은 몸의 시간적 과제를 형성하는, 살아 감, 삶을 지탱함, 살을 이어 감, 삶의 지속 같은 개념이 차지한 삶이다.

이 모든 것에도 불구하고, 나는 모든 규범성이 폭력에 기반을 두고 있다는 논제를 일반화하는 것을 경계하고 싶다. 이러한 종류의 주장은 초월적인 논증으로 기능할 수 있다. 이런 경우 그것은 규범이 다른 이유로 작동하는 사회적 사례들이나 '폭력'이라는 용어가 규범을 작동시키는 권력이나 힘을 제대로 서술하지 못하는 사회적 사례들을 구분하는 데 실패한다. 물론 존재의 특정 방식들을 생산하고 제약하는 권력 체제가 있다는 것은 확실하다. 그러나 나는 권력을 방정식에서 배제하고 폭력을 모든 주체 형성에 필수적인 것으로 만드는 초월적 논제를 긍정하거나 부정하는 것에 대해 전혀 확신하지 못하겠다.[3]

폭력 행사에 맞서는 윤리적 처방은 주체의 생산에 작용할 수 있는 저 폭력을 부인하거나 거부하지 않는다. 사실 비폭력에 대한 요청을 이해하려면 아마도 공식을 완전히 뒤집어야 할 필요가 있을 것이다. 사람이 폭력 속에서 형성되고(여기서 '사람one'은 시민적인 그리고 사적인 삶에서 다양한 지류 형태를 취하는 호전성의 국가적 구조를 통해 형성될 수도 있다), 그 형성적 작용이 평생 계속될 때, 자신의 형성적 역사의 폭력을 어떻게 보이며 살아야 할지, 그것의 반복에서 전환과 반전을 어떻게 일으킬지에 대한 윤리적 난국이 발생한다. 반복가능성은 모든 결정론을 회피한다는 바로 그 이유로 다음과 같은 질문들이 우리에게 남는다. 나는 내 형성의 폭력성을 어떻게 보이며 살아갈 것인가? 그것은 내 안에서 어떻게 계속 살아남는가? 내가 그것을 짊어지고 있음에도 불구하고 그것이 나를 어떻게 짊어지는가? 그리고 어떤 새로운 가치의 이름으로 내가 그것을 뒤집고 이의를 제기할 수 있을까? 가능하다면, 그러한 폭력은 어떤 의미에서 방향이 바뀔 수 있을까? 반복가능성은 모든 자발적 행동을 헛되게 한다는 그 이유로, 나는 내 형성의 역사에서 자유로울 수 없다. 나는 역사의 이 비의도적 영역의 여파 속에서, 아니 실제로는 그 여파로 살아갈 수밖에 없다. 사람은 이러한 형성적 폭력을 가지고 특정한 폭력적 결과에 대항할 수 있을까? 그래서 폭력의 반복 전환을 경험할 수 있을까? 아마도 여기서 더 나은 단어는 '공격성'이거나 덜 임상적으로는 '분노'일 것이다. 왜냐하면 내 생각에 비폭력은, 그것이 언제 어디서 존재하든, 공격성이 폭력으로 나타나는 경향에 대한 공격적인 경계를 수반하기 때문이다. 따라서 비폭력은 투쟁이며, 문화에 대한 임상 정신분석과 정신분석적 비판의 윤리적 과제 중 하나가 된다.

사실, 윤리적 '소명'으로서의 비폭력은 주체를 만들고 유지하는 데 관련된 폭력이 없다면 이해될 수 없을 것이다. 투쟁도, 의무도, 어려움도 없을 것이다. 요점은 자신의 생산 조건을 근절하는 것이 아니라 단지 그 생산의 결정적 힘에 대항하는 삶, 즉 생산 규범들의 반복가능성과 그에 따른 그 취약성과 전환성도 잘 활용하는 삶을 살아가는 데 책임을 지는 것이다. 내 존재의 사회적 조건은 전적으로 내 의지와는 무관하며, 그러한 조건과 그 비의도적인 영향이 없는 행위주체성agency은 존재하지 않는다. 내가 전혀 선택하지 않은 사람들, 심지어 내가 전혀 알지 못하는 사람들과의 필요하고 상호의존적인 관계는 어떤 것이든 내 것이 될 수 있는 행위주체성의 조건을 형성한다. 그리고 모든 비의도적인 영향이 '폭력적'인 것은 아니지만, 그중 일부는 분노를 유발하는 방식으로 몸에 강제로 작용하는, 손상을 주는 침해이다. 이것이 바로 비폭력이라는 역동적인 결속 또는 '투쟁'을 구성하는 것이다. 비폭력은 규범성의 영역에서 폭력을 정화하거나 소멸시키는 것과는 아무런 관련이 없으며, 표면적으로 비폭력적인 영혼의 영역을 찾아서 가꾸고 그 지시에 따라 사는 법을 배우는 것과도 관련이 없다.[4] 투쟁이 존재하고 비폭력의 가능성이 나타나는 것은 바로 폭력에 휩싸여 있기 때문이다. 폭력에 휩싸여 있다는 것은, 투쟁이 힘들고, 어렵고, 지연되고, 변덕스럽고, 피할 수 없을 때라도 그것은 결정론과 같지 않다는 것을 의미한다. 다시 말해, 휩싸여 있다는 것은 비폭력을 위한 투쟁가능성의 조건이며, 이는 또한 투쟁이 종종 실패하는 이유이기도 하다. 그렇지 않다면 투쟁은 전혀 존재하지 않을 것이고 오직 감정의 억제와 거짓 초월에 대한 추구만 있을 것이다.

비폭력은 미덕도 아니고 입장도 아니며, 보편적으로 적용되어야 할 일련의 원칙도 분명 아니다. 그것은 손상되고, 분노하고, 폭력적인 보복을 하고 싶은 마음이 있지만 그럼에도 불구하고 그 행동에 맞서 싸우는 (종종 분노를 자기 자신에게 돌리는) 주체의 궁지에 몰리고 갈등하는 입장을 나타낸다. 폭력에 대항하는 투쟁은 폭력이 자신의 가능성임을 받아들이는 것이다. 그러한 수용이 없다면, 오히려 아름다운 영혼으로, 정의상 폭력적인 공격이 없는 사람으로 자세를 취한다면 윤리적 딜레마도, 투쟁도, 문제도 있을 수 없을 것이다. 그러한 미덕의 입장이나 순수의 원칙은 그 입장들을 가공한 폭력을 부인하거나 감정적으로 억제할 것이다. 매우 중요한 점은 다음의 둘을 구별하는 것이다. 즉, ① 분노와 손상을 주는 행위에 도덕적 정당성을 부여하여 공격성을 미덕으로 변모시키는, 손상되고 분노한 주체 ② 그들이 야기한 상처를 그럼에도 불구하고 제한하려고 하면서 오직 공격성을 가지고 공격성에 대한 적극적인 투쟁을 통해서만 그렇게 할 수 있는, 손상되고 분노한 주체의 구별이다. 전자는 자신이 가하는 폭력을 부인하는 주체의 도덕화를 수반하는 반면, 후자는 자신의 공격성뿐만 아니라 사회적 폭력과도 만나는 가운데 비폭력 이념과의 도덕적 투쟁을 필요하게 만든다(여기서 사회적 만남과 '자신의 것'과의 만남은 서로에게 전이적으로 영향을 미친다). 이 후자는 주체의 불순성과 사회적 관계의 비의도적 차원(명시적으로 의지가 있는 관계의 요소들을 포함한다)을 받아들이며 또한 공격의 가능성이 사회적 삶에 만연해 있음을 받아들이다. 내가 언급하는 투쟁은 누군가가 공격의 대상이 되어 손상되었을 때, 그리고 보복에 대한 욕구가 날카로워질 때 더욱 고조된다. 이것은 개인적인 투쟁일 수 있지만, 그 투쟁의 매개변수들은 보복을 향한 움직임이 신속하게 그리고 도덕적 확신을 가지고 행해지는 정치적 갈등 상황에 분명히 만연해 있다. 나는 책임이 다른 정박지를 찾을 수 있다고 제안함으로써 이 중대한 시점에서 얽힌 폭력과 도덕화의 매듭을 풀어보려고 한다.

레비나스에게 폭력은 얼굴을 통해 전달되는 타자의 위태로운 삶과 마주했을 때 주체가 느낄 수 있는 하나의 '유혹'이다. 그렇기 때문에 얼굴은 살인의 유혹인 동시에 살인을 막는 금지이기도 한다. 방어해야 할 살인 충동이 없다면 '얼굴'은 아무런 의미가 없을 것이다. 그리고 바로 그 무방비상태가 금지가 상대하여 기능하는 공격성을 부추기는 것이다. 레비나스는 얼굴과의 만남에서 주체의 어떤 양가감정, 즉 죽이고 싶은 욕망과 죽이지 말아야 할 윤리적 필연성을 명확히 했다.[5]

멜라니 클라인의 경우 이러한 양가감정은 또 다른 형태로 나타난다. 살인적 분노에 대한 그녀의 성찰은 애도와 상실에 대한 분석에서 비롯된다.[6] 클라인에게 '대상'과의 관계는 소멸과 보존의 관계이다. 내사introjection는* 잃어버린 대상을 '보존'하는 방식이지만, 이러한 멜랑콜리적 해결책은 파괴적인 결과를 초래할 수 있다. 클라인은 상실을 겪는 주체에게 소비적 공격성이 따라온다고 말한다. 즉, 상실된 '타자'는 일종의 내사적 식인주의를 통해 정신적으로 '소비'된다. 정신 속에 자리 잡은 타자는 내부적으로 계속 '질책'을 받으며, 따라서 클라인에 따르면 '도덕적 가학증'을 특징짓는 비판적 목소리가 등장하게 된다.[7] 이러한 도덕적 가학증은 앞서 언급한 폭력의 도덕화와 공명한다. 상실된 타자는 (그 타자를 보존하기 위한 방법으로) 통합되지만, (단지 '가버렸다'는 이유뿐만 아니라 사랑 관계의 일반적인 양가감정의 결과로서) 비난을 받기도 한다. 따라서 멜랑콜리적 해결책은, 잃어버린 타자가 최종 결론에 도달하지 않고 끊임없이 보존되고 끊임없이 파괴되는 바로 그러한 방식으로 자아를 재구성한다. 타자에 대한 그리고 그 타자

---

* 내사는 외부의 대상을 자기 내면의 자아체계로 받아들이는 것을 말한다. _옮긴이

의 상실에 대해 느끼는 분노는 살아남은 주체의 자기소멸적 독백을 이루는 반성적 전환을 야기한다. 무언가 보존적인 것이 이러한 자기소멸적 경향을 막아야 하지만 자살 위험은, 클라인의 용어로는, 자아가 자신을 희생해서라도 타자, 즉 타자의 이상을 보존하려고 하는 것이다. 즉, 죽거나 사라진 자는 살아남은 자아에 의해 파괴되고 있는 것으로 여전히 지각될 가능성이 있으며, 따라서 역설적으로 잃어버린 타자를 구하는 유일한 방법은 자신의 생명을 희생하는 것이 될 수 있다.

여기서 주목해야 할 중요한 점은 클라인이 멜랑콜리와 관련하여 설명하는 양가감정이 일반적으로 사랑과 애착의 조건으로 일반화될 수 있다는 것이다. 클라인에게 멜랑콜리는 박해의 장면을 설정하는 대상을 내면화하고, 자아에게 회생 불가능한 상황을 조성하며, 종종 그들이 클라인의 의미에서 '좋은' 대상인지 '나쁜' 대상인지에 관계없이 내적 대상의 추방을 촉진한다. 「애도와 멜랑콜리」에서 프로이트는 초자아의 기능을 잃어버린 타자의 내면화와 변형에까지 이르는 맞비난recriminating의 목소리로 추적했다. 이 맞비난의 목소리는 타자가 살아서 남겨진 자의 훈계를 들었다면 그 자아가 바로 타자에게 했을 말을 말하는 목소리였다.[8] 부재한 타자에게 가해지는 비판과 맞비난은 편향되어 자아를 향한 내부의 목소리로 변형된다. 타자를 향해 말할 수 없었던 맞비난은 결국 오직 자기 자신을 향해서만 말할 수 있게 되며, 이는 마침내 타자를 자신의 비난의 목소리로부터 심지어 죽음에서도 구하는 방법이 된다. "타자의 생명을 구하기 위해" 자신에게로 돌아선 자신의 목소리는 자신의 잠재적 소멸의 도구가 된다. 결과적으로 자아가 살기 위해서는 타자를 죽게 내버려 두어야 하지만, "죽게 내버려 두는 것"이 '살인'에 너무 가깝거나 실제로 상대방의 죽음에 대해 불가능한 책임을 지는 것처럼 느껴질 때, 이는 어려운 일이다. 비록 스스로 목숨을 끊는 것이 자신을 살인자로 확인하는 것이라도, 타자의 살인자가 되는 것보다는 차라리 스스로 목숨을 끊는 것이 낫다. 멜랑콜리한 그 자신의 격렬한 말이 자기소멸의 힘을 휘두르는데 누가 알튀세르나 경찰이 필요하겠는가? 경찰은 정확한 고소를 위해 멜랑콜리한 사람을 몰아칠 필요가 없다. 함께 살 수 있는 양심과 살 수 없는 양심의 차이는 전자의 경우 자기-살인은 부분적이고 승화되며 결함이 있다는 것이다. 즉, 그것은 자살이나 살인이 되지 못한다. 역설적이게도 오직 결함 있는 양심만이 파괴적인 폭력에 맞설 가능성이 있다.

클라인은 멜랑콜리로 고조된 초자아에 대한 시나리오를 취하여 그것을 정신적 예속으로 재구성한다. 그리고 "자아 안에 자리 잡은 사랑하는 대상의 극도로 잔인한 요구와 질책에 순응할 때 자아가 감수하는 노예 상태"를 길게 서술한다. 그녀는 계속 서술한다. "이러한 엄격한 요구는 자아가 통제할 수 없는 증오에 맞서는 싸움과 자아가 부분적으로 동일시되는 나쁜 공격 대상과 맞서는 싸움에서 자아를 지원하는 데 도움이 된다."[9] 중요한 것은 "잔인한 요구와 질책"이라는 목소리의 도덕화가 초자아의 형성을 촉진한다는 점이다. 초자아는 일차적으로 리비도적 욕망의 억제로서 생기게 되는 것이 아니라, 일차적인 공격성과 그에 따른 소멸적인 결과를 전유하고 지연시키는 회로로 생기게 된다. 따라서 초자아는 자아가 자신의 "통제할 수 없는 증오"에 맞서 싸우는 것을 지원한다. 자신에 대한 자기 자신의 공격성을 결집함으로써 자아는 위험한 자기희생의 방향으로 나아간다.

다행히도 이 경제는 변화할 수 있고 실제로 변화하기 때문에 이것은 폐쇄적 시스템이 아니며 주체의 기초적인 존재론도 분명 아니다. 경제 내부의 불안정성을 나타내는 신호로서 소멸은 주체에 동기를 부여하지만 보존도 마찬가지다. 클라인은 레비나스와 마찬가지로 대상의 웰빙well-being에 대한 '불안'을 언급한다. 이 주체는 처음부터 양가감정을 지니고 있었기 때문에 그 갈등을 다른 방식으로 가질 수 있다. 대상(살아 있거나 죽은)과 관련하여 자아(에고)는 '책임감'은 물론 불안과 후회를 느끼며, 자아의 파괴적 충동에 대한 정신적 인물인 박해자로부터 자신을 보호하고 또한 사랑하는 사람들을 자신의 박해로부터 보호한다. 실제로 박해는 파편으로 분산되며, 이는 (공격성을 통한) 대상의 붕괴와 그 파괴가 분해된 형태로 되돌아오는 것을 의미한다.[10] 따라서 클라인은 분해된 대상의 각 파편이 박해자로 다시 성장하는 정신적 장면을 언급한다. 자아는 단순히 자신이 만들어낸 파편화의 유령을 두려워하는 것이 아니다. 자아는 대상을 향해 슬픔을 느끼고, 대상의 임박한 상실, 즉 자신의 파괴성의 결과로 초래할 수 있고, 초래할 수도 있으며, 초래할 상실에 대해 반응한다.

1장에서 지적했듯이 클라인에게 죄책감은 회생 불가능한 손실의 가능성을 막으려는 것이다. 그것의 '도덕화'는 부차적이며 심지어 편향된 것이다. 여기서 뭐든 도덕성이 작용한다면 그것은 오로지 "내"가 생존하기 위해 타자를 필요로 한다는 통찰, "나"는 항상 관계적이라는 통찰, "나"는 다른 사람을 유지함으로써만이 아니라 다른 사람에게 말 걸기를 유지할 수 있는 능력을 형성함으로써 존재한다는 통찰로 구성된다. 이는 우리에게 클라인에서 위니콧D.W. Winnicott으로 넘어가는 중요한 전환을 다시 한번 생각하게 하는 지점이다. 위니콧에게 문제는 사랑의 대상이 우리의 사랑에서 살아남을 수 있는지, 어떤 훼손을 견디면서도 여전히 대상으로서 지속될 수 있는지이다.[11] 그러나 클라인의 경우 우리 자신의 파괴성에 맞서 대상을 보존하려는 노력은 결국 자신의 생존에 대한 두려움으로 귀결된다.

명백히 반대되는 두 입장 모두에서, 주체에게 문제가 되는 것은 파괴성이다. 비록 공격성이 인간됨과 공존한다고 해도(그리고 암묵적으로 인간 동물에 대한 인간중심적 이해를 뒤집는다고 해도), 파괴성이 살아 있고 지시되는 방식은 엄청나게 다양하다. 실제로, 그것은 타자를 파괴로부터 보호하고자 하는, '비-도덕화된' 책임감의 기초가 될 수 있다. 이것이 바로 도덕적 가학증에 대한 대안, 즉 폭력의 부인에서 비롯되는 순수의 윤리학에 그 자체로 올바르게 근거하는 폭력에 대한 대안이다. 이는 또한, 폭력이 구조적으로 고정되어 있고 주체의 수준에서 결정론적이라고 간주하여, 다른 사람의 삶을 보호하려는 윤리적 헌신의 가능성을 배제하는 폭력의 존재론화 ontologization에 대한 대안이기도 하다.

여기서 우리는 도덕적 가학증과 책임감의 중요한 차이점을 알 수 있다. 도덕적 가학증이 자신을 미덕으로 포장하는 박해의 방식이라면, 위의 의미에서 책임은 분노에 찬 요구에 대해 비폭력적인 해결책을 찾아야 하는 윤리적 명령은 물론 공격성도 '갖고' 있다. 이는 형식적인 법에 복종해서가 아니라, 자신의 파괴적인 잠재력으로부터 타자를 보호하려고 하기 때문이다. 타자의 위태로운 삶을 보존한다는 이름으로, 공격성을 자신이 사랑하는 사람들을 보호하는 표현방식으로 만들어내는 것이다. 따라서 공격성은 폭력적인 치환을 제한하고, 상대방의 불안정한 삶을 존중하고 보호하려는 사랑의 주장에 자신을 종속시킨다. 클라인과 레비나스에게 책임의 의미는 열려 있는 불안anxiety과 결부되어 있다. 이 불안은 부인을 통해 양가감정을 해결하지 않으며, 삶을 파괴하기보다 더 잘 보존하고자 하는, 그 자체로 실험적인 어떤 윤리적 실천을 일으키는 불안이다. 그것은 비폭력의 원리가 아니라 삶의 불안정성에 주목하고, 삶이 삶이 아닌 것으로 변질되는 것을 저지하는, 완전히 실수할 수도 있는, 실천이다.

폭력을 행할 것인가, 행하지 않을 것인가의 문제는 권력을 둘러싼 지속적인 경쟁 속에서 등장한다. 폭력이 최선의 선택인지 여부를 결정하는 것은 특권층만의 몫이 아니다. 역설적이게도 심지어 고통스럽기도 하지만, 반격할지 여부와 반격한다면 어떤 형태로 할지를 결정하는 것은 박탈 당한 자의 의무이기도 하다. 예를 들어, 대규모 국가 폭력 앞에서 이런 질문을 던지는 것이 어리석거나 이질적인 것처럼 보일 수도 있다. 그러나 어떤 상황에서는 비-대응적 폭력 행위가 다른 어떤 행위보다 국가의 일방적인 잔인성을 드러내는 데 더 큰 역할을 할 수도 있다. 비폭력이 누구의 영혼의 순수성을 지켜주는지는 잘 모르겠지만, 비폭력은 다른 곳에서 폭력적으로 공격을 당하더라도 사회적 유대를 공언한다.

국가 폭력은 종종 주권적 주체를 설정함으로써 자신을 명료하게 표현한다. 주권적 주체는 마치 타자에 의해 침해당하는 자가 아니며, 자신의 영구적이고 돌이킬 수 없는 손상가능성이 자신의 행위의 조건과 지평을 형성하는 자가 아니라는 태도를 취한다. 이러한 주권적 입장은 자신의 구성적 손상가능성을 부정할 뿐만 아니라, 손상가능성을 그 타자에 대한 손상 행위를 통해 그리고 정의에 따라 그 타자를 손상가능한 존재로 드러냄으로써 타자 안에 이전시키려고 한다. 폭력 행위가 무엇보다도 침해 범위를 (항상) 다른 곳으로 재배치하는 방식이라면, 폭력을 행사하는 주체에게는 폭력이 침투할 수 없는 것처럼 보이게 된다. 이러한 외관의 성취가 폭력의 목적 중 하나가 된다. 즉, 타자에게 손상을 입히고 그 다음 손상의 징후를 타자의 진실로 삼음으로써 손상가능성을 타자를 가지고with 찾아내는 것이다. 이 장면의 특수한 도덕화는, 비록 폭력의 일차적 목적이 지배, 불가침, 불침투의 효과가 불가능하다는 것을 파괴적 수단을 통해 확보하는 데 있더라도, 폭력이 '합법적'이라고 심지어 '미덕'이라고 '정당화'될 때 일어난다.

손상가능성을 승인하는 것이 어떤 식으로든 비폭력 정치를 보장하는 것은 아니다. 그러나 차이를 가져올 수 있는 것은 불안정한 삶과 손상가능성을 문화적 정체성을 표시하는 차별적 방식이 아니라 일반화된 조건으로, 즉 역사적 상황과 무관하게 정의에 따라 박해를 받거나 손상을 입는 문화적 주체의 반복적이거나 영원한 특징으로 고려하는 것이다. 첫 번째 경우, '주체'는 위태로움과 상호의존성이라는 공유 조건을 이해하는 데 역효과를 낳는다고 입증되었다. 두 번째 경우, '주체'는 재-설정되며 그것의 손상(과거)과 손상가능성(현재와 미래)에 의해 정의된다.[12] 특정 주체가 정의에 의해 자신이 손상되거나 실제로 박해를 받는다고 생각한다면, 그러한 주체가 저지르는 어떤 폭력 행위도 '손상 행위'로 등록될 수 없을 것이다. 왜냐하면 그러한 행위를 하는 주체는, 정의상, 손상을 겪는 것 말고는 어떤 행위도 할 수 없기 때문이다. 결과적으로 주체의 손상된 지위에 기초한 주체의 생산은 그 다음에 그 자신의 폭력적 행동을 정당화(및 부인)할 수 있는 영구적인 근거를 만들어낸다. 주권적 주체가 자신의 손상가능성을 부인하고 그것을 영구 저장소로서의 타자에게 이전시키는 만큼, 침해당한 주체도 자신의 폭력 행위를 부인할 수 있다. 왜냐하면 어떤 경험적 행위도 희생화vitimization라는 선험적 추정을 반박할 수 없기 때문이다.

여기서 비폭력이 등장할 기회가 있다면, 그것은 모든 사람들의 손상가능성에 대한 인정에서 출발하는 것이 아니라(그것이 사실일지라도), 자신이 결코 선택하지 않았고 알지 못했던 사람들과 관련된, 그들과의 관계가 계약 조항보다 우선하는 사람들을 포함하여 자신과 얽혀 있는 사람들의 삶과 관련된, 자신의 폭력적 행동의 가능성을 이해하는 데서 출발할 것이다. 다른 사람들이 나에게 호소하는데, 내가 그들의 호소를 듣거나 반응할 수 있는 조건은 무엇일까? 레비나스식으로 그 외침은 내가 알기 전에 나에게, 그리고 내가 존재로 들어가는 개시를 알리는 첫 번째 사례로서 나에게 제기된다고 말하는 것만으로는 충분하지 않다. 그것은 형식적으로는 맞을 수 있지만, 내가 이러한 사회적 및 정치적 삶의 한가운데서 그것을 포착할 수 있게 하는 반응성의 조건들을 결여한다면 그 진실은 나에게 아무 소용이 없다. 그 '조건'에는 나의 개인적인 자원뿐만 아니라 반응성을 가능하게 하는 다양한 매개 형태와 프레임도 포함된다. 다시 말해, 나에 대한 호소는 감각을 통해 일어나는 데, 부분적으로 이 감각들은 미디어의 다양한 형태들, 소리와 음성, 이미지와 텍스트, 촉각과 후각의 사회적 편성을 통해 만들어진다. 나에 대한 타자의 주장이 나에게 도달하려면 어떤 식으로든 매개되어야 한다. 이는 비폭력으로 반응하는 우리의 능력 자체가(특정 폭력 행위에 반대하는 것, 또는 폭력적 도발에 직면하여 '비행위non-act'를 따르는 것) 세계가 주어지고 그로 인해 현상의 영역이 제한되는 프레임에 의존한다는 것을 의미한다. 비폭력에 대한 주장은 단순히 어느 한 쪽을 선택해야 하는 개인으로서의 나를 호명하는 게 아니다. 주장이 등록된다면, 그것은 나를 '자아ego'로서가 아니라 다른 사람들과 풀 수 없고 철회할 수 없는 방식으로 얽혀 있는 존재로 드러낸다. 즉 나는 내가 결코 선택하지 않은 영향을 나에게 미치는 사람들에 의해 정동적으로 몰아지고 만들어지는, 불안정성과 상호의존성이라는 일반화된 조건 속에 존재하는 존재로 드러난다. 비폭력에 대한 강력한 명령은 비폭력이 그들과의 관계에서 적절한 태도가 되어야 하는 어떤 존재들의 영역이 있다는 것을 항상 전제한다. 그 영역은 변함없이 제한적이기 때문에, 비폭력은 폭력을 행사해서는 안 되는 사람들과 단순히 명령 자체로는 "보호되지 않는" 사람들을 구별함으로써만 호소력을 발휘할 수 있다.

비폭력에 대한 명령이 의미를 가지려면, 먼저 지각적 삶 전반에 걸쳐 작동하는 이러한 차별적 전제, 즉 도식적이고 이론화되지 않은 불평등주의를 극복해야만 한다. 비폭력에 대한 명령이 무의미해지지 않으려면, 살 만한 삶과 애도할 만한 삶이라고 간주되는 삶과 그렇지 않은 삶을 구별하는 규범에 대한 비판적 개입과 연계되어야 한다. 비폭력에 대한 요구는 오직 (앞선 미래에서 볼 때) 삶이 애도가능하다는 조건에서만, 인식론적 불평등주의 형태와 공모하는 것을 피할 수 있다. 따라서 폭력을 저지르고 싶은 욕구에는 폭력이 되돌아온다는 불안이 항상 수반되는데, 그 이유는 그 장면의 모든 잠재적 행위자들이 똑같이 취약하기 때문이다. 이러한 통찰이 비록 폭력 행위의 결과에 대한 계산에서 나올 때라도 그것은 어떤 계산보다 먼저 존재하는 존재론적 상호 관계를 입증한다. 불안정성은 특정 전략의 영향이 아니라 모든 전략의 일반화된 조건이다. 따라서 평등에 대한 특정한 이해는 이 변함없이 공유되는 조건, 생각에서 굳건히 붙잡기가 가장 어려운 조건에서 비롯된다. 다시 말해, 비폭력은 불안정성 가운데 있는 평등에 대한 이해로부터 나온다.

이를 위해 우리는 무슨 '삶'이 될지 미리 알 필요는 없다. 그러나 삶에 대한 주장이 이루어지고 들리도록 하는 재현과 외양의 방식들을 찾고 지원을 해야 한다(이런 식으로 미디어와 생존은 연결되어 있다). 윤리는 계산보다는 지속가능한 방식으로 제기되고 제기될 수 있는 것으로부터 나오는 어떤 것이다. 즉 이는 전 지구적 차원에서, 언어들 사이에는 물론 미디어 형태들 사이에, 지속적인 번역의 실천 없이는 윤리가 존재할 수 없다는 것을 의미한다.[13] 폭력을 행할 것인지 아닌지에 대한 윤리적 문제는 오직 내 손상의 잠재적 대상으로 여겨지는 '너'와의 관계에서만 등장한다. '네'가 없거나 '네'가 들리지 않거나 보이지 않는다면 윤리적 관계는 존재하지 않는다. 그리고 특히 어느 쪽도 타자의 입장에 연루되어 있음을 인정하지 않을 때, 주권과 박해라는 배타적인 자세를 취함으로써 '너'를 잃을 수 있다. 실제로 이러한 주권 방식들이 지닌 한 가지 결과가 "바로 그 너를 잃는 것"이다.

따라서 비폭력은 이해와 감각의 영역에 대한 투쟁을 요구하며, 애도가능성을 할당하고 삶을 살아갈 가치가 있는 삶이나 살고 있는 삶으로 간주하는 차별적 방식들을 극복하기 위해 어떻게 미디어를 가장 잘 조직할 수 있는지 묻는 것 같다. 이는 또한 투과성과 손상가능성이 어떤 장소에서는 독점될 수 있고 다른 장소에서는 완전히 거부될 수 있다고 가정하는 정치적 주체 개념들에 맞서 싸우는 것이기도 하다. (극도로 복합된 반복의 형태들로) 아무리 두껍게 퇴적된 역사가 그러한 존재론적 효과를 낳았다 해도, 어떤 주체도 '박해받는 것'이나 '박해하는 것'을 독점할 수 없다. 급진적인 불침투성에 대한 어떠한 주장도 결국 참으로 받아들여질 수 없다면, 급진적인 박해성에 대한 어떠한 주장도 결국 받아들여질 수 없다. 손상가능성이 부당하고 불평등하게 분배되는 이러한 프레임에 의문을 제기하는 것은 이라크와 아프가니스탄뿐만 아니라 중동에서 현재 전쟁을 지탱하는 지배적인 프레임 중 하나에 의문을 제기하는 것이다. 비폭력 주장은 그 주장이 들리고 등록될 수 있는 조건이 마련되어야 할 뿐만 아니라(표현 방식이 없이는 '주장'이 있을 수 없다), 성남과 분노도 다른 사람들에게 등록될 수 있는 방식으로 그 주장을 명확히 표현할 수 있는 방법을 찾아야 한다. 이런 의미에서 비폭력은 평화로운 상태가 아니라 분노를 명확하고 효과적으로 표현하기 위한 사회적 및 정치적 투쟁, 즉 세심하게 만들어진 "엿 먹어라"이다.

사실상 비폭력을 실천하려면 폭력에 맞서야만 한다(폭력과 비폭력은 서로 긴밀하게 얽혀 있다). 그러나 반복해서 말하지만 사람이 직면하는 폭력은 외부에서만 발생하는 것이 아니다. 우리가 공격성과 분노라고 부르는 것은 타자를 무효화하는 방향으로 나아갈 수 있지만, 우리가 누구'인지'가 바로 공유된 불안정성이라면 우리 자신도 무효화될 위험이 있다. 이는 우리가 서로에 대해 계산하는 서로 분리된 주체이기 때문에 일어나는 것이 아니라, 우리가 어떤 계산 이전에 이미 구체적이고 중대한 방식으로 묶이고 풀리는 유대를 통해 구성되기 때문에 발생한다. 존재론적으로 이러한 유대의 형성과 비형성은 주체에 대한 어떠한 질문 이전에 이루어지며, 사실상 이는 주체성의 사회적 및 정동적 조건이다. 그것은 또한 정신적 삶의 중심에 역동적인 양가감정이 자리 잡는 조건이기도 한다. 따라서 우리에게 '욕구'가 있다고 말하는 것은 우리가 누구'인지'가 의존과 분리의 변함없고 반복되는 투쟁을 수반한다는 것, 단순히 극복해야 할 유년기의 한 단계를 지정하는 것이 아니라는 것을 의미한다. 그것은 단지 '자기 자신'의 투쟁이나 '또 한 사람'의 명백한 투쟁이 아니라, 바로 그 '우리'의 토대에 있는 파열, 즉 우리가 열정적으로 함께 결속되는 조건이다. 실로 우리는 그 조건 아래에서 격노에 차서, 바람직하게, 살인적으로, 사랑스럽게 결속된다.

선을 걷는다는 것은, 그렇다, 분노와 두려움의 교착 상태인 경계를 사는 것이며, 어떤 결정을 통해 그 위치의 불안을 너무 빨리 해결하려고 하지 않는 행동 방식을 찾는 것이다. 물론 비폭력을 결정하는 것은 좋지만, 결정은 결국 비폭력 투쟁의 근거가 될 수는 없다. 결정은 때때로 관계성 자체를 희생하면서까지 결정하는 '나'를 강화한다. 따라서 문제는 주체가 어떻게 행위해야 하는지에 관한 것이 아니라, 주체의 행위 거부가 불안정성이라는 일반화된 조건, 즉 애도가능성의 근본적으로 평등주의적인 성격에 대한 이해에서 비롯될 때 그것이 어떤 모습일 수 있는지에 관한 것이다. 예를 들어 '행위 거부'라는 말조차도 비폭력적인 파업 시행의 부분이 될 수 있는 지연 행위나 중단의 형태를 제대로 포착하지 못한다. 일상생활에서 당연하게 여겨지는 전쟁의 효과를 재생산하는 그런 반복적 행위의 차단을 생각하는 다른 방법들이 있다. 군대가 스스로를 재생산할 수 있는 기반 시설을 마비시키는 것은 징병에 저항하는 문제일 뿐만 아니라 군사 장비를 해체하는 문제이기도 하다. 폭력의 규범이 끝없이, 중단 없이 반복될 때, 비폭력은 반복을 멈추거나 추진 목적에 역행하는 방식으로 방향을 바꾸려고 애쓴다. 그 반복이 '진보', 문명의 또는 다른 이름으로 계속될 때, 발터 베냐민의 신랄한 발언에 귀 기울일 만하다. "아마도 혁명은 진보의 기차에 탄 인간이 비상 브레이크를 잡아당기는 것에 지나지 않을 것이다."[14]

브레이크를 잡아당기는 것은 '행위'이지만, 그것은 역사 자체의 동력인 체하는 일련의 반복되는 행위의 명백한 거침없음을 막으려는 행위이다. 어쩌면 그것의 특이성과 영웅주의에 담긴 '행위'는 과대평가된 것일 수 있다. 그것은 비판적 개입이 요구되는 반복가능한 과정을 간과하고, 관계적 사회 존재론을 희생하면서 '주체'가 생산되는 바로 그 수단이 될 수 있기 때문이다. 물론 관계성이란 유토피아적 용어가 아니라 정치 영역에서 변함없이 명시되는 두려움과 분노, 욕망과 상실, 사랑과 증오 등의 정동을 고려하기 위한 틀(새로운 프레임의 작업)이다. 이 모든 것은 고통의 상태에 있을 때 타인이 주장하는 피난처와 삶가능성livability과 애도가능성의 조건에 대한 동등한 요구에 반응하는 것이 가장 어렵다는 것을 말하는 또 다른 방법일 뿐이다. 그럼에도 불구하고, 이 복잡한 영역은 필수적인 투쟁의 장소, 즉 확언하기가 엄청나게 어렵고, 평등주의 옹호자들에 의해 아직 이론화되지 않았으며, 이론의 정동적 및 지각적 차원에서 도피적 방식으로 나타나는, 평등의 부침浮沈에 계속 반응하는 투쟁의 장소이다. 이러한 상황에서 행위가 타자를 희생시키면서 주체를 재생산할 때 행위하지 않는 것은, 결국, 반성의 닫힌 고리를 끊기 위해 스스로 처신하는 방식, 묶고 푸는 유대를 인정하는 방식, 평등을 정동적으로 등록하고 요구하는 방식이다. 이는 저항의 한 방식이기도 하다. 특히 전쟁이 반복해서 일어나는 프레임을 거부하고 깨뜨릴 때 더욱 그렇다.

미주

서론

1 관련 견해는 Robert Castel, *Les métamorphoses de la question sociale, une chronique du salariat*(Paris: Editions Gallimard, 1999); translated by Richard Boyd, *From Manual Workers to Wage Labourers: Transformation of the Social Question*(Edison, NJ: Transaction Publishers, 2005); Serge Paugam, *Le salarié de la précarité*(Paris: PUF, 2000); Nancy Ettlinger, "Precarity Unbound," *Alternatives* 32 (2007), 319–40 참조.

2 예를 들어 Jessica Benjamin, *Like Subjects, Love Objects: Essays on Recognition and Sexual Difference*, New Haven: Yale University Press, 1995; Nancy Fraser, *Justice Interruptus: Critical Reflections on the "Postsocialist" Condition*, New York: Routledge, 1997; Fraser and Axel Honneth, *Redistribution or Recognition? A Political-Philosophical Exchange*, London: Verso, 2003; Axel Honneth, *The Struggle for Recognition: The Moral Grammar of Social Conflicts*, Cambridge: Polity Press, 1996; *Reification: A New Look At An Old Idea (The Berkeley Tanner Lectures)*, New York: Oxford University Press, 2008; Patchen Markell, *Bound By Recognition*, Princeton: Princeton University Press, 2003; Charles Taylor, *Hegel and Modern Society*, Cambridge: Cambridge University Press, 1979; and Taylor and Amy Gutman, eds, *Multiculturalism: Examining the Politics of Recognition*, Princeton: Princeton University Press, 1994.

3 "역사적 *선험*"에 대하여는 Michel Foucault, *The Archaeology of Knowledge*, trans. A.M. Sheridan, London: Tavistock Publications Ltd, 1972. See also Foucault, *The Order of Things: An Archaeology of the Human Sciences*, New York: Vintage, 1970.

4 물론 캡션과 묘사의 경우가 더 명확하지만 프레임은 다른 방식으로 논평하고 편집한다. 여기서 프레임에 대한 내 나름의 해석은 비판적이고 사회학적인 출처에서 비롯된 것이다. 특히 Jacques Derrida, *The Truth of Painting*, trans. Geoff Bennington and Ian McLeod, Chicago: University of Chicago Press, 1987, 37–83 참조. Erving Goffman, *Frame Analysis: An Essay on the Organization of Experience*, New York: Harper & Row, 1974; Michel Callon, "An Essay on Framing and Overflowing: Economic Externalities Revisited by Sociology," in *The Laws of Markets*, Boston:

Blackwell, 1998, 244–69도 참조.

5 Trinh T. Minh-ha, *Framer Framed*, New York: Routledge, 1992.

6 Walter Benjamin, "The Work of Art in the Age of Mechanical Reproduction"(1936), in *Illuminations: Essays and Reflections*, ed. H. Arendt, trans. H. Zohn, New York: Schocken Books, 1969.

7 Roland Barthes, *Camera Lucida: Reflections on Photography*, trans. Richard Howard, New York: Hill and Wang, 1982; and Jacques Derrida, *The Work of Mourning*, Pascale-Anne Brault and Michael Naas, eds., Chicago: University of Chicago Press, 2001.

8 Donna Jones, *The Promise of European Decline: Vitalism, Aesthetic Politics and Race in the Inter-War Years*, Columbia University Press, forthcoming. See also: Angela Davis, *Abolition Democracy: Beyond Empire, Prisons, and Torture*, New York: Seven Stories Press, 2005; Michel Foucault, *Discipline and Punish: The Birth of the Prison*, trans. Alan Sheridan, New York: Pantheon, 1978; *Power/Knowledge: Selected Interviews and Other Writings 1972–1977*, New York: Pantheon, 1980; *Society Must Be Defended: Lectures at the College de France 1975–1976*, New York: Picador, 2003; *The Birth of Biopolitics: Lectures at the College de France 1978–1979*, New York: Palgrave Macmillan, 2008; Sarah Franklin, Celia Lury, and Jackie Stacey, *Global Nature, Global Culture*, London: Sage, 2000; Mariam Fraser, Sarah Kember, and Celia Lury, "Inventive Life: Approaches to the New Vitalism," *Theory, Culture & Society* 22: 1 (2005), 1–14; Hannah Landecker, "Cellular Features," *Critical Inquiry* 31 (2005), 903–37; Donna Haraway, *The Companion Species Manifesto: Dogs, People, and Significant Otherness*, Chicago: Prickly Paradigm Press, 2003, *Modest_Witness@Second_ Millennium. FemaleMan©_Meets_ OncomouseTM*, New York: Routledge, 1997; Nicholas Rose, *The Politics of Life Itself: Biomedicine, Power, and Subjectivity in the Twenty-First Century*, Princeton: Princeton University Press, 2007; Rose and Peter Miller, *Governing the Present: Administering Economic, Social and Personal Life*, Cambridge: Polity, 2008; Paul Rabinow, *Making PCR: A Story of Biotechnology*, Chicago: University of Chicago Press, 1996; *French DNA: Trouble in Purgatory*, Chicago: University of Chicago Press, 2002; Charis Thompson, *Making Parents: The Ontological Choreography of Reproductive Technology*, Cambridge, MA: MIT Press, 2005; *Stem Cell Nations: Innovation, Ethics, and Difference in a Globalizing World*, forthcoming.

9 Freud's considerations of "Anlehnung"(anaclisis) in *Three Essays on the Theory of Sexuality* (1905), trans. James Strachey, Standard Edition, 7: 123–246, London: Hogarth Press, 1953; and "On Narcissism: An Introduction"(1914), trans. James

Strachey, Standard Edition, 14: 67-102, London: Hogarth Press, 1957.

10 특히 제이 번스타인의 손상가능성에 대한 논의를 참조, Jay Bernstein, *Adorno: Disenchantment and Ethics*, Cambridge and New York: Cambridge University Press, 2001. 내 생각에 이 저서는 현대 철학에서 손상가능성과 윤리에 대한 가장 핵심적인 분석이다.

11 Achille Mbembe, "Necropolitics," trans. Libby Meintjes, *Public Culture* 15: 1 (2003), 11-40.

12 예를 들어 다음을 참조: 헌법권리센터, "불법 구금과 관타나모," http://ccrjustice.org/illegal-detentions-and-Guantánamo; "Illegal Detentions in Iraq by US Pose Great Challenge: Annan" (Reuters), CommonDreams.org, June 9, 2005, http://www.commondreams.org/headlines05/0609-04.htm; Amnesty International USA, "Guantánamo and Illegal U.S. Detentions," http://www.amnestyusa.org/war-on-terror/Guantánamo/page.do?id= 1351079; Jerry Markon, "Memo Proves Detention Is Illegal, Attorneys Say," *Washington Post*, April 9, 2008, http://www.washingtonpost.com/wp-dyn/content/article/2008/04/08/AR2008040803080.html; Giovanni Claudio Fava, "Transportation and illegal detention of prisoners by CIA," European Parliament, February 14, 2007, http://www.europarl. europa.eu/eplive/expert/shotlist_page/20070214SHL03138/default_en.htm; Hina Shamsi, "CIA Coverups and American Injustice," *Salon.com*, December 11, 2007, http://www. salon.com/opinion/feature/ 2007/12/11/Guantánamo/ index.html

13 필자의 에세이 "The Imperialist Subject," *Journal of Urban and Cultural Studies* 2: 1 (1991), 73-8 참조.

14 Benedict de Spinoza, *A Spinoza Reader: The* Ethics *and Other Works*, ed. and trans. Edwin Curley, Princeton, NJ: Princeton University Press, 1994. See also Gilles Deleuze, *Expressionism in Philosophy: Spinoza*, trans. Martin Joughin, New York: Zone Books, 1992.

15 들뢰즈는 『철학에서의 표현주의에서: 스피노자(*Expressionism in Philosophy: Spinoza*)』에서 "몸은 무엇을 할 수 있는가?(what can a body do?)"에 대한 논의를 통해 이에 명확하게 접근한다.

16 Melanie Klein, "A Contribution to the Psychogenesis of Manic-Depressive States," *Selected Melanie Klein*, ed. Juliet Mitchell, London: Penguin, 1986, 115-46.

1장

1 Lauren Berlant, ed., *Intimacy*, Chicago: University of Chicago, 2000; Ann Cvetkovich, *An Archive of Feelings: Trauma, Sexuality, and Lesbian Public Cultures*, Raleigh, NC: Duke University Press, 2003; Sara Ahmed, *The Cultural*

Politics of Emotion*, Edinburgh: Edinburgh University Press, 2004.

2 이에 대해서는 Karen J. Greenberg, ed., *The Torture Debate in America*, New York: Cambridge University Press, 2006; Kim Scheppele, "Hypothetical Torture in the 'War on Terrorism'," *Journal of National Security Law and Policy* 1 (2005), 285-340.

3 Anthony Turney and Paul Margolies, *Always Remember: The Names Project AIDS Memorial Quilt*, New York: Fireside, 1996. See also, http://www.aidsquilt.org

4 David Simpson, *9/11: The Culture of Commemoration*, Chicago: University of Chicago Press, 2006.

5 "하지만 아부 그라이브는 흥미로웠어요. 저는 ≪뉴욕타임스≫로부터 사진을 게재하지 않았다는 비판을 받았어요. 그래서 저는 청중에게 이렇게 말했죠. 전 세계 곳곳을 다니기 때문에 사진을 게재하지 않는다고요. 그리고 제가 사진을 게재하자마자 알 자지라가 ≪더 팩터≫에서 사진을 골라내서 거기에 올려서 반미 감정을 부추길 것이고 더 많은 사람들이 죽게 될 것이라는 것을 알고 있어요. 그래서 안 할 거예요. 보고 싶으면 다른 곳에서 보시면 됩니다. 여기서는 안 돼요." *The O'Reilly Factor*, Fox News Channel, May 12, 2005.

6 예를 들어, Greg Mitchell, "Judge Orders Release of Abu Ghraib Photos," *Editor and Publisher*, September 29, 2005, http://www.editorandpublisher.com/eandp/news/article_display.jsp?vnu_content_ id=1001218842

7 Talal Asad, *On Suicide Bombing*, New York: Columbia University Press, 2007.

8 Orlando Patterson, *Slavery and Social Death: A Comparative Study*, Cambridge, MA: Harvard University Press, 1982.

9 Klein, "A Contribution to the Psychogenesis of Manic-Depressive States."

10 〈러시아워 3〉 브렛 래트너 감독, 2007년.

11 이미 주어진 형태학은 특정한 시간적, 공간적 협상을 통해 구체화된다. 몸의 형태학은 동일하게 유지되는 것이 아니라 노화되고, 형태가 변하고, 능력을 획득하고 상실한다는 의미에서 시간과의 협상이다. 그리고 어딘가에 존재하지 않고 존재하는 몸은 없다. 몸은 위치의 조건이며 모든 몸은 살기 위해 환경을 필요로 한다는 점에서 공간과의 협상이다. 몸이 그것의 환경 속에 존재한다고 말하는 것은 그 어구가 충분히 강하지 않다는 이유만으로 잘못이다. 환경 없이 신체가 없다면, 어딘가에 존재하는 몸 없이, 어떤 '거기성(thereness)' 없이 몸의 존재론을 생각할 수 없다. 여기서 나는 추상적인 주장을 하려는 것이 아니라 이를 통해 몸이 존재하고 그 실존이 유지되거나 위태로워질 수 있는 물질화(materialization) 방식들을 고려하고자 한다.

12 Marc Falkoff, ed., *Poems from Guantánamo: The Detainees Speak*, Iowa City: University of Iowa Press, 2007.

13 Mark Falkoff, "Notes on Guantánamo," in *Poems from Guantánamo*, 4.

14 *Ibid.*, 41.

15 *Ibid.*, 20.

16 *Ibid.*, 28.

17 *Ibid.*, 59.

18 *Ibid.*, 59.

19 시, 71. 원문에서: "Porque el origen de la vida y el origen del lenguaje y el origen de la poesìa se encuentran justamente en la aritmética primigenia de la respiración; lo que aspiramos, exhalamos, inhalamos, minuto tras minuto, lo que nos mantiene vivos en un universo hostil desde el instante del nacimiento hasta el segundo anterior a nuestra extinción. Y la palabra escrita no es otra cosa que el intento de volver permanente y seguro ese aliento, marcarlo en una roca o estamparlo en un pedazo de papel o trazar su significado en una pantalla, de manera que la cadencia pueda perpetuarse más allá de nosotros, sobrevivir a lo que respiramos, romper las cadenas precarias de la soledad, trascender nuestro cuerpo transitorio y tocar a alguien con el agua de su búsqueda." *Poemas desde Guantánamo: Los detenidos hablan*, Madrid: Atalaya, 2008.

2장

1 Susan Sontag, *On Photography*, New York: Farrar, Straus and Giroux, 1977, 64.

2 Judith Butler, *Giving an Account of Oneself*, New York: Fordham University Press, 2005.

3 Bill Carter, "Pentagon Ban on Pictures Of Dead Troops Is Broken," *New York Times*, April 23, 2004; Helen Thomas, "Pentagon Manages War Coverage By Limiting Coffin Pictures," *The Boston Channel*, October 29, 2003; Patrick Barrett, "US TV Blackout Hits Litany of War Dead," *Guardian*, April 30, 2004, http://www.guardian.co.uk/media/2004/apr/30/Iraqandthemedia.usnews; National Security Archive, "Return of The Fallen," April 28, 2005, http://www.gwu.edu/~nsarchiv/NSAEBB/NSA EBB 152/ index.htm; Dana Milbank, "Curtains Ordered for Media Coverage of Returning Coffins," *Washington Post*, October 21, 2003; Sheryl Gay Stolberg, "Senate Backs Ban on Photos Of G.I. Coffins," *New York Times*, June 22, 2004, http://query.nytimes.com/gst/fullpage.html?res=990DE2DB1339F931A15755C0A9629C8B63

4 Susan Sontag, *Regarding the Pain of Others*, New York: Farrar, Straus and Giroux, 2003, 65.

5 *Ibid.*, 6, 154.

6 여기에서 작가 손택이 지난 수십 년 동안 자신을 둘러싼 사진가들의 일과 자신의 일을 차별화하는 것을 볼 수 있다.

7 *Ibid.*, 83.

8 *Ibid.*, 122.

9 *Ibid.*, 85.

10 *Ibid.*, 89.

11 Donald Rumsfeld, CNN, May 8, 2004.

12 Haraway, *The Companion Species Manifesto* 참조.

13 해러웨이는 2003년 9월 16일 버클리 캘리포니아 대학교에서 열린 아베날리 강연에서 이 질문을 던졌다.

14 Sontag, "Regarding The Torture Of Others," *New York Times*, May 23, 2004, http://www.nytimes.com/2004/05/23/magazine/ 23PRI SONS.html

15 미 육군 소장 제프리 밀러는 관타나모에서 개 사용을 포함한 고문 프로토콜을 고안하고 이를 아부 그라이브로 가져온 책임이 있다고 알려져 있다. "The Abu Ghraib Files," *Salon.com*, March 14, 2006, http://www.salon.com/news/abu_ghraib/2006/03/14/introduction/index.html; Andy Worthington, *The Guantánamo Files: The Stories of the 774 Detainees in America's Illegal Prison*, London: Pluto Press, 2007. 참조.

16 주요 예외는 훌륭한 영화인 〈표준 운영 절차(Standard Operating Procedure)〉 에롤 모리스(Errol Morris), 2008.

17 Joanna Bourke, "Torture as Pornography," *Guardian*, May 7, 2004, http://www.guardian.co.uk/world/2004/may/07/gender.uk

18 *Ibid.*

19 *Ibid.*

20 *New York Times*, May 1, 2004, http://query.nytimes.com/gst/fullpage.html?res=9502E0DB153DF932A35756C0A9629C8B63

21 〈표준 운영 절차〉 및 Linda Williams, "The Forcible Frame: Errol Morris's *Standard Operating Procedure*"(저자 제공) 참조.

22 국가가 자신의 조직적 잔인성으로부터 관심을 돌리기 위해 여성 고문관들을 어떻게 이용하는지 보여주는 매우 다른 도발적인 관점은 Coco Fusco, *A Field Guide for Female Interrogators*, New York: Seven Stories Press, 2008.

23 Bourke, "Torture as Pornography."

24 *Ibid.*

25 중요한 전시 중 하나는 브라이언 윌리스의 "불편한 증거: 아부 그라이브의 이라크 감옥 사진"으로 뉴욕 국제사진센터와 피츠버그 워홀 박물관 (2004-5)에서 동시에 전시되었다. 아부 그라이브 사진을 소재로 한 콜롬비아 예술가 페르난도 보테로의 그림도 2006~7년 미국 전역에서 여러 전시회를 열었는데, 특히 2006년 뉴욕 말보로 갤러리, 2007년 버클리 캘리포니아 대학교의 도(Doe) 도서관, 2007년 아메리칸 대학교 박물관에서 전시되었다. *Botero Abu Ghraib*, Munich, Berlin, London, New York: Prestel Press, 2006, including a fine essay by David Ebony. 또한 2006년에 Hunter College에서 전시된 Susan Crile의 훌륭

한 작품, *Abu-Graib/Abuse of Power, Works on Paper*를 참조.

26 Theodor Adorno and Max Horkheimer, *Dialectic of Enlightenment*, trans. John Cumming, New York: Continuum, 1972; Adorno, *Minima Moralia: Reflections from Damaged Life* (1944-1947), London: Verso, 2005.

27 Joan Walsh, "Introduction: The Abu Ghraib Files," http://www.salon.com/news/abu_ghraib/2006/03/14/introduction/index. html

28 이 점에 대해 에두아르도 카다바(Eduardo Cadava)에게 감사를 표한다. 그의 "The Monstrosity of Human Rights", *PMLA*, 121: 5, 2006, 1558-1565"은 *PMLA*, 121: 5, 2006, 1558-1565에서 확인할 수 있다.

29 Sontag, *Regarding the Pain of Others*, 65.

30 Sontag, *On Photography*, 70.

31 바르트, 『카메라 루시다:사진에 대한 성찰』. 이러한 성찰의 일부에 영감을 준 수사학과 존 뮤즈의 훌륭한 논문 "사진 증거의 수사학적 사후세계"(캘리포니아 버클리 대학교, 2007)와 여기에 있는 바르트의 발언을 상기시켜 준 에이미 후버와 그녀의 도전적인 논문 "죽음의 일반 극장: 현대의 죽음과 모더니스트 형식"에 고마움을 표하고 싶다 "(캘리포니아대학교 버클리 캠퍼스, 2009).

32 Barthes, *Camera Lucida*, 85.

32 *Ibid.*, 96.

33 *Ibid.*,96.

34 *Ibid.*

35 Sontag, *Regarding the Pain of Others*, 115.

36 *Ibid.*, 117.

37 Sontag, "Regarding the Torture of others.''

3장

1 Wendy Brown, *Politics Out Of History*, Princeton, NJ: Princeton University Press, 2001 참조.

2 Janet Jakobsen and Ann Pellegrini, *Love the Sin: Sexual Regulation and the Limits of Religious Tolerance*, New York: New York University Press, 2004; Saba Mahmood, *The Politics of Piety*, Princeton, NJ: Princeton University Press, 2005; Talal Asad, *Formations of the Secular: Christianity, Islam, Modernity*, Palo Alto: Stanford University Press, 2003; and William E. Connolly, *Why I Am Not a Secularist*, Minneapolis: University of Minnesota Press, 2000.

3 http://www.msnbc.msn.com/id/11842116 에 보도된 내용이다. 이 정책은 네덜란드 이민귀화청(IND) 웹사이트(http://www.ind.nl/en/inbedrijf/actueel/basisexamen_in

burgering.asp)에서 확인할 수 있다. 이 정책의 최근 개정에 따라 현재 두 가지 버전의 시험이 제공되므로 종교적 소수자가 불쾌감을 느낄 수 있는 누드 및 동성애의 시각적 이미지를 의무적으로 시청하지 않아도 된다는 점에 유의하자. 이 문제는 네덜란드와 유럽 법원에서 계속 논란이 되고 있다.

4 새로운 이민자 공동체에 대한 문화적 감수성을 높이기 위해 2008년에 네덜란드 시민 통합 시험에 변화가 생겼음을 참고할 것. 2008년 7월에 이 시험은 현재의 형태로 불법으로 판결되었다. htttp://www.minbuza.nl/en/welcome/comingtoNL,visas_x_consular_services/civic_integration_examination_abroad.html 및 http://www.hrw.org/en/news/2008/ 07/16/netherlands-court-rules-pre-entry-integration-exam-unlawful 참조.

5 Marc de Leeuw and Sonja van Wichelin, "'Please, Go Wake Up!' Submission, Hirsi Ali, and the 'War on Terror' in The Netherlands," *Feminist Media Studies* 5: 3 (2005) 참조.

6 Thomas Friedman, "Foreign Affairs: The Real War," *New York Times*, November 27, 2001, A19.

7 D. Borillo, E. Fassin, and M. Iacub, *Au-delà du PACS*, Paris: Presses Universitaires de France, 2004.

8 Eric Fassin, L'inversion de la question homosexuelle, Paris: Editions Amsterdam, 2006; and Didier Fassin and E. Fassin, De la question sociale à la question raciale? Paris: La Decouverte, 2006 참조.

9 Libération, June 2, 2006, http://www.liberation.fr/actualite/evenement/evenement1/371.FR.php

10 Michael Schneider, *Big Mother: Psychopathologie de la vie politique*, Paris: Odile Jacob, 2005.

11 Nacira Guénif-Souilamas, *La république mise à nu par son immigration,* Paris: La Fabrique Editions, 2006 참조.

12 라칭거(Ratzinger)는 자신이 옹호하는 성차의 교리가 남성과 여성의 "진리"를 확립한 창세기의 이야기에 어떻게 뿌리를 두고 있는지를 분명히 한다. 따라서 그 진리를 "파괴"하려는 동성 결혼에 대한 그의 반대는 그의 암묵적인 창조론과 연결되어 있다. 당신이 말하는 남성과 여성의 진리는 전혀 진리가 아니며, 우리는 더 인간적이고 급진적인 성 관습을 만들기 위해 그것을 파괴하려고 한다고 간단히 대답할 수도 있다. 그러나 이런 식으로 말하는 것은 분석을 불가능하게 만드는 문화적 격차를 반복하는 것에 불과한다. 창세기 이야기 자체의 지위로부터 시작하여 어떤 다른 독해가 가능한지 살펴볼 필요가 있을 것이다. 라칭거가 실제로 어떤 생물학을 받아들이고 있는지, 그가 지지하는 생물학적 이론이 동성애를 인간의 성적 변이의 양성적인 측면으로 간주하는 이론인지 물어볼 필요가 있다. 생물학적 차이를 부정하고 초월하려는 사회 구성주의자들에 대한 그의 발언은 그를 사회 구성에 대한 신학적 읽기에 전념하게 만드는 것 같다. 왜냐하면 아마도 그 "초월"은 성의 초월적 기능의 측면에서 성의 "신성화"에서 추구해야 할 것이기 때문이다. 라칭거가 언급하는 생물학적 차이가 실제로 그가 생식을 위해 이성애 성에 부여하는 초월적 의미와 일치한다는 것을 보여줄 수 있을까? 라칭거가 어떤 생물학적

설명을 염두에 두고 있는지 알아내는 것 외에도 동성 파트너의 시민결합을 포함하여 그가 억제하고자 하는 사회적 관행이 표면적인 생물학적 기능에 의해 규정되거나 금지되는지 여부를 이해하는 것이 중요하다. 요점은 생물학을 부정하고 자발적인 자기 결정권을 수용하는 것이 아니라 생물학과 사회적 관행이 서로와 관련하여 어떻게 이해되는지 묻는 것이다. 최근 교황은 젠더가 사회적으로 구성된다는 이론이 열대우림 파괴와 유사하다고 주장했는데, 둘 다 창조론을 부정하려는 것이기 때문이다. "Meditation on Gender Lands Pope in Hot Water," *Independent*, December 23, 2008; as well as a feminist reply by Angela McRobbie, "The Pope Doth Protest Too Much," *Guardian*, January 18, 2009 참조.

13 http://www.vatican.va/roman_curia/congregations/cfaith/documents/rc_con_cfaith_doc_20040731_collaboration_en.html

14 *Ibid.*

15 나는 어느 쪽에도 속하지 않는 입장을 취하고 싶은데, 그렇다면 어떤 방법이 남을까? 라칭거는 인용 없이 자신의 입장을 기술하고 있기 때문에, 그중 일부는 출처를 읽은 것으로 보이지만, 자신의 주장을 펼칠 때 어떤 텍스트 증거에 얽매이지 않는다. 물론 성경은 인용되지만, 성경을 무시하거나 위협하는 입장은 (제가 연구한 한) 분명 인용하지 않는다.

16 "신앙, 이성, 그리고 대학: 기억과 성찰", 2006년 9월 12일 레겐스부르크 대학교에서 행한 연설. 연설문과 후속 설명은 http://www.vatican.va/holy_father/benedict_xvi/speeches/2006/september/documents/hf_ben-xvi_spe_20060912_university-regensburg_en.html에서 확인할 수 있다.

17 "Muhammad's Sword," September 23, 2006, http://zope.gush-shalom.org/home/en/channels/avnery/1159094813/

18 Samuel Huntington, *The Clash of Civilizations?: The Debate*, London: W.W. Norton & Co. Ltd., 1996; and *Who Are We? The Challenges to America's National Identity*, New York: Simon & Schuster, 2005 참조.

19 Raphael Patai, *The Arab Mind*, revised edition, Long Island City: Hatherleigh Press, 2002 참조.

20 Seymour Hersh, *The Chain of Command: The Road from 9/11 to Abu Ghraib*, New York: Harper-Collins, 2004; and "The Gray Zone: How a Secret Pentagon Program Came to Abu Ghraib," *New Yorker*, May 25, 2004, http://www.newyorker.com/archive/ 2004/05/24/040524fa_fact 참조.

21 Friedrich Nietzsche, *The Will to Power*, ed. W. Kaufman, trans. W. Kaufman and R. J. Hollingdale, New York: Vintage, 1968.

22 Walter Benjamin, *Illuminations*, ed. H. Arendt, trans. H. Zohn, New York: Schocken Books, 1968.

23 *Ibid.*, 261.

24 *Ibid.*, 263.

4장

1 *British Journal of Sociology* 59: 1 (2008). 이 책의 3장에 수정된 형태로 실린 나의 에세이 "성 정치, 고문, 세속적 시간"은 원래 2007년 10월 런던 정경대학에서 열린 *영국 사회학 저널의* 연례 강연으로 발표했던 글이다. 이 강연은 몇 가지 답변과 함께 *BJS에* 처음 게재되었다. 이 장은 그 답변에 대해 내가 제공한 답장("A Response to Ali, Beckford, Bhatt, Modood and Woodhead," in *British Journal of Sociology* 59: 2, 255–60)을 수정 및 확장한 것으로, 그 글에 실리지 않은 탈랄 아사드의 연구에 대한 논의가 포함되어 있다.

2 Chetan Bhatt, "The Times of Movements: A Response," British Journal of Sociology, 59: 1 (2008), 29.

3 Tariq Modood, "A Basis for and Two Obstacles in the Way of a Multiculturalist Tradition," *British Journal of Sociology*, 59: 1 (2008), 49; see also Modood, *Multiculturalism: A Civic Idea*, London: Polity, 2007, and Sara Ahmed, Claudia Casteneda, Anne- Marie Fortier, and Mimi Sheller, eds., *Uprootings/ Regroundings: Questions of Home and Migration*, London: Berg Publishers, 2003.

4 Wendy Brown, "Tolerance as Supplement: The 'Jewish Question' and the 'Woman Question'," in *Regulating Aversion: Tolerance in the Age of Identity and Empire*, Princeton, NJ: Princeton University Press, 2006, 48–77 참조.

5 Ernesto Laclau and Chantal Mouffe, *Hegemony and Socialist Strategy: Towards a Radical Democratic Politics*, London: Verso, 1985. See also Simon Critchley and Oliver Marchart, eds., *Laclau: A Critical Reader*, London: Routledge, 2004.

6 Linda Woodhead, "Secular Privilege, Religious Disadvantage," in *British Journal of Sociology*, 59: 1 (2008), 53–8 참조.

7 무슬림과 아랍계 성소수자를 대변하는 몇 가지 단체를 고찰할 것: 영국의 게이, 레즈비언, 양성애자, 성전환자 무슬림을 위한 단체인 이만 Imaan은 사회 서비스와 지역 사회 봉사 활동을 제공한다(www.imaan.org.uk). 아랍계 레즈비언과 게이를 위한 다양한 자료를 제공하는 웹사이트(www.al-bab. com)도 참조. 이 중 일부는 종교적 내용을 담고 있지만 그렇지 않은 곳도 있다. 또한 레즈비언, 게이, 양성애자, 트랜스젠더 무슬림을 위한 국제 단체인 "퀴어 무슬림의 가시성을 위한 국제 이니셔티브", queerjihad.blogspot. com 및 www.al-fatiha.org를 참조할 것.

8 Asad, *On Suicide Bombing*.

9 *Ibid*., 4.

10 탈랄 아사드가 제공한 텍스트 인용.

11 Asad, *On Suicide Bombing*, 14–24. See also Michael Walzer, *Just and Unjust Wars*, New York: Basic Books, 1992; and *Arguing About War*, New Haven: Yale University, 2004. 후자는 아사드의 확장된 비평의 초점이다.

12 9/11 테러 이후 미국에 대한 공격의 원인을 이해하려는 사람들을 위한 공간을 만들어서는 안 된다고 주장한 왈저의 악명 높은 반지성적 대응에 대한 공감에 주목하라. 그는 그러한 분석을

내놓는 사람들을 "변명쟁이(excuseniks)"라고 부르며 사건을 이해하려는 사람들을 소련의 검열 관행에 반대했던 반체제 인사들, 즉 "거부자/ 레퓨제닉(refuseniks)"에 비유하며 기이한 혐오감을 드러냈다. 이 용어는 현재 도덕적 또는 정치적 이유로 이스라엘 군대에 징집되기를 거부하는 이스라엘 젊은이들을 묘사하는 데 사용된다.

13 Asad, *On Suicide Bombing*, 16.

14 *Ibid.*, 20.

15 *Ibid.*, 5.

16 *Ibid.*, 65.

17 현대의 공포에 대한 흥미로운 이야기는 Adriana Cavarero, *Horrorism: Naming Contemporary Violence*, New York: Columbia University Press, 2008.

18 *Ibid.*, 65.

5장

1 "Violence and Non-Violence of Norms: Reply to Mills and Jenkins," *differences* 18: 2 (2007). 이 장의 일부는 이 답변에서 발췌한 것이다.

2 수행적 효과는 실질적인 효과일 수 있고(또는 될 수 있으며) 실질적인 구체화 과정의 일부이다. 구성에 대한 논쟁은 구성되지 않은 것에 대한 문제로 빠져 들기 쉽고 그래서 피해야 할 형이상학에 얽매이는 경향이 있다. 결국 수행성은 형이상학에서 존재론으로의 전환을 수반할 수 있으며, 실질적인 구체성 자체를 다시 생각하게 하는 존재론적 효과에 대한 설명을 제공할 수 있다.

3 이 문제에 대한 추가 고려 사항은 나의 "Violence, Non-Violence: Sartre on Fanon," in *The Graduate Faculty Philosophy Journal* 27: 1 (2006), 3–24; and Jonathan Judaken, ed., *Race after Sartre: Antiracism, Africana Existentialism, Postcolonialism*, Albany: SUNY Press, 2008, 211–32.

4 비폭력 실천은 결코 멈추지 않는다고 한 마하트마 간디의 비폭력에 관한 글 참조. *Mahatma Gandhi: Selected Political Writings*, ed. Dennis Dalton, Indianapolis: Hackett Publishing, 1996.

5 『위태로운 삶』의 마지막 장에서 레비나스와 살인 금지에 대한 논의를 참조. 이 장에서 레비나스에 대한 언급은 Emmanuel Levinas, "Peace and Proximity," *Basic Philosophical Writings*, Adriaan T. Peperzak, Simon Critchley, and Robert Bernasconi, eds., Bloomington, W: Indiana University Press, 1966, 161–9.

6 Klein, "A Contribution to the Psychogenesis of Manic-Depressive States,"115–46.

7 *Ibid.*, 122–3.

8 Sigmund Freud, *Mourning and Melancholia* (1917), trans. James Strachey, Standard Edition, 14: 243–58, London: Hogarth Press, 1957.

9 Klein, "The Psychogenesis of Manic-Depressive States,'' 123.

10 "자아는 사랑하는 대상이 조금씩 해체되는 상태에 있다는 심리적 사실에 직면하게 되고, 이러한 인식에서 비롯된 절망, 후회, 불안이 수많은 불안 상황의 밑바닥에 깔려 있다." "The Psychogenesis of Manic-Depressive States," 125.

11 D. W. Winnicott, "Transitional Objects and Transitional Phenomena," *International Journal of Psychoanalysis* 34 (1953 [1951]), 89–97. *Playing and Reality*, London: Tavistock Publications Ltd, 1971도 참조.

12 다른 곳과 마찬가지로 여기에서도 "Wounded Attachments," Chapter 3 of Wendy Brown's *States of Injury: Power and Freedom in Late Modernity*, Princeton, NJ: Princeton University Press, 1995.

13 Sandra Bermann, Michael Wood, and Emily Apter, eds., *Nation, Language, and the Ethics of Translation*, Princeton, NJ: Princeton University Press, 2005 참조.

14 Walter Benjamin, *Gesammelte Werke*, Frankfurt: Suhrkamp Verlag, I: 1232. See also my "Critique, Coercion, and Sacred Life in Benjamin's 'Critique of Violence'," in *Political Theologies*, ed. Hent de Vries, New York: Fordham University Press, 2006, 201–19.

찾아보기

ㄱ

ㅁ

ㅂ

기타

지은이

주디스 버틀러

세계적으로 영향력 있는 미국의 철학자, 젠더 및 퀴어 이론가, 후기구조주의 페미니즘 학자로서 캘리포니아대학교 버클리의 비교문학과 석좌교수이다. 젠더 수행성 개념으로 젠더와 퀴어 정체성을 비롯한 페미니즘의 담론을 뒤흔든 후, 정치철학과 윤리학을 넘나들며 소수자 차별과 폭력을 비판하면서 평등한 인간으로서의 삶의 가능성과 공동체의 윤리적 관계성을 모색해 왔다. 주요 저서로는 *Subjects of Desire*(1987), 『젠더 트러블(*Gender Trouble*)』(1990), *Bodies That Matter*(1993), 『권력의 정신적 삶(*The Psychic Life of Power*)』(1997), 『안티고네의 주장(*Antigone's Claim*)』(2000), 『젠더 허물기(*Undoing Gender*)』(2004), 『위태로운 삶(*Precarious Life*)』(2006), *Frames of war*(2009), 『비폭력의 힘(*The Force of Nonviolence*)』(2020), *Who's Afraid of Gender?*(2024) 등이 있다.

옮긴이

한정라

이화여자대학교에서 철학을 공부하고, 미국 미네소타대학교에서 사회과학 방법론에 관심을 기울이며 철학 박사과정과 페미니즘 연구 과정을 수료했다. 『미묘한 전쟁』, 『마음과 몸의 문제』, 『자유의지』, 『근대과학 형성과 가내성』 등을 번역했다.

한울아카데미 2534
전쟁의 프레임들
삶의 평등한 애도가능성을 향하여

지은이 | **주디스 버틀러**
옮긴이 | **한정라**
펴낸이 | **김종수**
펴낸곳 | **한울엠플러스(주)**
편집 | **조수임**

초판 1쇄 인쇄 | **2024년 8월 30일**
초판 1쇄 발행 | **2024년 9월 25일**

주소 | **10881 경기도 파주시 광인사길 153 한울시소빌딩 3층**
전화 | **031-955-0655**
팩스 | **031-955-0656**
홈페이지 | **www.hanulmplus.kr**
등록번호 | **제406-2015-000143호**

Printed in Korea.
ISBN 978-89-460-7534-4 93330(양장)

※ 책값은 겉표지에 표시되어 있습니다.